평화神과 유엔 사무총장

인문사회과학총서·75

평화神과 유엔 사무총장

국제 평화를 위한 리더십의 비극

강성학

고려대학교출판부
KOREA UNIVERSITY PRESS

The God of Peace and UN Secretary-General: the Tragedy of World Peace Leadership

Sung-Hack Kang

존경하는 고려대학교 전 총장 김정배 박사님께

이 책은 고려대학교출판부가 조성한
인문사회과학출판기금으로 만들어졌습니다.

저자 서문

> 우리 모두는 비서(secretary)가 뭔지 그리고 장군(general)이 뭔지를 알고 있다. 그런데 도대체 사무총장(secretary-general)이란 뭔가?
>
> —프란시스 플림톤(Francis Plimton)

니체의 말처럼, 신이 인간을 창조한 것이 아니라 인간들이 신을 창조했다. 서양문명에 기독교의 유일신이 등장하기 전인 그리스와 로마의 시대엔 많은 신들이 있었다. 그들 속에 다른 신들에 비해 비교적 언급되지 않은 "평화의 신"도 있었다. 국제정치의 역사에서 당시 가장 참혹했던 제1차 세계대전을 승리로 이끌고 파리평화회담을 주도하기 위해 우드로 윌슨(Woodrow Wilson) 미국 대통령이 유럽을 방문했을 때 그가 방문한 유럽의 수도 곳곳에서 수많은 환영군중들로부터 "평화의 신"으로 불리며 추앙받았다. 국제평화를 위해 인간들에 의해 창조된 보편적 국제기구가 20세기 초에 창설될 때 오직 국제평화만을 위한 유일무이한 국제 공무직이 역사상 최초로 창조되었다. 그리고 그 직책은 인류의 평화의 신이 되길 기대했었다. 그 직책이 바로 유엔 사무총장의 기원인 국제연맹의 사무총장직이었다. 일종의 평화의 신이 창조되었던 것이다. 그러나 그 평화신은 전쟁신을 성공적으로 통제하지 못했다. 평화의 신은 결코 전지전능하지 못한 존재였다. 그는 끊임없이 전쟁신에 의해 능멸당했다. 그럼에도 불구하고 그 평화의 신은 평화에 대한 인류염원의 표현이었다.

국제평화와 안전을 위한 최초의 집단안전보장제도인 국제연맹이 1930년대에 독재국가들의 침략행위를 방지하는 데 실패하고 마침내 제2차 세계대전이 발발하자 많은 정치가들은 국가적 생존이란 결국 집단안전보장제도의 원칙들과 국제법이 아니라 자국의 자립과 군사력에 달려 있음을 새삼스럽게 확신하게 되었다. 그러나 국제기구를 통해 이 세계에 질서와 예의를 가져오려는 충동은 결코 완전히 사라지지 않았다. 그리하여 국제연맹에 부여된 희망의 마지막 불꽃이 꺼져 가는 바로 그때 미국의 불참이 국제연맹의 주요 취약점으로 널리 인식된 미국에서 신기구에 대한 계획이 제2차 세계대전의 와중에 진행되었다. 국제연맹의 이상은 이상주의자들과 실질적 비전가들 모두에게 그들이 목격하고 있는 재앙과 평화로운 세계 사이의 중대한 연결고리로 남았다. 따라서 제2차 세계대전의 잿더미에서 출연한 신국제기구가 이론과 구조 양면에서 불행했던 전임기구를 매우 닮았다는 것은 결코 놀라운 일이 아니라 하겠다.

평화신의 역할을 지향하는 유엔 사무총장직도 국제연맹의 경험과 특히 국제연맹의 초대 사무총장이었던 에릭 드러몬드(Eric Drummond)의 개성과 리더십에 굳건한 뿌리를 두고 있다. 영국외무부의 공무원 경력을 배경으로 갖고 있는 드러몬드는 자기 지위의 정치적 잠재력을 의도적으로 낮추고 "현장의 침묵"을 강조했다. 그는 연맹 사무국의 이미지를 효율적이며 진실한 국제 공무직으로 고양시켰다. 대범한 행정가였던 그는 제네바에서 많은 압력집단들에게 양보하는 것을 기술적으로 피했다. 많은 외교관들이 그의 자문을 구했으나 그는 신중함과 익명으로 이 역할을 감춤으로써 그의 이런 스타일은 세계공동체의 존경과 신임을 그에게 가져다주었다. 드러몬드 사무총장의 연례 보고서들은 명확성과 사실적 상세함의 모델들이었지만 그것들은 개인적인 정치적 판단을 결코 포함하지 않았다. 드러몬드의 발자취는 국제기구의 역사에 너무도 깊이 새겨져 사무총장직에 대한 모든 미래의 생각은 그가 전형적으로 보여 준 스타일로부터 시작했다. 사무총장직에 대해 생각해야 할 이유가 있었던 사람들 가운데에는 프랭클린 루즈벨트 대통령이 있었다. 그는 정치경력 초기에 국제연맹을 전적으로 지지했었다. 그러나 그는 연맹의 결함을 이해하고 유엔을 위해서 새로운 유형의 사무총장을 상정했다. 그런 감정은 유엔창설을 위해 샌프란시스코에 모인 각국 대표자들에 의해 공유되었다.

그리하여 각국 대표자들은 새 국제기구의 주요 목표들과 사무총장의 정치적 기능을 헌장 제99조에서 직접적으로 결합시켰다. 제99조하에서 "사무총장은 자신의 생각에 국제평화와 안전의 유지를 위협할 수 있는 어떤 문제도 안전보장이사회에 상정할 수 있다." 이런 특별한 권한에 덧붙여서 제99조에 기인하는 하나의 독특한 상징적 반향이 있다. 1945년 준비위원회의 보고서를 인용하면, "사무총장은 그 누구보다도 더 유엔을 전체적으로 대변할 것이다. 세계의 눈앞에 그는 헌장의 원칙들과 이상들을 구현해야만 한다." 나아가서 사무총장은 국제적 소요의 원인들을 조사할 수가 있고 또 분쟁의 해결을 위해 회원국들에게 조치들을 실제로 제안할 수 있을 것이다. 그의 이렇게 새로운 시도뿐만 아니라, 사무총장은 제98조에 의해서 기구의 일에 관해 총회에 연례보고서를 제출하도록 되어 있다. 비록 샌프란시스코에서 이 규정에 별다른 정치적 중요성이 부착되지는 않았음에도 불구하고 이 연례보고서는 신속하게 국제공동체의 주된 대변인으로서 사무총장의 이미지를 고양시키는 중대한 도구가 되었다.

2007년 1월 1일 대한민국의 아들 반기문(Ban Ki-moon)이 제8대 유엔 사무총장으로 취임하자 한국인들은 모두가 한결같이 축하하고 환호했다. 대한민국이 1991년 9월 유엔의 정식 회원국이 된 지 16년 만에 유엔 사무총장을 배출한 것은 실로 놀라운 사건이었다. 그리고 한국인들은 반기문이 마치 세계의 대통령이라도 된 듯이 생각하는 것처럼 보였다. 그만큼 그에 대한 기대도 큰 것 같았다. 오랫동안 유엔에 대해 강의하고 연구해 온 나에겐 그런 반기문에 대한 큰 기대와 열망이 갑자기 걱정스러웠다. 왜냐하면 유엔 사무총장은 제한된 권한과 기능만을 행사할 수 있기 대문에 결코 세계 대통령이나 수상이 아니고 한 국가의 대통령이나 수상과 같은 리더십을 결코 발휘할 수 없다. 그럼에도 불구하고 그에 대한 막연하고 환상적인 기대가 큰 만큼 실망도 클 것으로 예견되었다. 그래서 한국의 대학(원)생들은 물론 일반인들이 유엔과 국제정치의 관계사 및 유엔헌장이 규정한 사무총장직의 본질과 성격에 입각한 사무총장의 리더십에 관한 이해를 도울 수 있는 짧은 안내서라도 한 권 출판해야겠다는 생각을 하게 되었다.

그러나 그동안 유엔에 관한 적지 않은 수의 논문과 유엔을 심층적으로 함께 다룬《인간神과 평화의 바벨탑》이라는 저서를 이미 냈음에도 불구하고, 유엔 사무총장의 리더십 그 자체에 대한 집중적 연구로 단행본의 저서를 집필하기엔 지식이 턱없이 부족했기에 곧바로 집필에 들어갈 수가 없었다. 그리하여 관련 서적과 논문들을 가능한 많이 집중적으로 찾아 수집하고 읽기 시작하면서 본격적 연구를 시작하였다. 그러나 이 주제의 연구에만 집중할 수 없는 이런저런 사정과 본인의 책 출판의 우선순위의 변경(그동안 논문을 모은 한 권의 영문 저서와 두 권의 논문선집을 출간) 등으로 인해 원고작업이 자꾸만 지연되면서 몇 년이 쏜살같이 흘러가 버렸다. 정년퇴임이 코앞에 바짝 다가왔는데 이러다가는 재직 중에 출간을 하지 못할지도 모른다는 불안감이 갑작스럽게 온몸을 엄습했다. 몹시 초조해졌다. 그래서 나 자신을 더욱 더 채찍질할 데드라인을 설정하기 위해 2012년 봄 학기 초 고려대학교출판부와 저서 집필계약서에 덜컥 서명해 버렸다. 이제 주사위가 던져졌고 화살이 시위를 떠난 셈이었다. 본서는 이런 수년간의 산통을 통해 이제 세상에 나오게 된 것이다. 본서는 저자의 고려대학교 정치외교학과 교수로서 33년간의 학문생활을 마감하는 마지막 저작이다. 이 마지막 저작이 "빛나는 최후의" 작품이 아니라 "민망한 용두사미" 같은 저작이 되고 말 것 같아 몹시 두렵다. 그러나 체력의 한계로 완성도를 높이기 위해 무한정 붙들고 있을 수도 없고 또 원고마감 데드라인도 지켜야 하겠다는 구차한 변명이나마 부언하고 싶다. 그동안 본 연구의 과정 중에 일부가 별개의 논문으로 이미 출판되었다. 하나는 〈The UN Secretary—General's Power and His Leadership for World Peace〉(《평화연구》, 제16권 2호, 2008년 가을, pp. 160-214)라는 영어논문이고, 또 하나는 〈국제평화 리더십: 다그 함마숄드 유엔 사무총장의 리더십과 국제 공무직에 대한 그의 정치철학〉(《평화연구》, 제20권 2호, 2012년 가을, pp. 5-50)이라는 논문이다. 따라서 이 두 개의 논문은 본 저서에 적절히 삽입되고 여기저기에 그대로 녹아 있음을 밝혀 둔다. 유엔과 국제기구는 1981년 제1학기부터 시작하여 20여 년을 가르치다가 신임 교수에게 넘겨 주었지만 관심과 연구는 지금까지 계속되어 왔다. 냉전 종식 후 특히 1995년 유엔창설 50주년을 기념하면서 유엔이 갑자기 중요한 연구 주제로 부상했다. 이 해에 미국에서 유엔체제학회(ACUNS)가 창립되고 새롭게 유엔연구를 주도하기 시작했다. 1945년 샌프란시스코 유엔 창설회의에 참가한 이래 영원한 "유엔 인"으로 자타가 인정하고 또 이 학회 창립의 가드파더들(God-fathers) 중 한 분인 로렌스 핑켈슈타인(Lawrence S. Finkelstein) 은사님의 권유로 창립 해에 유엔체제학회의 회원이 되었다. 그 후 1997년 한승주 교수님의 권유와 재정적 도움을 받아 한국에서 미국의 학회를 벤치마킹하여 한국유엔체제학회(KACUNS)를 창립했다. 그 후 일본의 유엔연구학회(JAUNS)와 한일공동세미나를 한국과 일본에서 한 해씩 번갈아 가며 개최하게 되었다. 처음엔 학회의 사무총장으로 그리고 후엔 회장도 한차례 역임하면서 이 한일 공동세미나에서 거의 매년 유엔 관련 논문을 발표했다. 일본측 학회의 추천으로 미국학회의 이사도 한차례 역임했다. 한일 공동세미나가 매너리즘으로 활력을 잃어 가자 일본측 학회에 중국을 가입시켜 보자는 제안을 하기는 했지만 일본측 학회의 전적인 노력과 수고로 한중일 공동 세미나가 결성되었다. 그리하여 2011년 오사카에서 개최된 공동 회의부터 중국연합국연구연석회의(CANUNS)가 참가하여 "동아시아 유엔연구세미나"로 명칭이 변했고 삼국공동세미나는 처음이었지만 한일공동세미나의 연장선상에 있기에 제11차 공동세미나가 되었다. 당시 오사카 회의와 2012년 12월 베이징에서 개최된 제12차 동아시아 유엔연구 세미나에서 각각 발표했던 두 개의 논문을 본서의 에필로그와 보론으로 번역하여 실었다. 이런 학술활동을 계속할 수 있었던 것은 학회창립과 활동을 도와주신 한승주 고려대학교 명예교수님의 덕택이었다. 따라서 이곳에 그분에 대한 나의 깊은 감사의 마음을 기록해 두고 싶다.

대학은 조직의 성격이 유엔과 비슷하다. 정년보장을 받은 대학교수들은 마치 유엔을 구성하는 주권국가들처럼 독립적이고 자유롭다. 유엔의 사무총장이 회원국을 마음대로 응징할 수 없는 것처럼, 대학 총장도 교수를 마음대로 응징할 수 없다. 그들은 비슷하게 아주 제안된 구조적 틀 속에서 독자적으로 응징할 권한도 없이 조직의 발전을 위한 리더십을 발휘해야 한다. 이런 의미에서 한때 고려대학교 총장으로서 학교를 한 단계 도약시키는 탁월한 리더십을 발휘했던 고려대학교 전 총장 김정배 박사님께 본서를 헌정하고자 한다. 당시 저자는 아주 짧은 기간 동안이나마 교무처장으로서 직접 그 리더십을 목격했었다. 특히 저자가 1984년부터 건의한 75분제 수업과 "일 교수 일 조교 제도"는 그분이 총장이 되고 저자가 교무처장이 되어서야 14년 만인 1998년에야 다행히 실현될 수 있었다. 저자는 지금도 이 제도개혁은 변화에 일단 부정적인 대학사회에서 고려대학교를 도약시킨 김정배 총장님의 진지하고도 결연한 리더십에 의해서만 가능했었다고 믿고 있다.

민족의 최대 비극 6·25 전쟁은 내가 3살이 채 되기도 전에 나의 아버지를 영원히 앗아 갔다. 그래서 나는 아버지의 기억이 전혀 없다. 그래서 직접 보고 배운 것이 없다 보니 내 자식들에겐 완전히 서툰 아비가 되고 말았다. 그래서 자식들에겐 늘 미안했다. 나에게 평화의 신은 전쟁신 앞에서 진실로 너무나 무력했었다. 그리하여 나의 어머니 곽홍순 여사는 18세에 결혼하여 19세에 나를 낳으시고 21살에 홀몸이 되어 그때부터 지금까지 한 평생을 오직 아들 하나만 바라보면서 외롭고 눈물 젖은 험난한 일생을 살아오셨다. 그래서 나는 홀어머니의 눈물겨운 삶을 목격하면서 이 세상에 태어난 것이 원망스러운 적도 없지는 않았다. 전쟁은 삶의 최악의 비극이며 평화가 모든 삶의 기본적 조건임을 내 삶을 통해 일찍이 체득한 셈이다. 그리하여 나는 어머니를 "인간신"처럼 믿고 살아왔으며, 이 험한 세상을 어머니와 나는 오로지 서로에게 모든 것을 의지하며 내가 가정을 꾸릴 때까지 절망적이고 적막한 삶을 가혹한 숙명으로 알고 살아왔다. 가정을 꾸민 후엔 아내 신혜경의 헌신적 내조가 내 삶을 지탱시켜준 "영양분"이었으며, 상온, 영온, 그리고 승온, 자식 삼 남매는 내 삶의 "진통제"였다. 어느덧 "참한" 맏며느리 김영은과 "듣든한" 사위 박종원을 얻었고 "아이스크림처럼 달콤한" 손자 자후와 외손자 추수도 태어나고 나 자신이 육십대 중반을 넘어 정년을 맞고 보니 그동안 보다 더 치열하게 살지 못한 아니 그렇다고 해서 여유롭게 살지도 못하고 어정쩡하게 살아온 세월에 어쩔 수 없이 적지 않은 아쉬움이 남는다.

지난 33년 동안 고려대학교 있는 나의 연구실은 작지만 일종의 "나만의 왕국"이었다. 그동안 나는 마치 셰익스피어의 드라마 〈템페스트(Tempest)〉 속의 프로스페로(Prospero)의 고백처럼 "나의 작은 서재 하나가 한 나라의 영토보다도 더 크다"고 생각하며 살아왔다. 프로스페로처럼 나의 학문이 현실 세계에서 실용적 성과를 내는 "마법사"가 되지는 못했지만 이제 학문하는 일은 여기까지이며 지금부터는 "삶의 완성"을 지향해야 할 때가 된 것 같다. 그러나 "셰익스피어 비극"의 주인공 중 또 다른 인물인 리어 왕(King Lear)처럼 퇴임 후에 모든 일손을 놓고 미쳐 버리고 싶지는 않다. 나는 그런 최소한의 염원을 품어 본다. 명색이 대학교수였기에 그동안 "교학상장(教學相長)"을 좌우명으로 삼고 살아오면서 실로 가르치는 즐거움과 함께 언제나 스스로 많은 것을 깨우치는 기쁨도 있었다. 그래서 수많은 제자들에게 감사하고 싶다. 그들에겐 "학문연구에서 항상 즐거움을 느끼고 제자들을 가르치는 데 게으름을 피우지 않았던 스승"으로 기억되고 싶다면 염치없는 짓일까? 무엇보다도 그런 기대의 삶을 가능하도록 내 인생 길을 안내해 주신 김경원, 한승조 두분 은사님들과 삶의 터전을 제공해 준 모교 고려대학교에 마음속 깊은 곳으로부터 감사드린다.

"평화의 신"을 다룬 본서는 고려대학교 교수직을 마감하면서 출간하는 마지막 저서이다. 본서의 원고작성을 마무리하는 단계에서 일본 와세다대학교의 아시아-태평양연구 대학원이 주관하는 Camps Asia-EAUI Program의 교환교수제도 덕택에 와세다대학교에 한 달 동안 가 있을 수 있었던 것이 크게 도움이 되었다. 이 프로그램의 담당자인 순지 마츠오카(Shunji Matsuoka) 교수와 고려대학교의 담당교수인 정치외교학과의 이용욱 교수에게 감사한다. 또한 일본에 갈 때

마다 거의 언제나 변함없는 호의를 베풀어 주신 와세다대학교의 호로미츠 카타오카(Horomitsu Kataoka) 명예교수에게도 감사한다. 또한 오랫동안 유엔 관련 연구로 소중한 우정을 이어 온 전 주오(Chuo)대학 교수였으며 현재에도 여전히 일본에 소재하는 유엔대학교(United Nations University)의 특별고문이신 다케오 우치다(Takeo Uchida) 교수와 주오대학교에 강의차 거듭 초청해 준 겐지 타키타(Kenji Takita) 교수에게 깊이 감사한다. 본서의 출간 과정에서 여러 제자들의 도움도 있었다. 모준영, 김태중, 김선규, 김현경, 김수형, 손춘영, 박성건이 그들이다. 이들의 노고에도 깊은 감사를 표한다.

2013년 2월

고려대학교 정정관 402호실

구고서실(九皐書室)에서

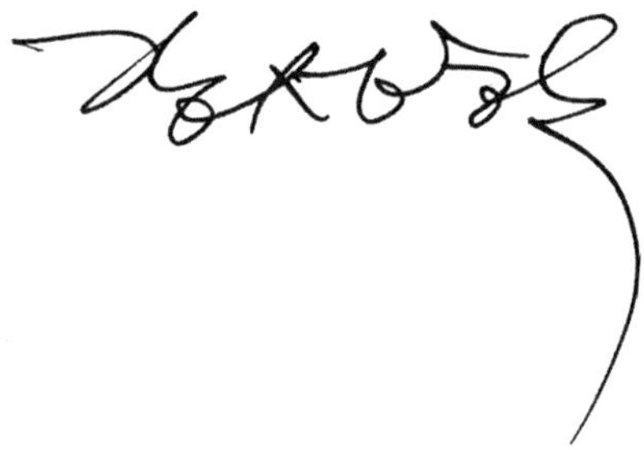

차례

평화神과
유엔 사무총장

제1장

프롤로그: 평화를 위한 국제공무원의 탄생

> 리더십은 크든 작든, 민주적이든 전제적이든 국가의 안녕을 위해 필수적이다. 동일하게 그것은 국가들 간 연합의 안녕에도 필수적이다. 따라서 인간사회와 꼭 마찬가지로 국가들의 사회도 모든 구성원들의 복지를 위해 정사를 주도하는 리더십이 부재할 땐 고통받기 마련이다.
>
> —이승만(Syngman Rhee)

리더십이란 마치 사랑처럼 제 눈에 안경이다. 리더십이란 말은 모든 사람들에게 모든 분야에서 모든 것을 의미한다. 그럼에도 불구하고 리더십은 오늘날 매우 유행하는 말이다. 최근의 한 조사는 1920년대에서 1990년대까지 총 211가지의 리더십에 대한 정의를 수집했다. 과거에 그 말은 자신의 의지를 실현하는 지도자의 능력을 강조했지만 최근에 들어서는 지도자와 추종자들 간의 관계에서 보다 많은 상호성을 보여 주고 있다.[1] 또 다른 조사는 리더십을 다룬 책들이 6천 권이 넘는다고 주장했다. 다만 그 저자들이 다른 책 제목으로 동일한 책을 50번이나 재논의했다고 덧붙이기는 했지만 말이다.[2] 리더십의

1 Joseph S. Nye, Jr., *The Powers to Lead,* Oxford: Oxford University Press, 2008, p. x.

맥락이 바뀌고 있다. 그러나 최근의 문헌들은 현대의 조직보다 더 넓은 맥락에서 리더십의 문제를 적절하게 다루고 있는 것 같지는 않아 보인다. 공식기구란 삶의 중요한 단면이지만 그래도 하나의 단면일 뿐이다. 많은 리더십의 맥락들은 훨씬 더 유동적이다. 어떤 제도 내에서의 리더십은 그런 제도 없이 어떤 운동을 리드하는 것과 같지 않다.[3]

비록 리더십에 관한 이론들은 많고 대부분은 위험할 정도로 잘못되었지만 그럼에도 불구하고 아주 매혹적으로 간단한 가정을 하고 있다. 즉 인간들이 장기판의 말이나 주석으로 만든 병정처럼 간주된다.[4] 많은 이론가들은 인간들이 마치 "파블로프(Pavlov)의 개들"처럼 외부의 자극에 반응하여 예측 가능한 방식으로 움직인다고 본다. 그리하여 리더십 이론가들은 인간성의 본질적 부분의 하나를 고려하지 못했다. 그것은 인간들의 미치게 할 정도의 비일관성이다. 그들은 섭씨 100도에서 물이 끓는 것과 같은 화학적 혹은 물리학적 현상과는 달리 인간이란 기대되지 않는 방식으로 종종 행동한다는 골치 아픈 사실을 직시하려 들지 않는다. 그리하여 리더십이론으로 통용되는 많은 것들은 마치 누군가가 점프하여 그것들을 뚫을 때까지만 단단해 보이는 서커스단의 어릿광대들이 사용하는 종이로 만든 굴렁쇠

2 Michelle C. Bligh and James R. Meindl, "the Cultural Ecology of Leadership: An Analysis of Popular Leadership Books," in David M. Messick and Roderick M. Kramer, eds., *The Psychology of Leadership: New Perspective and Research,* Mahwah, NJ: Lawrence Erlbaum, 2004, pp. 11-52. 특히 p. 32 참조.

3 Joseph S. Nye, Jr., *op. cit.*, p. 5.

4 John K. Clements and Douglas F. Mayer, *The Classic Touch: Lessons in Leadership from Homer to Hemingway,* Chicago, Illinois: Contemporary Books, 1999, p. 107.

와 같다.[5] 진리의 순간에 그것들은 헛것이다. 그러한 이론들은 가장 심하게 흔들리는 지적 토대, 즉 이분법과 고정관념 위에 서 있다. 단순화된 이론적 구조물과 달리 실제 인간들이란 결코 이런 아니면 저런 존재가 아니다. 그들은 무한정 복잡한 존재이다. 그래서 환원주의적 리더십 이론들은 별로 쓸모가 없다. 인간들은 고정관념화되거나 깔끔하게 분류될 수 없는 것이다. 인간의 특이함을 가장 예리하게 식별하고 심오하게 느끼는 관찰은 예술가와 작가들에 의해서 이루어진다. 그러므로 리더십의 연구는 소위 "과학적으로" 수행될 수 없고 또 그렇게 국한되어서도 안 될 것이다. 만일 과학적으로만 하려고 한다면 우리는 아주 다른 맥락에서 수행되는 독특한 스타일의 리더십을 결코 파악할 수 없을 것이다.

리더십에 대한 소위 과학적 연구가 시도되기 훨씬 이전인 고대로부터 그것은 동서양에서 철학자들의 가장 중요한 연구 주제였다. 동양에서 중국인들과 한국인들의 가장 위대한 성현이요 스승인 공자도 어떻게 "수신제가치국평천하"(修身齊家治國平天下)할지를 가르쳤다. 그의 제자들은 수 세대를 통해서 지금까지도 그를 따르고 있다. 그것은 중국의 기나긴 역사에서 도가(道家)나 법가(法家)들에게도 마찬가지였다. 서양에서 리더십은 고대 그리스 시대 플라톤의 "철인 왕"으로부터 근대 초 이탈리아에서 마키아벨리의 "군주" 그리고 19세기 말 니체의 "초인"을 거쳐 우리 시대에 딕 모리스(Dick Morris)의 "신군주"[6]나 카니스 로드(Carnes Lord)의 "현대군주"[7]에 이르기까지 정치세

5 Harold Geneen, *Managing,* Garden City, NY: Doubleday, 1984.

6 Dick Morris, *The New Prince: Machiavelli's Updated for Twenty-first*

계의 가장 핵심적 주제였다. 이처럼 리더십은 현대 사회과학뿐만 아니라 머나먼 고대와 중세의 선조들에게조차 아주 친숙한 주제였다.[8] 그러나 영도력의 의미에서 리더십의 본질과 성질은 "아이디어의 역사"(history of ideas)에서 모호하지만 끈질기게 지속되어 온 주제이다.[9] 그럼에도 불구하고 만일 리더십이란 세상에서 가장 많이 관찰되지만 가장 적게 이해된 현상이라는 제임스 번즈(James MacGregor Burns)의 주장이 우리 시대에 일반적으로 맞는 말이라면 그의 그런 주장은 특히 유엔 사무총장의 경우에 가장 적합할 것이다. 왜냐하면 유엔 회원국가들의 모든 정치지도자들과는 달리 유엔 사무총장은 정치지도자의 어떤 전통적 권한도 갖고 있지 않기 때문이다. 진실로 유엔 사무총장직은 독특하다. 비록 국제기구들의 다른 수장들이 있지만 유엔 사무총장직은 그 범위에 있어서 세계 보편적이고 다차원적인 직책이다. 어떤 의미에서 사무총장은 세계통치의 꼭대기에 앉아 있지만 그는 세계정부의 수장이 아니다. 왜냐하면 유엔은 정부가 아니기 때문이다.[10] 그것은 국제체제의 일부일 뿐이다.

Century, Los Angeles, CA: Renaissance Books 1999.

7 Carnes Lord, *The Modern Prince: What Leaders Need to Know Now,* New Haven and London: Yale University Press, 2003.

8 Dankwart A. Rustow, "The Study of Leadership," in Dankwart A. Rustow, ed., *Philosophers and Kings: Studies in Leadership,* New York: George Braziller, 1970, p. 2.

9 Philip Selznick, *Leadership in Administration: A Sociological Interpretation,* Berkeley, CA: University of California Press, 1984 (Originally by Harper & Row, 1957), p. 1.

10 Benjamin Rivlin, "The Changing International Climate and the Secretary-General," in Benjamin Rivlin and Leon Gordenker, eds., *The Challenging Role*

주권국가들의 근대국제체제가 17세기 유럽에서 등장한 이래 국가 간의 관계가 법에 의해서 지배되어야만 한다는 어느 정도의 수용이 있었다. 적어도 19세기 중반까지는 대부분의 국제법이란 두 국가 간이나 기껏해야 몇몇 소수 국가들 사이의 조약들과 법률 전문가들의 저작들 속에서 성문화되었었다. 그러다 19세기 후반에 와서 수락하는 모든 국가들에게 개방된 다자조약이 국제적 입법의 주된 방식이 되었다. 발전의 전환점은 1856년에 체결된 "해상법에 관한 파리선언"(Paris Declaration on Maritime Law)으로 이것은 크리미아 전쟁(Crimean War)의 종전 시에 체결되어 전시에 교전당사국과 중립국 선박의 혼란스런 문제에 대한 일반적 원칙을 세웠다. 19세기 후반에는 또한 국제기구의 놀라운 수적 증가를 가져왔다. 국가들은 라인 강과 유럽의 다른 주요 강들에서의 항해와 같은 실질적 문제들을 다룰 기능적 국제기구들을 창설했다. 그러나 이러한 19세기의 법과 기구의 국가 간 신제도들의 출범은 분명한 한계를 갖고 있었다. 기존의 그런 국제법들은 그 기원과 성격에 있어서 대체로 유럽적이었다. 아시아와 아프리카의 드넓은 지역에 그것들을 적용하는 것은 잘해도 문제가 될 수밖에 없었다. 또 안보 분야에선 아무런 상설 국제기구가 없었고 무력사용에 대해서 비교적 적은 법률적 제지가 있을 뿐이었다. 그럼에도 법적 문서와 기능적 기구들의 출현은 국가들이 법과 기구의 보다 큰 틀의 일부가 될 어떤 미래의 비전들의 문을 열었다.

19세기와 20세기 초의 마지막 주목할 만한 노력은 1899년과

of the UN Secretary-General: Making: Making the Most Impossible Job in the World" Possible, Westport, Connecticut: Praeger, 1993, p.5.

1907년 보편적인 방식으로 전쟁문제와 씨름하기 위해 개최된 헤이그 평화회의(Hague Peace Conference)였다. 이 회의들은 대규모 전쟁의 가능성과 인력에서 러시아의 이점을 손상시키는 신무기와 병기의 엄청난 비용에 대해 염려했던 러시아의 황제 니콜라스 2세(Nicholas II)에 의해 소집되었다. 미증유의 많은 수의 국가들이 참가했던 이 회의들이 20세기 국제관계의 주목할 만한 특징이 된 범세계적 외교모임의 선구자들이었다. 1899년 5월에서 7월까지 열린 제1차 헤이그 회의에 중국, 일본, 멕시코, 페르시아 그리고 미국과 같은 비유럽 국가들을 포함하여 모두 26개국 대표들이 참가했다. 그들은 대규모 병기의 소유를 제한하는 어떤 일반적 합의에도 도달하지는 못했다. 1907년 6월에서 10월까지 열린 제2차 회의는 제1차 회의 때보다도 훨씬 더 많은 44개국이 참가했다. 그들 중 17개국은 중남미 국가들이었다. 그러나 다시 이때에도 군비제한에 대해 어떤 합의도 도출하지 못했다. 제2차 헤이그 평화회의의 최종 법안은 제3차 평화회의가 7~8년 안에 다시 개최될 것으로 내다보았다. 그러나 그땐 이미 세계가 제1차 세계대전을 치르고 있었으며 헤이그에서 부풀었던 많은 희망들은 이미 모두 사라져 버렸다. 제1차 세계대전의 재앙은 헤이그 회의들이 시도했지만 성취하지 못했던 전쟁의 제한이나 인간화가 충분하지 않다는 견해를 결정적으로 심화시켰다. 이제는 전쟁을 완전히 방지하는 것이 필요했다. 그리하여 1919년 파리에서 회동한 승전 동맹국가들은 역사상 초유의 범세계적 국제기구를 수립하였는데 그것이 바로 국제연맹(League of Nations)이었다.

거의 종교적 중요성을 갖도록 하기 위해 "규약"(Covenant)이라고 명명된 국제연맹의 창설문건은 국가들로 하여금 무력을 사용하지 못하게 하려는 여러 가지 규정들을 포함했다. 세 가지 주요 접근방법이 국제연맹규약에서 구현되었다. 그것들은 국가 군비의 축소, 부채의 사법적 해결 및 침략행위에 대한 집단적 대응이었다. 국제연맹규약 제10조가 전체적으로 그것의 현상유지의 제 가정과 장대한 약속 및 강제수단에 대한 정확성의 부재의 면에서 전형적이다. 국제연맹은 거기에 부여된 기대에 부응하지 못했다. 이것은 부분적으로 회원국이 약 60개국에 달했지만 여러 강대국들이 회원국이 되지 못했고 또 몇 강대국가들이 국제연맹을 내부에서부터 손상시켰기 때문이다. 그리고 또 다른 부분적으로 안보를 성취하기 위해 제안된 작동원리가 원래부터 결함을 갖고 있었기 때문에 국제연맹이 실패했다고 말할 수 있을 것이다. 침략행위에 대한 집단적 대응의 발상은 어떤 특정된 행위가 침략인가에 대한 국가들 간의 합의가 없을 땐 잘 작동할 수 없었다. 게다가 국제연맹의 의사결정절차가 만장일치를 요구했는데 이로 인해 1930-40년대에 대부분의 안보문제에 대한 합의에 간단히 도달할 수 없었다. 국제연맹은 주요 위기들을 진지하게 논의했었지만 연맹의 대응들은 비효율적이었다.

1945년 이후 국제기구 및 법적 질서는 양차 대전 중간 시기에 인식된 교훈에 의해서뿐만 아니라 제2차 세계대전의 사건들에 의해서도 역시 강력하게 형성되었다. 1942년부터 줄곧 "국제연합"(United Nations)이라고 부른 반주축국(Anti-Axis) 군사동맹은 그 자체를 침략에 저항하는 국가들의 집단적 의지를 표현하는 것으로 보았을 뿐만 아니라 전범자들의 처벌과 신국제기구의 창설을 중심적 목적으로 선언했었다. 전쟁의 사건들에 대한 직접적 반작용으로 수많은 전범재판과 인권법의 신동향이 있게 되었다. 전시동맹은 또한 국제연합(유엔)이라는 동일한 이름의 새로운 국제기구가 출현하는 과도기이기도 했다.

1945년 6월 26일 50개국의[11] 대표들이 샌프란시스코에서 서명하고 같은 해 10월 24일에 발효한 유엔헌장(Charter of the United Nations)은 무력사용의 집단적 통제에 대해 국제연맹규약의 그것보다는 더욱더 상상력이 있고 복잡하며 또 현실적인 틀을 제공하도록 헌장의 창시자들에 의해 의도된 것이었다. 이 국가 간 조약은 국가중심적 사고를 가졌던 국제연맹규약의 창시자들을 그들의 무덤에서 일으켰을 만큼 놀라운 "우리 인민들은"(We, the Peoples,)이라는 말로 시작했다. 동시에 힘의 현실을 보다 더 수용하는 자세를 반영하는 변화 속에서 유엔은 중립국 스위스의 제네바가 아니라 제2차 대전의 두 주요 승전 동맹국들 중의 하나인 미국의 땅에 유엔의 본부를 두었다.

국제연맹규약과 마찬가지로 유엔헌장도 전쟁의 방지에 집중되었다. 그러나 유엔은 세 가지 중요한 측면에서 국제연맹과 달랐다. 첫째로 그리고 가장 중대한 차이는 주로 미국이 헌장에 투입한 것으로 그것은 국제연맹의 경우보다도 훨씬 더 광범위하게 근본적인 인권과 사회 및 경제적 문제의 중요성 그리고 인민들의 평등한 권리와 자결의 원칙을 강조했다. 둘째, 군비축소에 관해 상대적으로 거의 언급하지 않음으로써 비현실적인 염원을 회피했다. 셋째, 안전보장이사회의 규정에서 모든 회원국들의 완전한 만장일치에 의존하지 않고도 어떤

11 유엔 창설국들의 수는 후에 폴란드를 포함시켜 총 51개국이다.

조치를 취할 가능성이 있는 의사결정의 토대를 수립했다. 안전보장이사회를 위한 헌장규정은 국가 간 평등의 원칙과 힘의 현실 사이의 흥미로운 타협을 대변했다. 유엔헌장은 국제연맹규약에서보다 더 상세한 집단안보의 요소들을 상정했다. 특히 제8장은 평화에 대한 위협, 평화의 파괴 그리고 침략행위로 명명된 것들에 대처하는 방법으로 모두 안보리의 리더십하에서 조직되는 경제제재와 군사적 조치를 규정했다.

국제연맹과 달리 유엔은 거의 보편적으로 회원국들을 끌어들였다. 그러나 패러독시컬하게도 아주 많은 사람들의 마음 속에 국제주의와 동일시된 유엔이 주권국가라는 개념의 전 세계적 승리를 주재했다. 유엔의 역사에서 가장 위대한 업적은 아마도 좁은 의미의 국제안전의 분야에서가 아니라 1945년 이후 국제관계에서 가장 근본적인 변화의 틀을 제공한 데 있었다. 즉 그것은 유럽의 탈식민화와 글로벌사회의 등장이었다. 그러나 유엔의 가장 중요한 기여는 그들 중에 많은 국가들은 심히 취약함에도 불구하고 신생 국가들과 재수립된 국가들이 국제사회에 진입할 하나의 틀을 제공한 데 있었다. 그런 국가들에게 유엔은 단지 외교적 승인을 얻는 주된 수단이었을 뿐만 아니라 세계적 무대였고 협상의 포럼이었으며 좋은 보수의 직업이고 또 상징적 보호의 원천이었다. 그러나 아주 초기부터 유엔안보리는 헌장이 암시했던 것만큼 효과적으로 작동할 수 없었다. 세계가 두 진영으로 분할되고 양 진영이 서로 다른 진영을 전복시키려는 시도에 의해 특징되는 냉전은 국가들이 서로 좋은 이웃으로 평화롭게 함께 살아가는 유엔헌장의 비전에 거의 완전하게 반하는 것이었다.

1948년 베를린 위기, 소련의 1956년 헝가리와 1968년 체코슬로바키아 침공, 1960년대와 1970년대 초 미국의 베트남 개입, 1975년 전 포르투갈 식민지 동티모르의 대한 인도네시아의 침공 그리고 8년 간의 전쟁을 가져온 1980년 이라크의 대이란 공격을 포함하여 국제 평화와 안전을 위협하는 많은 상황에서 유엔은 주변적 역할에 머물렀다. 뿐만 아니라 1960년대 이후 줄곧 미소 간의 군비통제 레짐의 발전을 비롯하여 여러 중요한 평화를 이루는 일과 군비통제 노력에서도 주변에 머물렀다. 유럽에서 1975년 헬싱키 최종법안에 입각한 핵심적 동서 간 외교과정도 유엔의 틀 밖에서 이루어졌다. 냉전의 종식도 간단히 유엔의 덕택이라고 볼 수 없다.

냉전의 종식은 유엔에게 탈냉전의 세계 속에서 유엔의 많은 비전들로 새로운 기회를 부여했지만 그러나 동시에 심각한 문제들도 제기하였다. 냉전의 종식은 특히 유고슬라비아와 소련의 몰락하는 연방국가들에서 새로운 전쟁들을 가져왔다. 많은 위기들 속에서 유엔 안보리가 항상 효율적인 것은 아니었다. 그러므로 유엔이 근본적인 개혁을 필요로 한다는 강력한 공감이 있었지만 정확하게 무엇을 개혁하고 또 어떻게 성취할 것인가에 대해선 별로 합의를 이루지 못했다. 20세기의 역사과정에서 국제체제의 많은 면들이 변했다. 창설 당시 유엔은 종종 조화와 인권의 새 시대의 초점으로 상정되어 인류가 보다 나은 미래로 전진하도록 할 것으로 기대되었다. 그러나 유엔은 때때로 국가들 자신들이 스스로 아무런 조치도 취하지 못할 때 국제적 관심을 따돌리는 단지 하나의 속죄양으로 이용되었다.

그러나 유엔은 그 모든 한계와 상시적으로 위험한 재정적 어려움에도 불구하고 모든 이전의 전임 기구들을 넘어서는 항구성과 보편성을 달성하였다. 유엔은 탈식민화와 냉전의 종식이라는 두 개의 거대한 도전에서 유래하는 거대한 국제적 변환에서 긍정적 역할을 수행했다. 21세기로의 진입과 함께 유엔은 국제평화와 안전이라는 전통적 도전뿐만 아니라 새로운 도전들도 동시에 직면하게 되었다. 그것들 가운데에는 테러리즘, 전 지구적 경제 및 환경적 문제들, 실패한 국가들, 민주화, 인권, 인간안보, 그리고 자결의 권리와 국가 및 국제체제의 안정을 조화시킬 필요성 등이 있다. 신세기의 이런 도전들은 유엔이 지금까지 직면했던 것들보다 결코 덜 어려운 것들이 아니다. 오히려 그것들은 유엔 그 자체뿐만 아니라 세상을 구원하기 위해서는 유엔이 너무 늦기 전에 해결하려고 노력해야 할 더 어려운 문제들일지도 모른다. 바로 여기에 국제평화와 안전이라는 역사적 사명을 띠고 유엔이 탄생한 이래 평화를 위한 유엔의 리더십이 그 어느 때보다 더욱더 요청될 것이라는 이유가 있다고 하겠다.

유엔의 리더십은 유엔 사무총장의 리더십과 반드시 동일하지는 않다. 그렇다고 해서 완전히 분리해서 생각할 수도 없는 것이다. 유엔의 역사적 창설 이래 유엔헌장의 규정에 따라 국제평화와 안전의 유지를 위한 사무총장의 적합한 리더십의 성격에 관해서 때로는 열띤 논란 그리고 지속적인 논의가 있어 왔다. 그 논의는 유엔 내외에서, 특히 소위 "세계정부 없는 세계통치"를 위한 지식공동체에서 여전히 계속되고 있다. 유엔 사무총장직을 둘러싼 주요 이슈들 가운데 하나는 사무총장이 단순히 관리자에 머물러야 하는가 아니면 우리 시대의 주요 당면 문제들의 협상에 적극적인 외교적 참가자여야 하는가이다.[12] 학술적 문헌에서 유엔 사무총장에 관한 논의는 대체로 사무총장의 관리자형 리더십 스타일 대 비전추구형 리더십 스타일 간의 장점들에 관한 논쟁을 반영하고 있다.[13] "비서인가 아니면 장군인가"라는 특수한 형식의 질문은 1952년 스티븐 슈웨벨(Stephen Schwebel)에 의해 그 직책의 명칭에 초점을 맞추어 제기된 이래 그 직책의 가장 적합한 역할에 대해 빈번히 제기되었다.[14] 최근에 이 질문은 유엔 사무총장에 관한 새 책의 제목이 되었다.[15] 어떤 의미에서 본서도 비록 간접적이기는 하지만 바로 그 질문에 답하려는 하나의 시도라고 해도 과언이 아닐 것이다.

케네스 볼딩(Kenneth Boulding)이 정의한 것처럼 "체제는 혼돈이 아닌 모든 것"을 의미한다면[16] 유엔은 그것의 구조가 질서와 어떤 패턴을 보여 주는 하나의 체제임이 분명하다. 그리고 만일 정치가 권

---

12 Olusola Akinrinade, "The Commonwealth and Its Secretariat: An Essay on Leadership and Influence in an International Organization, "*Quarterly Journal of Administration,* Vol. 26, 1992, p. 79.

13 Kent J. Kille, From Manager To Visionary: The Secretary-General of the United Nations, New York: Palgrave Macmillan, 2006, p. 15.

14 Stephan Schwebel, *The Secretary-General of the United Nations: His Political Power and Practice,* Cambridge, Mass.: Harvard University Press, 1952, pp. 205-213.

15 Simon Chesterman, ed., *Secretary or General? The UN Secretary-General in World Politics,* Cambridge: Cambridge University Press, 2007. 논문 제목으로는, Courtney B. Smith, "More Secretary or General? Effective Leadership at the United Nations," *International Politics*, Vol. 40, No. 1 (March 2003), pp. 137-147.

16 Kenneth E. Boulding, *The World as a Total System,* London: Sage Publications, 1985, p. 9.

위적 제 가치의 분배 결과에 대한 투쟁이라면 유엔 내에서 일어나는 많은 일들 또한 당연히 정치적이라고 말할 수 있으며 따라서 유엔은 아주 정치적인 체제, 즉 하나의 정치체제이다.[17]

그렇다면 사무총장은 유엔에서 정치 지도자일까? 반기문 현 사무총장이 과연 많은 한국인들이 믿고 싶어하는 것처럼 세계의 대통령인가? 아니면 유엔헌장 제97조에 명백히 규정된 대로 그 기구의 단지 최고행정관에 지나지 않는 것인가? 지도자란 상당한 수의 추종자들을 전제로 한다. 바꾸어 말하면 리더십은 지도자와 추종자 집단 간의 관계를 의미하는 것이다. 그렇다면 누가 하나의 정치체제로서 유엔의 수장인 사무총장의 추종자들이란 말인가? 회원국들, 특히 안보리의 상임이사국들은 유엔의 의사결정 과정에서 결코 사무총장의 추종자들이 아니다. 엄격히 말해서 오직 유엔사무국의 직원들만 사무총장의 추종자들이라고 간주될 수 있을 것이다. 사무총장이 유엔의 최고행정관리로서 그리고 전적으로 회원국가들에 의해 이루어진 유엔결정의 집행과정에서 종종 정치지도자로서 행동할 때만 그들은

17 이것은 정치가 사회를 위한 제 가치의 권위적 분배라는 데이비드 이스턴(David Easton)의 가장 유명하고 오늘날 거의 통칙이 된 정의를 약간 수정한 것이다. 로렌스 핑켈슈타인(Lawrence Finkelstein)에 의하면 그런 정의는 명백하게 분배적 결과가 발생하지 않는 갈등이나 투쟁을 배제해 버린다. 그러나 정치란 분배의 시도가 성공할 때뿐만 아니라 실패할 때에도 제 가치를 분배하려는 시도들을 분명히 포함한다. 따라서 유엔정치란 유엔에서 권위적 가치분배와 관련된 활동이다. 가치들은 종종 사회의 보다 높은 염원들을 의미하는 것으로 이해된다. 분명히 평화, 안전, 인권과 경제적 공정과 같은 고도의 가치들에 대한 투쟁이 유엔에서 진행된다. Lawrence S. Finkelstein, "The Politics of Value Allocation in the UN System," in Lawrence S. Finkelstein, ed., *The Politics in the United Nations System,* Durham and London: Duke University Press, 1988, p. 11을 참조.

추종자들이다. 그러나 유엔헌장 제99조는 사무총장이 자신의 생각에 국제평화와 안전에 위협이 되는 어떤 문제도 안보리에 주의를 환기시킬 수 있도록 규정하고 있다. 따라서 이 조항은 사무총장이 단지 유엔의 최고행정관만이 아니라 국제평화와 안전의 유지를 위해 정치적 시도를 할 자격을 그에게 명백히 부여하고 있다. 유엔 사무총장의 정치적 효율성은 법률적 원칙들에 대한 권고와 입장에서만 기인하는 것이 아니라 정치적 조치들에 대한 그의 개인적 권위를 제공하는 데에서 그리고 유엔의 다른 주요 기관들이 그에게 부여하는 묵시적 존중에도 기인한다. 헌장 제99조에 입각한 그의 정치적 권한을 설명하는 데에는 다음 두 가지 본보기로 충분할 것이다. 즉 하나는 사실확인조사단을 파견하는 권한이고 또 하나는 사무총장이 중재역할을 수행할 권한이다. 이 중 어느 것도 제99조에 언급되어 있지 않지만 둘 다 이 조항에 기인한다.[18]

이러한 합법성과 "함의된 권한들"에 입각하여 사무총장은 자신의 시도로 모든 정치적 행동을 수행할 수 있었다. 따라서 유엔헌장의 작성자들이 사무총장에게 정치적 권한을 부여하려고 했다는 데에는 의심의 여지가 없다.[19] 그리하여 그러한 법적 및 정치적 자유재량권이 사무총장을 마치 회원국가들 위에 군림하는 정치지도자처럼 보이게 한다. 뿐만 아니라 현대의 매스미디어가 사무총장을 유엔의 대변자요 살아 있는 상징처럼 만들어 버렸다. 그 결과 그가 지구적 공동

---

18 Manuel Frohlich, *Political Ethics and the United Nations: Dag Hammarskjold as Secretary-General,* London: Routledge, 2008, p. 24.

19 Bruno Simma, ed., The Charter of the United Nations, A Commentary, 2nd edition, Vol. II, Oxford: Oxford University Press, p. 1217.

체의 정치적 지도자처럼 보이게 하는 것 또한 사실이다. 그리고 유엔 정책결정의 제안자, 집행자 및 감독자로서 (유엔헌장 제98조가 요구하는 보고활동의 기능수행을 통해서) 사무총장의 과업은 그가 주도하는 유엔 사무국에 의해서 수행된다. 따라서 바로 그의 존재가 국제사회에서 유엔을 느끼게 한다. 그럼에도 불구하고 사무총장은 여전히 어떤 정치적 결정을 내릴 아무런 권한을 여전히 갖고 있지 않다. 심지어 총회에서는 두말할 필요도 없고 안보리에서도 그는 투표권조차 갖고 있지 않다. 그리고 사무총장은 안보리 회의에 참석하지만 그가 의장은 아니다.

그러므로 사무총장의 권한의 범위와 영역 그리고 그의 리더십의 맥락이나 기반은 비록 그가 진정한 정치지도자로 인정되어야 한다고 하는 경우에조차도 국가 정치지도자들의 경우와는 판이하게 다른 것이다. 이런 의미에서 사무총장 리더십의 전망과 한계는 리더십에 관한 대부분의 문헌들이 집중적으로 논의하는 국가 지도자의 리더십의 경우로부터 간단히 추정될 수 없을 정도로 아주 특이하다. 분명히 유엔 사무총장의 리더십과 국가 정치지도자의 리더십 사이에 중요한 공통점도 있다. 오늘과 내일의 정치지도자들은 자신들의 특수한 국가이익의 대변자인 동시에 보다 넓은 보편적 이상의 대변자로서의 이중적 권한에 입각하여 행동할 필요가 있다. 이런 이중성 중 어떤 것은 국가들이 유엔 포럼이나 유엔의 깃발 아래에서 서로 상봉할 때 아주 불완전하게나마 유발된다. 그러나 그것들 간에는 아주 중대한 차이도 있다. 바로 이런 이유에서 유엔 사무총장의 리더십은 "유엔의 사람들이" 유엔의, 유엔에 의한, 그리고 유엔을 위한, 정의의 빈곤에 대해 사무총장에게 부당한 기대를 하거나 부당한 책임을 지우는 것을 방지하기 위해 그의 리더십을 올바로 이해하기 위한 별도의 연구가 요청되는 것이다. 유엔의 패러독스는 그것이 효율적이거나 충분히 이롭게 되기 전에 이미 필요불가결하게 되어 버린 것이다. 그것은 "폐기처분"의 선택이 존재하지 않는 몇 개 안 되는 인류의 사업 중 하나이다. 그러나 국제정치적 지도자로서 유엔 사무총장 리더십의 전형적 과업과 고도의 기대는 국제체제 내에서 국가들이 벌이는 투쟁의 와중 속에서 사무총장의 연약한 어깨가 짊어지기에는 과거에 너무 무거웠으며 현재에 너무 무겁고 또 미래에도 너무 무거울 것이다. 유엔 사무총장직은 아주 특이한 국제적 지위이며 동시에 우리가 이해하고 분석하기에 가장 어려운 공직 가운데 하나이다. 핀란드 외교관인 맥스 제이콥슨(Max Jacobson)은 "레이건(Reagan) 같은 소통자, 고르바초프(Gorbachev) 같은 개혁가, 키신저(Kissinger) 같은 외교관, 그리고 아이아코카(Iacocca) 같은 관리자"를 이상적 사무총장으로 기술하기도 했었다.[20] 그러나 국제정치의 세계 속에서 자기 지위의 특이성으로 인해 어느 사무총장도 그런 이상적 기대에 실제로 부응하기란 불가능해 보인다. 국가 지도자들과는 달리 그는 정당의 강령이나 여론조사로부터 어떤 지침을 받는 것도 아니다. 그가 동원할 수 있는 것은 헌장 해석상 하나의 나침반인 헌장의 "정신"이다. 헌장 목적의 수호자 및 해석자로서 이 역할은 어쩔 수 없이 아주 개인적 영역일 수밖에 없다. 사무총장의 개성, 헌장규정의 해석, 유엔의 산하 기관들과의 협

20 Benjamin Rivlin, "The UN Secretary-General at Fifty," *Paradigms,* Vol. 8, p. 53에서 재인용.

력 속에서 이루어지는 정치적 조치들, 그리고 전반적인 국제적 상황에 대한 그의 대응이 유엔 사무총장의 "아주 특별한 권한"의 현실을 결정할 것이다.[21] 이러한 배경을 고려할 때 모든 유엔 사무총장들은 그 직책에 대한 자신들의 개인적 개념을 개발하고 또 실천했다고 말할 수 있다.

21 Manuel Frohlich, *op. cit.*, p. 24.

제2장

사무총장 리더십의 기반과 국제체제의 성격

유엔을 포함하여 국제기구란 국내정세와 국제정세 간의 본질적 차이들을 가장 극명하게 반영하는 국제정치적 측면들 가운데 하나이다. 소위 양면 게임(two-level games)과[22] 주로 국내적 문제들을 국제적 문제들로 투영하고 글로벌 문제들을 국내적 문제로 도입시키는 국제적 내전들 때문에 국내정치와 국제정치 간의 많은 전통적 구별들이 사라지는 경향이 있다. 유엔과 그것의 태초의 쌍둥이 같은 적, 즉 국제평화와 안전에 대한 위협은 국제정치를 본질적으로 독특하게 유지시키는 모든 것들을 선명하게 해준다. 사무총장의 기반은 국가지도자들의 기반과 본질적으로 다르다.

유엔은 무력의 정당한 사용의 독점권을 부여받은 국가정부의 중앙집권적 정치체제와는 판이하게 다른 분권화된 유엔정치체제

22 Robert D. Putnam, “Diplomacy and Domestic Politics: The Two-Level Games,” *International Organization,* Vol. 42 (Summer 1988), pp. 427-460; Peter B. Evans, Harold K. Jacobson and Robert D. Putnam, eds., *Double-Edged Diplomacy: International Bargaining and Domestic Politics,* Berkeley: University of California Press, 1993.

의 정책결정과정에 대해 근본적인 문제를 제기한다. 유엔은 회원국가들이 소유하고 있는 권력을 넘어서거나 그 위에 군림하는 어떤 권력의 독점은 말할 것도 없고 국가들의 정책결정과정에 존재하는 주권이나 위계적 질서마저 없는 국제체제 속에 존재한다. 유엔의 수평적으로 구성된 주권적 회원국가들의 체제는 구성국가 자신들에게 동의를 요구하는 어떤 결정에도 동의를 거부함으로써 결정을 방해할 권한을 부여하고 있다. 그러한 정치체제는 모톤 캐플란(Morton Kaplan)의 소위 "일종의 단위거부체제(unit veto international system)와 유사하다.[23] 그러므로 유엔이 결정하는 것은 회원국가들이 자발적으로 그 결정을 준수하려고 하지 않는 한 그들에게 구속력을 가질 수 없다. 환언하면, 유엔에서 모든 결정은 그 결정에 의해 영향을 받는 회원국가들의 동의가 필요하다. 이런 규범은 보다 전통적 용어로 말할 때 "외교"와 동의어이다. 외교란 국제정치에서 단위거부 정치이고 유엔은 명백히 외교의 인공물이다.

유엔정치가 국제체제의 구조적 효과를 먼저 고려하지 않는 한 올바로 이해될 수 없다는 것은 두말할 필요가 없다. 왜냐하면 유엔의 어떤 유효한 정책도 국제체제의 성격에 달려 있기 때문이다. 국제연맹의 역사적 경우처럼 유엔은 분열된 세계의 가공적 공동체이다.[24] 유엔은 결코 세계정치구조의 어떤 혁명도 대변하지 않는다. 기본 단위는

23 Morton A. Kaplan, *System and Process in International Politics*, New York: John Wiley & Sons, 1957, pp. 50-53.

24 Adam Roberts and Benedict Kingsbury, eds.,*United Nations, Divided World: The UN's Roles in International Relations,* 2nd ed., Oxford: Clarendon Press, 1994.

여전히 국가이지만 국제평화와 안전의 유지, 분쟁의 해결, 국제평화유지, 인권의 보호나 글로벌 개발과 인간안보의 향상과 같은 그런 기능을 수행하는 데 있어서 효과적인 역할을 하기 위해 유엔은 회원국가들에 대한 어떤 실질적 권한을 행사해야만 할 것이다.

다른 말로 바꾸어 말하자면 유엔은 최소한의 자치와 주도권을 향유해야만 할 것이다. 그러나 현실적으로 유엔 내에서의 결정들은 사무총장이나 그의 사무국에 의해서가 아니라 국가들에 의해서 이루어진다. 유엔은 국제공동체의 일반의지를 표현하지 않는다. 국가들은 아주 빈번히 입장을 달리하며 유엔을 단지 하나의 도구로 사용하는 성향이 있고 또 자신들의 목적을 위해 공동체라는 허구를 이용하는 정확하게 "국가이익"의 표현이다. 그 결과 유엔의 효율성과 권위는 궁극적으로 유엔의 헌장이 아니라 세계의 상태, 즉 국제체제의 성격에 달려 있는 것이다.[25] 그리고 사무총장직의 위신과 영향력 및 중요성은 어떤 주어진 순간에 국제정치적 풍토에 의해 전체적으로 결정되는 유엔의 위신과 영향력 및 중요성과 함께 올라가거나 내려간다.[26] 그럼에도 불구하고 여전히 사무총장의 가치 있는 독립적 행위를 위한 공간은 있다. 그러나 그런 행위의 효율성에 대한 한계는 사무총장의 개인적 혹은 법적 신임에 의해서가 아니라 그 속에 자신의 정치적

---

25 Stanley Hoffmann, "An Evaluation of the United States," in Robert S. Wood, ed., *The Process of International Organization*, New York: Random House, 1971, p. 72.

26 Benjamin Rivlin, "The UN Secretary-General at Fifty," in Dimitris Bourantonis and Jarrod Wiener, eds., *The United Nations in the New World Order: The World Organization at Fifty,* New York: St. Martin's Press, 1995, pp. 99-100.

존재를 담고 있는 국제체제의 성격에 의해서 정해진다는 사실을 인정하는 것이 옳다. 저기 밖에서 세속적 구세주를 기다리는 그런 세상은 없다.[27] 그러므로 사무총장의 개성만으론 충분하지 않다. 그것이 환경적이고 헌정적인 매개변수들 그 자체를 창조할 수 없다. 환경적 배경이 그 방정식의 본질적 부분이다.[28]

국제체제란 세계정치의 강대국들 간 관계의 한 유형이다. 그것은 그런 강대국들에 의해 추구되는 목적의 범위와 그들 간에 수행되는 과업의 범위에 의해서 특징지어질 뿐만 아니라 그런 목적들을 달성하고 그런 과업을 수행하는 수단에 의해서도 특징지어진다. 이 유형은 국제체제의 구조와 구성하는 강대국들의 정치문화에 의해서 심각하게 영향받는다. 대부분의 다른 국제기구들처럼 유엔도 국제협력과 온건한 국제 갈등해소의 추구를 위한 절차들을 제공하기 때문에 그것의 효율성은 국제체제의 온건성의 정도에 달려 있다. 온건한 혹은 안정적 국제체제란 갈등의 몫이 제한된 경우이다. 왜냐하면 국가들 간의 관계가 목적의 범위와 수단에서 온건성에 의해 특징지어지기 때문이다. 국제체제의 구조와 갈등의 심각성이 무엇이든 간에 국가들은 그들 서로 간에 가할 수 있는 해악의 정도가 제한되도록 행동한다.[29] 그런 온건성은 누그러뜨릴 수 없는 경쟁과 이념적 갈등에 의

27 Alan James, "The Secretary-General as an Independent Political Actor," in Benjamin Rivlin and Leon Gordenker, eds., *The Challenging Role of the UN Secretary-General: Making "The Most Impossible Job in the World" Possible,* Westport, Connecticut: Praeger, 1993, p. 37.

28 Edward Newman, *The UN Secretary-General from the Cold War to the New World: A Global Peace and the Security Mandate?* New York: St. Martin's Press, 1998, pp. 27-28.

해 파괴되는 혁명적 체제에선 사라진다. 한 주요 강대국의 온건성의 폐기 결정은 현상타파의 혁명과 우연히 일치하거나 혹은 혁명을 야기하거나 아니면 둘 다일 경우에 국제체제는 특히 불안정하다. 그런 혁명적 체제에서 국제기구는 그 자체의 힘이 빈약하고 국가 간 경쟁 속에서는 무기력한 상태로 전락한다.[30] 이것이 국제평화와 안전을 위한 최초의 보편적 기구이며 유엔의 유일한 전임자인 국제연맹(League of Nations)의 운명이었다. 왜냐하면 주요 강대국가들의 생존과 본질적 가치들이 끊임없이 문제되지 않았으며 경쟁의 규칙에 동의했던 안정적 체제와는 달리 주요 강대국들의 양립할 수 없는 목적들로 가득한 혁명적 체제가 제1차 세계대전의 종결의 결과로서 그런 동의를 사실상 배제해 버렸기 때문이다.

그러나 그러한 사실이 모든 온건한 국제체제에 반드시 해당된다거나 혹은 온건한 국제체제에서는 국제연맹이나 그것의 후계자인 유엔과 같은 보편적 국제기구가 수행할 어떤 중요한 역할도 필요로 하지 않는다는 것을 반드시 의미하지는 않는다. 웨스트팔리아(Westphalia)의 평화로부터 프랑스 대혁명까지 지속된 온건한 다극적 힘의 균형 국제체제는 어떤 상설 국제기구도 생산하지 않았다. 19세

29 Stanley Hoffmann, *Janus and Minerva: Essays in the Theory and Practice of International Politics*, Boulder, Colorado: Westview Press, 1987, p. 294.

30 여기서 저자는 레몽 아롱과 스탠리 호프만의 국제체제 분류를 따르고 있다. 참조: Raymond Aron, *Peace and War: A Theory of International Relations,* with a New Introduction by Daniel J. Mahoney and Brian C. Anderson, New Brunswick: Transaction Publishers, 2003(1966), chapter 4; Stanley Hoffmann, *Gulliver's Troubles, Or the Setting of American Foreign Policy,* New York: McGraw Hill, 1968, chapter 2.

기의 국제체제 또한 국제평화와 안전을 유지할 어떤 상설 국제기구를 창조하지는 않았다. 그 대신에 1815년의 승리자들은 힘의 균형체제를 부활시키기로 결정했다. 왜냐하면 그들은 힘의 균형체제 속에서 강대국들에게 안전을 부여하고 최대한의 융통성을 제공하며 당시 프랑스를 포함하여 모두의 동의를 얻어 냄으로써 그런 안정을 가장 잘 확보할 수 있는 유형과 지혜를 보았기 때문이다.[31] 그러나 승리자들 가운데 어떤 이들은 새로운 종류의 균형체제의 수립을 원했다. 비록 영국의 캐슬레이(Castlereagh) 외무장관이 국내정세에 개입을 배제했던 18세기의 기계적 균형으로 돌아가고자 했지만, 오스트리아의 메테르니히(Metternich) 수상과 러시아의 알렉산더(Alexander) 황제는 이제 부활된 정통성의 개념 속에 국내적 질서의 공식을 포함할 뿐만 아니라 자유주의적이고 민족주의적인 혁명세력의 부상에 대항하여 강제수단을 쓸 수 있는 그런 조직된 힘의 균형체제를 원했다. 그러나 신성동맹체제(Holy Alliance)의 실패는 효과적 신균형체제란 것이 야심적 확장을 통해서가 아니라 목적의 범위와 수단에 있어서 온건함으로의 복귀를 통해서만 얻어질 수 있다는 것을 입증했다.

온건한 국제체제는 우선 무엇보다도 다국적 제도들을 갈등과 협력의 관리를 위한 정당한 통로로 만드는 국가 간 광범위한 절차적 합의가 존재한다면, 그리고 둘째로 지역적 통로보다 보편적 통로에 대한 선호가 존재하는 경우에 국제기구가 갈등의 해소와 협력의 확산에 중요한 역할을 수행할 수 있을 것이다. 환언하면 온건한 국제체제

31 Henry A. Kissinger, *A World Restored,* Boston, Mass.: Houghton Mifflin, 1957.

는 유엔 같은 국제기구에게 기회들을 부여하겠지만 그러나 이런 기회들은 19세기 국제체제의 경우에서처럼 빈약하고 또 이용하기 어려울 수도 있다.[32]

유엔의 창설자들을 지도했던 헌장의 약속은 그것이 가정한 국제체제와 제2차 세계대전 종결 후 출현한 국제체제 사이의 거대한 괴리로부터 상처를 입었다. 헌장은 아직 생겨나지 않은 온건하고 안정적인 국제체제를 전제했고 또 그런 국제체제를 필요로 했다. 그것은 강대국 간의 협조, 즉 하나의 모범적인 역사적 온건체제인 현대판 유럽협조체제에 의해서 관리되고 또 규제될 것으로 가정했다. 그리고 국제평화와 안전에 대한 주된 책임이 유엔 안전보장이사회의 소위 5대 강대국들에게 부여되었다. 뿐만 아니라 국내관할권의 존중에 관한 헌장 제2조 7항과 중재와 화해의 전통적 절차인 제6장에 규정된 분쟁의 평화적 해결 절차들이 새로 출현한 국제체제의 온건화에 기여할 것으로 기대되었다. 그리고 국제경제문제들에 관한 막연한 규정들은 자유주의적 국제경제의 자유기업 비전에 의해 진작되었다.[33] 그러나 제2차 세계대전의 종결에 따라 출현한 양극적 국제체제와 냉전의 시작은 유엔창설자들이 기대했던 온건한 체제가 아니었다. 어떤 의미에서 유엔헌장은 동서 간 및 남북 간 두 개의 강렬한 이념적 갈등들이 어떤 강대국들 간 합의의 기회도 파괴할 뿐만 아니라 신국제체제를 온건화할 기회까지도 파괴하는 혁명적 국제체제와는 아주 무관

32 Stanley Hoffmann, *op. cit.*, p. 294.

33 Ernst B. Haas, *Tangle of Hopes: American Commitment and World Order*, Englewood Cliffs, NJ: Prentice-Hall, 1969, p. 120.

한 평화와 안전기구를 창설했던 셈이다. 유엔은 유기적 현상동결, 다시 말해 신국제체제는 두 초강대국들이 지배하는 혁명적 냉전체제의 무서운 핵 대결의 항구적 마비상태에 빠져들기 시작했다.

항구적 마비상태를 회피하려는 노력으로 다수의 회원국들은 새로운 혁명적 국제체제에 적응하고 또 헌장의 사실상(*de facto*)의 개정을 의미하는 1950년 11월 3일의 총회결의안 377A(V)를 통해(소위 평화를 위한 단결결의안) 운영방식(modus operandi)을 변경하였다. 이제 유엔총회는 무력사용문제에 대해 마비된 안보리의 책임 중 몇 가지를 부여받았다. 그리하여 헌장의 제7장에 규정된 집단안보로 가는 길을 재개하는 것처럼 보였다. 그리고 경제개발문제가 세계정치의 주요 의제로 등장할 때 유엔은 남반구(the South)에 대한 기술원조와 개발을 위해 많은 국제기관들과 계획들을 창조했다. 침략에 대비하여 안정된 국제체제를 방어하는 주된 목적에서 좌절한 결과로 인해 경제 및 사회적 역할의 개발 쪽으로 점점 더 관심을 보였던 과거의 국제연맹처럼 유엔도 경제 및 사회적 의제 쪽으로 점점 더 기울었다. 유엔의 그런 사실상의 전환은 유엔 본래의 이미지였던 현실과 아주 동떨어진 그런 세계의 현실에 입각한 것이었다. 그러나 그것은 또 다른 환상과 환멸의 허구적 세계를 낳고 말았다. 그런 환상 가운데 첫째는 강대국 만장일치의 원칙 그리고 평화와 안전의 문제에서 특히 강대국과 그의 동맹국들에게 다수의 의지를 강요할 수 없다고 규정한 건전한 현실주의의 전복이었다. 두 번째 환상은 총회에 의해 그에게 부여되는 임무들을 수행하는 데 있어서, 즉 인류의 공동이익을 옹호하는 데 있어서 유엔 사무총장의 권한과 능력에 관한 것이었다. 여기에 사무총장의 역할에 대한 크나큰 패러독스가 있다. 왜냐하면 구속력 없는 총회가 부각될 때 그의 역할이 오히려 더 커 보였기 때문이다.

그럼에도 불구하고 환상이란 그것이 행동을 진작시킬 때엔 미덕이 될 수도 있다. 그러나 투표와 복종 간의 엄연한 괴리가 총회에서 "평화를 위한 단결결의안"(Peace Uniting Resolution)이 채택되자마자 곧 명백해졌다. 유엔집단안전보장제도에 관한 한 그 결의안은 결코 완전하게 집행되지 못했다. 총회의 수적 다수결만으로는 안보리를 마비시키는 소수 상임이사국들의 거부권 못지않은 많은 불리한 상황들이 야기되고 말았다. 사무총장의 정치적 리더십에 대한 희망과 기대는 트리그브 리(Trygve Lie)가 소련의 방해로 사임해야만 했고 또 다그 함마숄드(Dag Hammarskjöld)가 유엔의 심각한 헌정상 위기의 와중에서 사망했을 때 좌초되고 말았다. 전 세계에 걸친 양극적 대결은 유엔의 효율성을 끊임없이 감소시켰다. 두 초강대국들 중 하나가 자신의 영향권 내에서 자유로운 무력사용을 결심하거나 무력으로 위협할 때 유엔은 겁먹거나 비효율적이었다. 초강대국들 간의 심각한 마찰은 유엔의 무기력을 생산하고 또 재생산하였다. 다른 진영에 대한 한 진영의 동원이 아주 곧바로 제3차 세계대전을 의미하는 세계에서 집단안전보장제도를 실천하려는 시도는 없었다. 냉전종식 이후에도 한편에서 미국과 그의 동맹국들 그리고 다른 한편에서 이제는 소멸한 공산주의 세계의 구성국가들 사이에서 심각한 분쟁이 발생했을 때 유엔의 역할은 아주 없거나 있다 해도 최소에 그쳤다. 어떤 국제적 온건함이 관찰되거나 부활했을 때에도 이것이 발생하는 것은 유엔을 통해서가 아니었다. 유엔은 주요 정치적 위기 때 종종 없는 것이나 마찬가지였다. 어떤 총회의 결의안 뒤에 아무리 압도적인 수의 다수결이 있다고 할지라도 유엔은 좌절상태에 머물렀고 위기들은 초강대국들이 종종 귀를 막고 또 그렇지 않는 때조차 미소 간 합동지배를 수립할 수 없을 만큼 상호 불신하는 국제체제에서 미해결된 채로 남았다.[34]

그러나 초강대국들 간 대결에 약간의 긴장완화가 있었고 또 국제체제 내에서 절제뿐만 아니라 여러 가지 형식의 협력의 재도입이 있었다. 그런 발전의 주된 하나의 원인은 민족국가의 새로운 정통성이었다. 또 하나는 핵의 세계에서 무력사용의 새로운 조건이었다. 셋째는 초강대국들이 전 지구를 자기들의 경쟁 속에 몰아넣을 수 없는 체제의 이질성이었다. 그 결과 새로운 민족주의의 정당성에 의한 그리고 초강대국들의 상호 간 충돌에 대한 두려움에 의한 보호의 덕택으로 초강대국에 전혀 미치지 못하는 국가들이 두 초강대국들에게 여러 가지 다양한 제약들을 강요하는 것이 가능하게 되었다.[35] 유엔은 이런 면들을 반영했지만 유엔 또한 그런 것들에 기여하고, 이용하고, 또 확대하여 신혁명적 국제체제를 어느 정도 온건화시켰다. 그런 온건화 효과는 유엔에게 냉전체제 속에서 정치적 및 경제적 문제에서 수행할 기회와 역할을 가져다주었다. 따라서 유엔은 스탠리 호프만

---

34 아놀드 토인비는 인류를 자폭으로부터 구원하기 위해서 일종의 세계정부를 세우는 하나의 출발점으로 핵전쟁의 가능성을 배제할, 하나의 예로, 러시아와 미국간 합동독재체제 같은 어떤 조정에 우리가 만족할 수 있을 것이라고 주장했었다. Arnold Toynbee, "World Peace Through World Government," in Abbott A. Brayton and Stephana J. Landwehr, eds., *The Politics of War and Peace: A Survey of Thought,* Washington D.C.: University Press of America, 1981, p. 265.

35 Stanley Hoffmann, *Janus and Minerva: Essays in the Theory and Practice of International Politics,* Boulder, Colorado: Westview Press, 1987, p. 298.

이 무력사용의 유용성에 대한 최고 및 최저 한계라고 부른 것을 노련하게 이용했다.[36] 유엔은 자신들의 독립을 위해 폭동을 일으킨 인민들에 대한 무력사용을 단지 규탄만 함으로써 최저 한계를 지지할 뿐만 아니라 국가수립을 향한 무력사용에 실제로 축복을 보냈다. 이것은 식민지배 강대국들의 분노를 야기했고, 그리하여 폭력에 대한 분명한 이중적 기준을 생산하였다.[37]

그와 동시에 유엔은 세계평화를 위해 결정적인 또 다른 장벽 즉, 무력사용의 최고 한계를 그것이 다룰 수 있는 군사적 갈등에서 국제적 중립화의 실천을 통해 강화하는 데 최선을 다했다. 휴전, 군사감시관, 그리고 평화유지군에 대한 유엔의 기록은 약소국들의 행동에 의해 세계평화가 뒤집히지 않도록 하려는 초강대국들의 결의와 함께 그런 분란에 초강대국들의 개입을 최대한 제약하려는 약소국들의 결심을 표현했다.[38] 그런 과정 속에서 유엔은 모두의 체면을 세워 주는 불가결한 장치를 제공하여 교전 당사국들이 국가적 굴욕을 당하지 않고 갈등의 종식이 가능하도록 하였으며 또 필요할 경우엔 전투 종료 후 비록 유약하지만 모종의 공정한 억제장치를 설치할 수 있었다. 이런 노력은 역사적으로 전례가 없는 아주 새로운 것이다. 왜냐하면 이런 평화유지활동은 강대국들을 제쳐 둘 수 있음으로써 그들의 강제력을 위축시키는 데 기여했기 때문이다.[39] 그리하여 유엔은 민족국가에 기초한 세계질서를 수립하는 데는 물론이고 전통적 무력사용방

36 *Ibid.*, p. 300.

37 *Ibid.*

38 *Ibid.*

39 *Ibid.*

식에 대해 하나의 왜곡된 위계질서, 상당한 융통성과 심각한 제약을 부과하는 동시에 유엔은 국가주권의 결함을 영구화시키고 국제체제의 다소간 전반적인 온건성을 가져왔다. 그러나 그 대가로 제한적 혹은 소규모의 폭력을 전염시키고 미해결된 갈등의 폭발적 재발을 불가피하게 만들어 버렸다.[40] 이제 유엔 사무총장의 기반인 유엔과 국제체제, 그리고 유엔이 수행할 역할과 사무총장의 리더십이 발휘될 역할 사이의 다가오는 미래는 본질적으로 21세기에 국제체제가 어떤 형태로 발전할 것이냐에 달려 있다. 또한 그것은 유엔 자체의 조치보다는 새로이 발전될 국제체제의 성격에 의해 더 많이 좌우될 것이다.

40 대차대조표를 위해서는 Thomas M. Frank, *Nation against Nation*, New York: Oxford University Press, 1985을 참조

제3장

에릭 드러몬드 국제연맹 사무총장과 관리자형 모델의 수립

국가 간 평화유지를 주된 목적으로 1920년 국제연맹의 탄생은 국제관계의 역사에서 거대한 하나의 분수령이었다. 그때를 출발점으로 하여 국가정책은 국제제도의 규범과 절차에 따라야 하고 또 세계질서는 보편적 국제기구에 의해 부분적으로나마 창조되고 유지되는 협력관계를 통해 추구되도록 되었다. 국제연맹체제의 핵심적 부분들 가운데 하나는 국제연맹의 이사회와 총회의 결정에 의해서 정의된 것처럼 어떤 일개의 국가정책을 위해서가 아니라 국제연맹 자체의 이익을 위해서 일할 국제 상설사무국이었다. 사무국의 맨 꼭대기에는 사무총장, 세계공동체의 최초의 소위 "수석 국제공무원," 즉 국제연맹이라는 보편적 기구의 행정수반이 있었다.

확실히 국제연맹은 당시 세계의 거의 모든 독립국가들이 한때는 회원국이었지만 어떤 근본적 의미에서도 결코 "보편적" 국제기구는 아니었다. 왜냐하면 여러 국가들이 그 운영에 진지하게 관여하지 않았기 때문이다. 물론 가장 커다란 실망은 미국의 국제연맹 가입의 실패였으며 그 결과 국제연맹은 부와 영향력과 힘의 실질적 원천을 상실했다. 소련은 1930년대까지 회원국이 아니었으며 유럽은 이미 제2차 세계대전을 향해 기울고 있었다. 독일은 1920년대 중반에서부터 히틀러의 출현 때까지만 국제연맹에 참가했다. 일본은 1933년 이후 연맹의 정치적 운영에 참여하지 않았다. 라틴 아메리카는 국제연맹의 중심지로부터 너무 멀리 떨어져 있었고 결코 스위스 제네바에 소재하는 국제연맹으로부터 지속적인 관심을 받지 못했다. 대부분의 아프리카, 중동, 남아시아 및 동남아시아를 포괄하는 전 식민지 세계는 관련되지 못했고 또한 그들은 국제연맹의 운영과정에서 결코 중심적 관심의 대상도 아니었다. 국제연맹의 위임통치제도는 범주가 협소했으며 또 대다수의 비자치 영토들은 신세계기구의 운영과정에 의해 아무런 영향도 받지 않았다.

국제연맹은 주로 자유 민주주의적인 유럽의 제도였다. 따라서 바로 그 유럽이 후에 유럽 내의 갈등을 폭력적으로 해결하려 들고 인간이 몰랐던 차원의 파괴가 발생했을 때 국제연맹도 붕괴되었다. 비록 제2차 세계대전 후 국제연맹의 기본적 틀과 이념이 부활했음에도 불구하고 국제연맹의 가장 큰 기여와 유산 가운데 하나는 국제사무국과 그것의 행정수반인 사무총장직의 개념과 역할이었다. 국제연맹의 초대 사무총장이었던 에릭 드러몬드 경(Sir Eric Drummond)이 남긴 가장 큰 유산은 바로 국제공무원 제도였다. 그는 국제연맹을 위해 지속적으로 일하는 국제공무원들의 핵심적 제도를 창조했다. 그리고 그것은 여러 가지 면에서 국제연맹 자체의 구현이 되었다. 사무국 구조의 꼭대기에는 드러몬드 사무총장이 있었고 그는 국제연맹의 역사, 절차와 관련자들의 개성과 정치적 문제들에 대한 정통한 지식은 물론이고 평화적 해결에 대한 빈틈없는 공정성과 헌신을 겸비했으며, 연맹 창설자들이 내다보지 못했고 또 의도하지도 않았으며 유엔시대에 최고의 중요성을 갖게 된 사무총장의 "정치적 역할"을 위한 토대를 마련하고 그것의 발전기술을 예증하였다.[41]

국제연맹의 최고위직으로 가는 드러몬드의 길은 동맹국들과 미국의 관계, 전후 처리문제 그리고 국제연맹과 관련된 문제들에 대한 윌슨 대통령의 가까운 고문인 에드워드 하우스(Colonel Edward M. House)와 그의 우정을 통해 처음으로 열렸다. 윌슨 대통령은 드러몬드 경을 누구보다도 자신의 정치적 이상을 이해하고 또 동시에 국제연맹에 관한 자신의 입장을 공감하는 사람으로 간주했다. 1919년 4월 28일 국제연맹규약이 파리회담의 본회의에서 가결되고 드러몬드는 바로 그 규약의 부속문건에서 국제연맹의 초대 사무총장으로 지명되었다. 그의 이름은 국제연맹규약이나 유엔헌장에 등장하는 유일한 인물이다. 그의 선택은 국제연맹의 입장이나 사무총장직의 관점에서 볼 때 분명히 행운이었다. 왜냐하면 그가 임명될 때 막 42세가 된 에릭 드러몬드 경은 진실로 "완벽한 비서"였기 때문이다.[42] 드러몬드는 강

---

41 Arthur W. Rovine, *The First Fifty Years: The Secretary-General in World Politics 1920-1970,* Layden, Netherlands: A.W. Sijthoff, 1970, p. 27.

42 *Ibid.*, p. 24. 그에 대한 이런 묘사는 영국정부에서 개인비서로 봉사한 그의 긴 경력에 기인했다. 1900년 그는 24세의 나이에 영국 외교부에 들어갔지만 그의 업무처리가 탁월한 것으로 간주되어 그의 승진은 아주 빨랐다. 그리하여 그는 1906년 의회의 외교문제 국무차관인 피츠머리스(Fitzmaurice)경의 개인비서로 임명되었다. 그는 또한 1912년까지 외교장관 에드워드 그레이(Lord Edward Grey)경의 개인 서기로서 일했었다. 1912년에서 1915년 까지 드러몬드는 허버트 애스퀴

력한 공적 인물이 아니었다. 당시 국제연맹의 각국 대표자들과 주요 정치적 인물들은 분명히 그를 만족해했다. 왜냐하면 모든 결정에 관한 한 이사회와 총회에 완전한 신임과 책임을 부여함으로써 연맹 사무국의 어떤 독립적 시도도 의도적으로 내세우지 않았고 전후(제1차 세계대전) 시기에 지배적인 복잡한 국제체제 속에서 또 하나의 행위자를 창조할 어떤 경향도 최소화했기 때문이다. 그의 이름은 일반 대중에게 널리 알려지지 않았지만 국제연맹 회원국들의 외무부엔 아주 잘 알려져 있었다. 그는 결코 정치지도자로서가 아니라 행정적 권한으로만 조심스럽게 이사회와 총회 산하의 위원회에서 연설하곤 했다. 그러나 그의 재직 14년 동안 그는 단 한 번도 총회의 본회의에서 연설한 적이 없었다. 그는 어느 회원국가의 견해와 다른 공개적 성명도 발표한 적이 없으며, 어떤 형식으로든 여론에 호소한 적도 없고, 국제연맹에서나 세계정치 속에서 연맹의 중요성을 밀어붙이는 경우도 별로 없었다. 그러나 드러몬드는 효율적인 국제공무원제도를 수립하는 데 아주 성공적이었다. 반면에 그는 사무총장이 국제기구와 세계정치의 과정과 방향에 영향을 미칠 수 있다는 것을 과시했을 뿐만 아니라 조용한 외교가 전통적 의미에서 가용할 아무런 영향력이 없는 사무총장이라는 직책이 매우 중요한 정치적 역할로 귀결될 수도 있다는 것을 과시하였다.[43]

스(Herbert H. Asquith) 수상의 개인 비서들 중 한 사람으로 봉직했고 또 1915년에서 1916년까지 비슷한 자격으로 그레이 외무부장관을 위해 일했다. 마지막으로 1916년에 그는 외무부장관으로 그레이 경을 계승한 아서 발포어(Arthur Balfour) 경의 개인 비서가 되어 국제연맹의 초대 사무총장으로 임명될 때까지 3년 동안 발포어 장관과 함께 있었다.

사무국에 관해 언급한 유일한 연맹규약 제6조는 초대 사무총장으로 부속문건에 지명된 사람이 될 것이며, 그 이후엔 총회 다수결의 승인하에 이사회에 의해서 임명될 것이라고만 간단히 말하고 있다. 초대 사무총장에겐 정해진 임기도 없었다.[44] 국제연맹규약 제11조와 제15조는 사무총장의 제한된 정치적 역할을 승인하고 있다. 왜냐하면 전쟁이나 전쟁의 위협이 있는 경우에 그리고 어느 연맹 회원국의 요청이 있을 때 그는 이사회의 모임을 소집하도록 되어 있으며, 이사회에 안건으로 제출된 분쟁의 경우에 그리고 이사회가 결렬될 것으로 보이는 그런 분쟁의 경우에 충분한 조사와 고려를 위해 필요한 모든 조절을 할 수 있도록 되어 있기 때문이다. 사무총장의 두드러진 정치적 기능은 중재와 교신을 통해서 그리고 그가 방문하는 많은 국가들의 수도에서 국가대표자들과의 협상이다. 드러몬드의 모든 중요한 정치적 업무는 아주 신속하게 그리고 자기 직책의 중요성을 발전시키려는 어떤 암시도 없이 수행되었다. 왜냐하면 이것이야말로 그의 정치적 경력이 아니라 바로 행정적 훈련과 경험 덕택에 사무총장에 임명된 사람에게 기대되는 것이었기 때문이다.[45] 드러몬드는 수많은 국제연맹의 대표자들과 친구로서 그리고 신임할 수 있는 사람으로서 긴밀하게 일할 수 있게 해준 "독립성"과 "공정성"에 대한 명성을 수년 동안 구축했다. 그의 조언이 널리 요청되고 또 대부분의 국가대표자

43 Charles Howard Ellis,*The Origin Structure, and the Working of the League of Nations,* London: George Allen& Unwin, 1928, pp. 51-96.

44 국제연맹 회원국들은 드러몬드가 14년간 봉직 후 자신의 사임을 발표할 때까지 그를 대치시킬 어떠한 의향도 없었다.

45 Arthur W. Rovine, *op. cit.,* p. 30.

들과 사무국 직원들 사이에서 느끼는 일반적 감정은 비록 그의 국적이 영국이고 런던에 있는 외무부와의 기밀한 연계에도 불구하고 드러몬드야말로 하나의 "국제인"(international man)으로서 나무랄 데 없는 인물이라는 것이었다. 14년에 걸친 그의 봉직은 사무국에서 국제주의의 유산을 수립했고 오늘날까지도 국제기구와 정치에 대한 그의 가장 큰 기여로 남아 있다. 국제연맹의 사무총장으로서 드러몬드의 모델은 그때 그렇게 수립되었으며 1945년에 유엔에서 재탄생하였다.

드러몬드 사무총장은 14년간의 국제연맹 봉사기간 동안 자신의 선택, 기질과 정치적 현실 때문에 어떤 중요한 정치적 역할도 특별히 개발하지 않았던 오로지 효율적인 행정가였다. 사무총장직의 맥락에서 "정치적 역할"이란 본질적으로 국제적 흥정의 영역, 특히 국가 간 갈등의 경우에 국제적 흥정의 활동을 의미하며 또한 회원국 정부와 연맹의 정치적 결정 기관인 총회와 이사회에 영향력을 행사하는 역할을 의미한다. 1920년부터 1933년 사직할 때까지 국제연맹이 직면했던 일련의 문제들에서 드러몬드는 자신과 사무총장직을 진실로 조각했다. 그럼에도 수년 동안 정반대의 평가가 지배했던 데에는 아마도 몇 가지의 이유가 있었을 것이다.[46]

첫째, 주제넘지 않게 그리고 어떤 종류의 갈채나 선전도 없이 업무를 수행하려는 드러몬드의 의도적 정책수행은 다소간 잘못 이해되었다. 그의 공개적 침묵은 국제연맹 앞에 놓인 중요한 갈등들에서 분명히 무위의 증거로 아니면 기껏해야 대중의 관심을 끌지 못하는 토의 자료와 결의안 초안의 준비 같은 행정적 과제에 몰두한 증거

46 *Ibid*., pp. 51-53.

로 간주되었다. 둘째, 가장 불행하게도 나치가 스위스를 침공하여 국제연맹 본부건물을 장악할지 모른다는 두려움 때문에 드러몬드의 문건들 중 대량을 1941년에 파기함으로써 사무총장직의 정치적 발전에 대한 그의 최선의 증거인 드러몬드에 관한 가치 있는 정보의 자원이 박탈당했다. 셋째는 드러몬드 행정의 보다 많은 부분인 1920년대 국제연맹 앞에 놓인 갈등상황들은 1930년대에 비해 상대적으로 중요하지 않았다. 넷째, 어떤 주어진 사건의 성격이나 결과와는 무관하게 사무총장의 정치적 권한에는 아주 분명하고 또 심각한 제약이 있었다. 당연히 드러몬드는 어떤 정치적 기반이나 지원의 원천, 그가 사용할 수 있는 어떤 군사력이나 국제연맹의 파견부대를 갖고 있지 않았다. 그가 가지고 있는 것이라고는 고작 본질적 전문성을 제공하는 소수의 사무국 직원들뿐이었다.

이런 제약된 환경은 어떤 의미 있는 정치적 활동도 거의 이성적으로 기대할 수 없는 것으로 보인다. 1919년 국제연맹 창설자들의 원래 기대까지 추가한다면 드러몬드의 공헌이 갈등의 정치와는 아무런 관계가 없다는 데에는 의심의 여지가 없다. 그럼에도 불구하고 그런 겉보기는 기만적이다. 이제는 그의 정치적 노력의 중요성이 더 이상 과소평가되어서는 안 될 것이다. 실제로 드러몬드 사무총장은 조용한 막후활동의 면에서 그의 각 후임자들에 대한 하나의 모델이 된 정치적 역할을 수립했다. 그의 주의를 피해 간 국제연맹 앞에 놓인 중요한 정치적 문제는 하나도 없었다. 또한 그의 영향력이 미치지 않은 어떤 연맹의 계획도 별로 없었다. 후에 유엔 사무총장들이 수용하고 또 확대시킨 대부분의 기법들은 그가 개발했던 것들이다. 그리고 그의 탁월한 노력을 통해서 그는 1945년 유엔기구의 창설자들로 하여금 사무총장의 정치적 역할을 수용하고 또 확장하도록 유도했다.

드러몬드는 세계무대의 행위자들에게 수용될 만한 기법의 실험과 발전을 위한 실지적 공간을 남겼다. 사무총장직 권한의 발전은 분명히 1946-1961 기간 유엔의 트리그브 리와 다그 함마숄드 사무총장들의 행정적 특징이다. 그러나 드러몬드는 1931-1933년 중국과 일본 간의 갈등에서 행동했던 것과 똑같이 1920년 올란드 제도(Aland Islands)의 문제에서도 행동했었다. 그의 업무수행이 후자의 경우에 보다 더 광범위했지만 그러나 그것은 정치적 영향력의 확장이라기보다는 갈등의 성격과 중요성에 기인했다. 그의 직책상의 권한은 1920년과 1933년 사이에 별다른 변화가 없었다. 국제연맹 이사회에 상정된 중요한 맨 첫 번째 갈등은 러시아로부터 핀란드가 새로 쟁취한 독립에 기인한 문제인 발트해에 있는 올란드 제도에 대한 주권과 관련하여 1920년 스웨덴과 핀란드 사이의 문제였다. 핀란드가 올란드 제도에 대한 통제력을 성공적으로 유지했지만 그곳의 주민들은 스웨덴인들이고 또 스웨덴과의 통합을 강력히 원했다. 스웨덴은 주민들의 열망에 따라 그 문제의 해결을 위해 무력을 사용하려는 지점에 이르렀다.[47] 드러몬드 사무총장의 처음 생각은 단치히(Danzig) 모델의 노선에 따라 현지인들의 대표들과 연합하여 하나의 연맹고위위원회(League High Commission)를 설치하는 것이었다. 스웨덴과 핀란드 사

47 상세한 내용을 위해서는 James Barrows, *The Aland Islands Question: Its Settlement by the League of Nations,* New Haven: Yale University Press, 1968을 참조.

의의 긴장이 고조되는 가운데 1920년 처음 수 개월간 협상이 계속되었지만 성공하지 못했다. 1920년 9월에 들어서 드러몬드의 계획에 따라 연맹 이사회는 해당 문제를 조사하고 보고받을 조사위원회를 설치하기로 합의했다. 1921년 4월까지 그 위원회의 보고서가 준비되었다. 본질적 문제에서 그것은 올란드 제도에 대한 핀란드의 주권에 대한 실질적 주장을 수용하는 반면에 주민들의 권리와 그 열도의 비무장을 새롭게 마련할 제2의 협약을 위한 협상을 연맹이 보장하도록 권고했다. 1921년 6월 말에 연맹 이사회가 조사위원회의 보고서를 채택했고 그 후 당사국들이 수락하여 올란드 제도 문제는 1939년 유럽에 전쟁이 발발할 때까지 국제연맹에서 공적인 논쟁에서 사라졌다. 그것은 1920년 국제연맹이 다룬 최초의 중요한 문제였으며 1939년에 마지막 문제가 되고 말았다.

그 갈등은 드러몬드 사무총장에게 매우 중요한 것이었다. 왜냐하면 그때 그는 여전히 자신의 사무국을 설립하고 분쟁이 국제연맹의 의제가 될 때 기초할 원칙들을 수립하는 과정에 있었기 때문이다. 관련된 주요 정책결정자들과의 토론과 소통은 사무총장의 역할이 정치적으로 중요할 수 있다는 것을 분명하게 시사했다. 드러몬드 모델을 위한 유형은 이렇게 처음부터 결정되었다. 사무총장에 의해 수행되는 대부분의 기능들을 올란드 제도 문제를 다루는 그의 작업에서 보여 주었다. 즉 중재, 소통, 제안들의 평가, 관련국 수도와의 연락업무 그리고 법적 분석이 그것들이다. 그런 일들이 조용히 사적으로 수행되었기 때문에 그의 작업에 대해 어떤 곳으로부터도 반대가 없었다. 드러몬드 사무총장은 국제공직에 대한 자신의 계획들이 확고하게 수용되기 이전에 이미 사무총장직을 위한 적극적인 정치적 역할의 전례를 수립하였다.[48] 올란드 제도 갈등에서 드러몬드 사무총장에 의해 수립된 유형은 비교적 작은 분쟁과 국경문제의 해결에서 국제연맹의 첫 10년간 유지되었다. 드러몬드는 관련 문제에 대한 재빠른 감지능력을 갖고 있었으며 그의 견해는 빈번히 사건을 다루는 데 있어서 의사결정자들에게 영향을 미쳤다.

1923년 이탈리아와 그리스 사이에 발생한 분쟁은 8월 말 그리스-알바니아 국경선을 정하는 일에 관한 대사 간 회담의 한 위원회의 이탈리아 위원과 그의 보좌관들 중 3명이 그리스 땅에서 피살됨으로써 야기되었다. 당시는 무솔리니 치하의 파시스트 정부가 로마에서 막 권력을 장악하고 나서 유럽에서 자신의 외교적 위상을 강화하고 또 영토적 확장정책을 착수하려고 했을 때였다. 피살 사건에 대한 이탈리아의 반응은 사죄와 즉각적 조사, 죄인들의 처형과 5천만 리라의 보상지급을 요구하면서 24시간 말미의 최후통첩이었다. 그리스가 이탈리아의 요구 중 일부를 거부하자 무솔리니는 여러 사람을 살해하는 폭격을 가한 뒤 무방비의 코르푸(Corfu) 섬을 점령해 버렸다. 이탈리아는 즉각적으로 그 갈등을 다룰 국제연맹 이사회의 권능을 부인했지만 이사회는 대사들 간 회의에 이사회의 제안들을 제시했고 그것들 대부분이 채택되었다. 그러나 이사회는 중재와 권고의 역할에 그치고 핵심적 결정은 대사들 간 회의에서였다. 더 이상의 폭력 사태 없이 해결된 사실은 만족스러웠지만 그러나 그 해결방식은 국제연맹의 미래에 대한 두려움을 야기했다. 국제연맹 이사회가 코르푸 갈등

48 Arthur W. Rovine, *op. cit.*, p. 60.

문제를 대사들 간 회의에 간단히 넘겨 버림으로써 국제연맹의 헌정적 무능으로 해석되는 전례를 세우게 되었던 것이다. 1920년대 초 소위 프랑스체제(French System)에 속하는 프랑스의 약소 동맹국가들은 1919년 수립된 베르사유체제에 대한 이탈리아의 강렬한 불만은 말할 것도 없고 무솔리니와 우호적 관계를 유지하려는 프랑스의 열망과 국제연맹에 이탈리아를 잔류시키려는 영국의 염원을 이해하게 되었다.

드러몬드 사무총장은 이탈리아가 코르푸로부터 병력을 철수하기 약 2주 전인 1923년 9월 14일 그 분쟁에 관해 긴 정책건의안을 작성하여 국제연맹에 대한 그것의 효과와 미래에 제기될 문제들에 대해 자신의 전망을 제시했다.[49] 드러몬드에 의하면 코르푸 갈등과 관련된 일련의 사건들은 이사회의 도덕적 권위와 연맹규약의 정확한 의무가 보편적으로 수락되고 수행된다는 일반적 신임을 크게 약화시켰다. 규약에 대한 일반적 신임을 부활시키기 위해 무언가 행해지지 않는다면 미래 연맹의 유용성에 심각한 타격이 가해질 것이다. 강력한 어느 한 회원국가가 무사히 규약을 위반했을 때 심지어 그 국가의 위신이 올라가기까지 했다. 이러한 도전은 국제연맹에 의해 수립된 신국제질서의 공법의 뿌리를 차지하는 근본적 원칙들에 의문을 제기해 버렸다. 그리하여 연맹의 힘을 급속하게 붕괴시키는 불확실성에 자각이 있게 된다.

오늘날 자위나 유엔의 제재조치의 경우에 무력사용이 불법이 아니라는 데에는 의심의 여지가 없다. 이런 맥락에서의 유엔헌장규

49 정책건의서 전체 내용은 James Barros, *The Corfu Incident of 1923*, Princeton, N.J.: Princeton University Press, 1965, pp. 317-320에 수록되어 있음.

정은 1923년 코르푸 갈등과 사무총장으로서 드러몬드의 상상력 있는 권한 사용으로 거슬러 올라갈 수 있다. 1925년 그리스와 불가리아 간 국경 사건은 발칸지역에서 전쟁을 위협한 짧았지만 폭력적 충돌을 해결하는 데 연맹의 위신과 효율성이 최고봉을 이루었다. 1925년 10월 19일 국경충돌 수일 후 불가리아 영토를 무력으로 진입한 그리스 병력은 사격을 멈추라고 하얀 깃발을 들고 나아가던 장교 한 명의 피살을 가져왔다. 사무총장과 그의 직원들은 주로 아테네에서 그리스가 자중하고 연맹규약에 따르도록 촉구하는 데에 적극적인 노력을 벌였다. 드러몬드는 불가리아의 요청에 따라 10월 26일 이사회를 소집했다. 이사회는 그 지역에서 그 사건을 조사하고 또한 예비와 미래의 절차에 관하여 권고할 조사단을 파견했다. 이사회의 조치에 대한 일반적 준수가 있었고 분쟁의 해결이 곧 뒤따랐다. 언제나 조용히 일하는 드러몬드는 사무총장의 정치적 기능의 현실은 중재자로서 그리고 갈등의 당사국들과 국제공동체 간 소통의 주된 통로로서 해결의 조건을 마련하는 데 돕는 것이라고 주장했다. 그는 또한 서반구에서 2개의 중요한 갈등의 경우에도 적극적으로 협상에 개입했는데 하나는 1928년과 1933년 그랜 차코(Gran Chaco)에 대한 볼리비아(Bolivia)와 파라과이(Paraguay) 간의 갈등이었고 또 하나는 1933년 레티시아 트라페즈(Leticia Trapeze)에 대한 콜롬비아(Colombia)와 페루(Peru)가 관련된 갈등이었다.[50]

국제침략을 방지하려는 국제연맹과 사무총장 권한의 최대 시험은 1931년 가을에 발생했다. 일본에 의한 만주의 강탈은 국제연맹

50 상세한 것은 Arthur W. Rovine, *op. cit.*, pp. 72-77 참조.

이 직면했던 가장 큰 시련이었다. 일본인들은 만주에서 철도망을 건설했고 또 약간의 산업기지를 세웠다. 그렇다고 해도 만주를 장악하기 위해서 군대를 파견한다는 것은 국제연맹의 회원국들과 전 세계에 완전한 충격이었다. 1931년 9월 18일 일본군은 갑자기 만주에 있는 묵덴(Mukden)과 다른 중심지역들을 공격했다. 일본의 침략은 연맹규약을 정면으로 위반했을 뿐만 아니라 1928년의 켈로그-브리앙 조약(Kellogg-Briand Pact)은 물론 1922년의 중국에 관한 9개국 조약(Nine-Power Treaty)을 위반했다. 며칠 후 일본은 아무런 영토적 야심이 없으며 대부분의 병력을 철도지역으로 이미 철수하고 있다고 주장하면서 자국의 입장을 그 지역에서 중국인들의 공격에 대항한 본질적으로 자위행위로 정당화했다. 이사회는 그것을 일본정부의 입장이라고 분명히 믿었다. 왜냐하면 1931년 9월 30일의 결의안은 양 당사국들에게 갈등의 확대를 예방하라는 낙관적 촉구였기 때문이다. 이사회는 그곳 일본인들의 생명과 재산에 대한 중국의 확약에 대한 대가로 일본의 철수약속을 수락할 의향이었다.

그러나 실제로 만주의 상황은 급속히 악화되었다. 이사회가 10월 13일 다시 열렸으며 이번에는 프랑스의 수상인 아리스티드 브리앙(Aristide Briand)이 주재했다. 사무총장은 영국 및 프랑스 대표자들과 함께 결의안의 초안을 작성했는데 일본은 이것을 수용하지 않았다. 그 초안 내용은 3주 후에 다시 열기로 한 이사회의 다음 회의까지 일본의 군대가 완전히 철수하고 철수가 이루어지자마자 모든 당면 문제에 대한 당사국 간 직접 협상을 촉구하는 규정을 담고 있었다. 그 결의안은 10월 24일 이사회에 상정될 예정이었으며 드러몬드는 마지막으로 일본 군대의 철수 이전에 중국이 만주의 철도에 관련하여 양국 간 모종의 조약들을 존중한다고 동의해야만 한다고 고집하는 일본의 대표와 합의를 끌어내기 위해 노력했다. 그러나 일본이 말하는 조약 내용들은 그것들의 정당성이 모든 면에서 중국에 의해 인정되지 않은 분쟁의 대상이었다. 따라서 드러몬드는 일본이 분쟁의 대상인 조약상의 권리에 대한 준수를 확보하기 위해 연맹규약에 따라 무력을 사용할 권리가 있다는 데 동의할 수 없었다. 사무총장은 일본의 입장을 충족시킬 어떤 방법도 알지 못했다. 브리앙은 10월 24일 공식적으로 결의안을 상정했고 일본은 거부권을 행사했다. 오히려 일본의 군대는 만주에서 점령을 확대해 나갔다. 드러몬드는 일본의 다음 조치가 만주에서 괴뢰정부의 수립이 될 것이라는 자신의 믿음을 천명했다. 이사회는 1931년 11월 16일 파리에서 세 번째 시도를 위해 다시 소집되었다. 드러몬드는 일본군이 철수하기 전 타결이라는 일본의 요구에 굴복하지 않을 것임을 분명히 했고 또 연맹의 대안들에 대한 모색을 계속했다.

드러몬드 사무총장은 1932년 2월에 개최하기로 예정된 군축회의와 유럽 평화의 장래가 중·일 간 갈등의 성공적 해결에 주로 달려 있다고 생각했다. 그래서 그는 이제 연맹규약 제15조에 의거한 중국의 호소에 관해 말하기 시작했다. 제15조의 이점은 갈등 당사국들의 투표 없이도 결정이 이루어질 수 있는 것으로서 사건의 모든 정황을 조사할 목적으로 조사단을 구성하여 공정한 사실 규명의 기구로 봉사하게 하는 것이었다. 일본인들에게 그것은 지연시키는 이점이 있었기에 그래서 다른 이유가 없더라도 그들에겐 매력적이었다. 다른 한편으로 제15조는 제재의 위협을 내포하고 있기에 대부분의 이사회 회원국들 특히 영국은 그것을 호의적으로 간주하지 않았다.[51]

드러몬드 사무총장은 프랭크 월터즈(Frank Walters) 사무차장을 도쿄로 파견하여 일본정부로 하여금 어떤 화해적 몸짓을 하도록 설득하는 노력을 했다. 아마도 월터즈 임무가 어느 정도 성공한 덕택으로 요시자와(Yoshizawa) 일본대표가 재소집된 이사회의 비밀회합에서 드러몬드 제안에 동의하여 국제연맹이 상황을 조사하고 발견사실을 보고하는 조사단을 파견하게 되었다. 그 제안을 수락하는 일본의 주된 동기는 지연작전이었지만 이사회에게는 다른 대안이 없었고 또 미국이 그것을 지지한다고 일단 알려지자 그 계획이 수용되었다. 12월 10일 이사회는 극동에 파견할 연맹조사단을 수립하는 결의안을 채택했다. 그 조사단은 해결조건을 권고할 어떤 권한도 갖고 있지 못했지만 그러나 상황을 단지 조사하고 또 일본과 중국 간 평화적 관계를 위협하는 모든 사실을 보고할 권한을 위임 받았다. 조사단은 1932년 1월 초에 가서야 실제로 수립되었다. 영국의 리튼 경(Lord Lytton)이 대표단장으로 선출되었고 이 조사단은 곧 역사적으로는 간단히 "리튼조사단"(Lytton Commission)으로 알려졌다. 리튼 조사단의 공식적 승인을 이끄는 회담은 드러몬드 사무총장과 함께 영국 및 프랑스 이사회 대표자들에 의해 수행되었다.[52] 중국인들은 조사단이란 단지 더 많은 지연만을 의미한다는 생각으로 좋아하지 않았다. 그러나 드러몬드는 중국의 체(Sze) 대표자와의 긴 논의에서 조사단파견 발상이 크

51 *Ibid.*, p. 84.

52 *Ibid.*, p. 85.

게 중국의 이익이 될 것이라고 강조했다.

드러몬드 사무총장은 조사단을 위한 미국의 지지를 획득하는 데에도 적극적이었다. 1932년 1월 7일 중국과 일본의 양국에 보내는 각서에서 미국의 스팀슨(Stimson) 국무장관은 미국정부는 어떤 상황이든 그것의 합법성을 사실상(*de facto*) 승인할 수 없으며 중화민국의 주권, 독립과 영토적 순결과 관련된 혹은 통상적으로 문호개방정책이라고 알려진 중국에 관한 국제정책에 관련된 것들을 포함하여 미국과 중국에 체류하는 미국 시민들의 조약상의 권리를 손상시킬 수 있는 중일 두 정부 간 혹은 대리인들 간에 체결하는 어떤 조약이나 협정도 인정할 의도가 없다고 선언했다. 또한 스팀슨 국무장관은 미국뿐만 아니라 중국과 일본 모두가 조약 당사국인 1928년 8월 27일 체결된 파리조약(Pact of Paris)의 규약과 의무에 반하는 수단에 의해 초래되는 어떤 상황이나 조약 혹은 협약도 승인할 의도가 없다고 선언했다.[53] 이런 소위 스팀슨 독트린을 일본인들은 하나의 폭탄처럼 느꼈음에도 영국은 거기에 찬동하지 않았다. 이사회가 그리고 후에 총회가 스팀슨 국무장관의 "불승인 독트린(Doctrine of Non-recognition)을 수락했지만 미국, 영국, 그리고 그 문제에 관하여 영국을 따르는 프랑스의 공동전선이 없이는 국제연맹의 목소리란 별로 의미가 없었다. 이사회가 1932년 1월 말에 재개되었지만 이때는 동시에 국제연맹의 군축회의가 막 시작할 참이었다.

---

53 F. P. Walters, *A History of the League of Nations,* London: Oxford University Press, 1952, p. 483; Westel W. Willoughby, *The Sino-Japanese Controversy and the League of Nations*, Baltimore: the Johns Hopkins Press, 1935, p. 206.

리튼 조사단이 아직 만주로 출발하지도 않았는데 그 사이에 일본인들은 상하이를 공격했다. 중국은 이제 연맹규약 제11조가 아니라 제15조에 입각한 문제의 심의를 요구했다. 이것은 상하이 공격이 있을 때까지 이사회와 드러몬드 사무총장이 성공적으로 회피해 왔던 길이었다. 제15조하에서는 이사회의 10월 24일의 결의안 초안의 경우에서 그랬던 것처럼 분쟁당사국들은 연맹의 조치를 거부할 수 없었다.[54] 이제 드러몬드 사무총장은 제15조하에서 조정을 할 수 있게 되었고 그것들은 거의 즉각적으로 실행되었다. 드러몬드는 이사회의 심의를 위해 사무총장에게 보고서를 제출할 조사위원회를 즉시 수립하였다. 그는 규약 11조하에 운영되는 리튼 조사단은 중일 관계의 근본적인 문제에 관한 것인 반면에 "상하이위원회"는 제15조에 따른 것이고 사실확인의 목적만을 위한 것이라고 강조했다. 영사위원회는 상하이의 상황과 사건들에 관한 공정한 정보의 원천으로서 가치 있는 여러 번의 보고서를 보냈다. 그러나 드러몬드는 일본과의 통상관계에 대한 영국의 고집이 연맹의 제재를 불가능하게 만든다는 것을 이해하고 있었다. 이제 리튼 조사단이 극동을 향해 가고 있는 와중에 다가오는 연맹총회에서 기정사실화 하기를 원하는 일본정부의 주도하에 만주의 독립, 즉 "만주국"이 선포되었다.

국제연맹과 드러몬드 사무총장의 노력에도 불구하고 일본은 만주의 전 영토를 장악했다. 그러나 리튼 조사단의 보고서 없이 총회는 중국에 대해 정치적으로 격려하는 것 이상은 별로 할 수 있는 일이 없었다. 총회는 스팀슨의 불승인 독트린을 채택하고 협상을 통한

54 Arthur W. Rovine, *op. cit.*, p. 88.

해결을 시도하기 위해 19인위원회를 구성하였다. 1932년 5월 5일에 상하이 휴전이 마침내 이루어지고 이제 남아 있는 일이란 총회가 동년 9월로 예정된 리튼 보고서를 기다리는 것이었다.

1932년 7월 드러몬드 사무총장은 보고서를 접수한 후 연맹절차의 윤곽을 잡을 수 있었다. 그는 일본이 그 보고서를 수락하는 것이 불가능하다고 느꼈지만 총회는 19인위원회의 권고에 입각하여 그것을 수용했다. 왜냐하면 리튼 조사단은 만주국이 그곳 주민들의 의지에 의한 것이 아니라 순전히 일본인들의 피조물이며 전적으로 일본에 의지하여 존재한다는 것을 분명히 할 것이기 때문이다. 묵덴에 대한 일본의 첫 공격이 있은 지 1년 만인 9월에 마침내 리튼 조사단의 보고서가 제출되었다. 그리하여 전 세계가 만주의 갈등에 대한 하나의 권위 있는 보고서 그리고 정직하고 편견 없는 것으로 일반적으로 간주되는 보고서를 마침내 갖게 되었다. 드러몬드의 예측은 아주 정확한 것으로 판명되었다. 그 보고서의 제6장은 만주에서의 독립운동이란 1931년 9월 18일까지 들어 본 적이 없었으며 그것은 일본군대에 의해 기획되고, 조직되고, 실행되었다고 선언하였다. 두 달 동안 질질 끈 굉장한 논쟁이 있었는데 그것은 부분적으로 일본의 지연작전과 또 다른 부분적으로는 분쟁 중인 양국에게 자신들의 물증을 제시할 넉넉한 기회를 부여하려는 국제연맹의 염원 때문이었다. 수 주간의 지연은 리튼 보고서에 입각하여 협상타결을 이루려는 19인위원회에 의한 시도들의 결과였다.

1933년 2월 24일 총회는 19인위원회 및 리튼 조사단과의 합의하에 연맹회원국들은 만주국을 승인하지 않을 것이라고 공언하였다.

총회는 일본이 연맹규약을 위반했음을 확인했고 이런 판단이 총회에서 통과되자 마츠오카(Matsuoka) 일본대표는 드라마틱하고 여봐란 듯이 총회에서 퇴장하였다. 그리고 한 달 뒤 1933년 3월 27일 일본은 국제연맹으로부터 탈퇴를 선언했다. 이런 사태는 드러몬드가 피하기 위해 최선을 다했고 또 화해를 위해 거의 필사적으로 노력했지만 헛된 결과였다. 2월 국제연맹 총회로부터 일본의 퇴장과 3월의 탈퇴는 중일 간 갈등에서 국제연맹의 적극적 역할의 종식을 의미했다. 드러몬드 사무총장에게 중일 간 갈등은 평화를 유지하려는 국제연맹의 최초의 대실패이었다. 그리고 이런 의미에서 그것은 1933년 6월 30일 그가 사무총장직을 사임할 때까지 그에겐 최초의 심각한 좌절이었다. 국제연맹은 결국 실패했다. 그러나 두말할 필요도 없이 그것은 주로 강대국들이 일본에 대해 아무런 조치를 취하려 들지 않았기 때문이었다. 군축회의가 하나의 핑계로 이용되었지만 그러나 통상관계가 근본적 요인이었음이 분명했다.[55] 더 나아가서 미국과 어떤 강대국 회원국도 당시의 경제공황시기에 만주에 대한 전쟁에 책임을 지려고 하지 않았다. 일본은 국제연맹을 능멸하였지만 오직 약소국들만이 일본에게 책임을 물으려는 것 같았다. 1931년 일본정부는 무솔리니가 1932년 코르푸에서 취했던 행동을 만주에서 훨씬 대규모적으로 되풀이 했다.[56]

초대 사무총장 에릭 드러몬드 경은 후에 무솔리니와 히틀러가

55 Arthur W. Rovine, *op. cit.*, p. 95.

56 Donald Kagan and Frederick W. Kagan, *While America Sleeps: Self-Delusion, Military Weakness, and the Threat to Peace,* New York: St. Martin's Press, 2000, p. 117.

국제평화와 안전을 위한 국제연맹의 운영과 사무총장을 더 나아가 발길질하고, 무시하고, 능멸하고 그리고 마침내 마비시켜 버리기 전에 사무총장직에서 은퇴했다. 그러나 초대 사무총장으로서 14년간 드러몬드의 봉사는 그 후 미래의 유엔 사무총장들에게 본보기적 모델을 정립했다. 모든 종류의 독립적인 공동의 권한 또 자유 재량권을 동원하려는 현 국제기구들의 권능은 대체로 관리적 리더십의 드러몬드 모델에 의해서 정립된 기능이다. 가장 중요한 것은 제도수립의 실험으로서 그의 행정의 착수 때와 세계공동체에 대한 수년간의 빛나는 봉사를 통해서 국제공무의 개념을 정당화시키는 데 있어서 그는 성공했다. 드러몬드의 공헌은 너무도 확실한 것이어서 그의 후임자였던 조제프 아베놀(Joseph Avenol)의 지위축소와 12년간 효율적 사무총장의 부재에도 불구하고 1945년 새로운 세계기구를 창설하기 위해 샌프란시스코에 모인 유엔의 창설자들은 국제연맹의 경우보다 특별히 더 강화된 정치적 권한이 없는 사무총장직과 사무국의 설립이 바람직하다는 데 별 어려움 없이 합의하였다. 그런 면에서 이 주제에 대한 유엔 헌장 조항들은 실제로 에릭 드러몬드 경에 대한 하나의 고정된 헌사였다고 하겠다.[57]

에릭 드러몬드 사무총장은 국제연맹을 대신하여 종종 거리낌 없이 말하는 데 주저했고 세계질서를 위한 가시적 대변인으로 자신을 내세우지 않았다. 그는 모든 것을 조용히 수행했다. 사무총장은 어떤 연맹 회원국의 정책과의 갈등을 일으킬지도 모르는 자신의 입장을 공개적으로 취할 수 없었다. 주제넘지 않게 일하고 또 자신의 공정

57 *Ibid.*, p. 101.

성에 대한 신임을 이용하여 드러몬드 사무총장은 들으려 하지 않는 사람들의 귀에까지도 자신의 견해를 주입시킬 수 있었으며 또 많은 경우에 절차와 내용 면에서 협상의 방향에 영향력을 행사하는 데 아주 성공적이었다. 그러나 회고해 보면 드러몬드의 거의 공개적 침묵은 그의 긴 14년간의 봉직기간 동안 국가 대표자들의 자국 이익 중심의 야비한 주장들에 대한 일종의 불행한 대항이었다. 왜냐하면 국제정치에서 몇 안 되는 합리적 목소리들 중 하나가 침묵했거나 아주 비소통적이었다. 심지어 그의 소리가 들릴 때조차 그것은 아주 형식적이었다. 이것은 사무총장직의 발전에 하나의 장애였으며 국제연맹에겐 하나의 비극이었다고 해도 과언이 아닐 것이다. 이것이 바로 유엔헌장의 작성자들이 국제연맹의 사무총장에게 가능했었던 것 보다는 평화의 추구에서 더 적극적인 역할을 취하도록 새 국제기구의 사무총장에게 문을 열어 준 주요 이유들 가운데 하나였을 것이다

제4장

조제프 아베놀 사무총장의 기회주의와 숀 레스터 사무총장서리: 국제연맹의 장의사

국제연맹의 제2대 사무총장인 조제프 아베놀(Joseph Avenol)은 1933년 국제연맹의 역사 그리고 보다 넓게는 세계사에서 비극적 시기에 직책을 맡았다. 세계적인 경제적 공황과 중국에서 일본의 침략 그리고 독일에서 히틀러(Hitler)의 출현은 모든 것이 전쟁과 국제질서를 위한 의미 있는 제도들의 몰락을 가리켰다. 그리고 아베놀 사무총장은 국제연맹규약의 헌정적 이상이나 서방세계의 자유 민주주의의 이상에 크게 헌신적이지 않았다.[58] 정치적 훈련이나 경험 혹은 국제질서에 대한 헌신이 전무한 프랑스 재무부의 전 관리 출신이었던 아베놀 사무총장의 주된 노력은 전체주의 국가들의 개념에 반할지도 모르는 국제연맹의 활동을 최소화하는 데 목표를 두었다. 전쟁이 발발하고 국제연맹이 아무것도 할 수 없게 되자 그는 사직하고 프랑스의 비시

58 Arthur W. Rovine, *The First Fifty Years: The Secretary-General in World Politics 1920-1970,* Leyden, Netherlands: A.W. Sijthoff, Printing Division, 1970, p. 105.

(Vichy)에서 페탱(Pétain)정권에 합류했다.

에릭 드러몬드가 1932년에 사임했지만 그의 후임자 문제가 1932년 연맹 이사회와 총회에 의해 다루어지고 있는 와중이기에 그는 1933년 6월 말까지 사무총장직을 유임하도록 설득되었다. 긴 협상 과정을 통해서 아베놀에 대한 유일하게 심각한 반대는 독일에 의해 표명되었다. 1932년 국제노동기구(ILO)에서 탁월하고, 능변이며 또한 추진력 있는 수장이었던 알베르 토마(Albert Thomas)가 타계하고 그의 유능한 조력자였던 영국인 해롤드 버틀러(Harold Butler)가 후임자가 되었다. 그런 상황에서 연맹의 초대 사무총장이 영국인이었기 때문에 다음 연맹의 사무총장으로 프랑스인을 선발하여 사무국 내에서 균형을 잡는 것이 당연한 과정인 것처럼 보였다. 이것은 또한 1919년 파리에서 이루어진 이해와 일치했다. 한때 일본인도 고려되었었지만 일본의 만주침략과 중일 문제가 그 가능성을 사실상 배제해 버렸다. 강대국들 가운데 독일인이나 이탈리아인의 선출을 희망할 수 없었지만 그러나 독일과 이탈리아의 견해도 무시할 수 없었다. 그런 상황에서 아베놀이 유리한 위치에 있었다. 가장 큰 장애는 독일이었지만 그러나 아베놀이 아주 적극적으로 활동한 로잔 경제회의(Lausanne Economic Conference) 후에 독일은 마침내 사무총장으로 프랑스인의 선출을 반대하지 않는다고 밝혔다.[59] 이탈리아는 수년간 끈질기게 요구해 온 사무국에 보다 많은 이탈리아인들을 채용한다는 답례로 아베놀을 지지했다. 아베놀은 또한 드러몬드가 했던 것과는 달리 자신의 사무총장직에 권한과 영향력을 집중하지 않을 것이라는 이론에

59 *Ibid.*, p. 110.

입각하여 많은 회원국들의 지지를 받았다. 프랑스인을 사무총장으로 수락하는 대가로 독일은 과거에 아베놀이 담당했던 연맹의 경제 및 재정 업무를 감독하는 사무차장 자리가 독일에게 주어질 것이라고 보장 받았다. 그의 업무는 1933년 6월 30일 드러몬드의 퇴임과 함께 시작할 것이며 그 임기는 10년으로 제한하되 3년간 연장이 가능하도록 타결되었다. 따라서 그의 임기는 1946년까지 연장이 가능하지만 1943년 6월 30일에 끝나는 것으로 정해졌다.

아베놀은 1932년 10월 17일 연맹 이사회에 의해서 지명되고 12월 9일 그 지명이 총회에 의해서 승인되었다. 사무총장으로서 그의 기능은 1933년 7월 1일에 시작하도록 예정되었다. 아베놀은 6조 2항에 규정된 연맹규약의 헌정적 규칙에 의해서 선발된 연맹의 최초의 그리고 유일한 사무총장이었다. 그의 선임자 드러몬드는 연맹규약 그 자체의 부칙에서 거명되었었으며 그의 후임자 숀 레스터(Sean Lester)는 1940년 비상시기에 사무총장 서리로 직책을 맡았다. 아베놀은 처음부터 전임자 드러몬드의 정치적 능력을 보여줄 것 같지 않다는 것이 분명했던 반면에 신임 사무총장의 경제적 경험과 능력이 세계적인 경제공황에 해결책을 찾는 데 긴요하다고 강조하는 경향이 있었다. 아베놀은 효율적인 연설자가 아니었지만 국제연맹에 관해 여러 차례 공개연설을 했다. 그의 연설은 아주 형식적이었고 연설에서 종종 연맹의 절차들을 다루었으며, 독재자들을 직면하고 있는 연맹의 전망에 대해 직접적인 반응을 피하고 또 사무총장이 스스로 이끌고 있는 국제연맹에게 별로 희망이 없다는 인상을 주었다. 아베놀 사무총장은 연맹의 회랑에서 이미 회람되고 있던 연맹규약의 "개혁"에 관한 어떤 제안도 정당화하려고 시도하지 않았으며, 정치적 활동을 대신하여 연맹의 경제 및 사회적 업무를 강조할 어떤 성향도 보여 주지 않았다. 아베놀의 견해들은 낙관적이지도 새로운 것도 아니었으며 기대에 찬 리더십을 보여 주지도 않았다.[60] 그의 의견은 영국과 프랑스 양국의 외무부의 견해를 그대로 따랐으나 그것들마저도 화해할 수 없는 적대적 세력들에 의해 분열된 유럽에서 연맹의 효율적 가능성에 관한 의미 있는 이론으로 발전하지 않았다.

1931년에 시작하였고 또 국제연맹에 최초의 심각한 반전을 이룬 중일 간 갈등도 역시 연맹이 직면하고 있는 중대한 정치적 문제들 가운데 하나로서 아베놀 사무총장이 관여할 최초의 기회였다. 그러나 그 결과는 사무총장직에, 국제연맹에 그리고 나아가 세계평화에 기여한 것이 아니었다. 만주의 위기에서 아베놀 사무총장의 역할과 견해는 3가지 특징을 갖고 있었다. 첫째로, 연맹에서 일반적 분위기와는 아주 대조적으로 그는 일본의 입장을 동정하는 듯 했으며 일본의 침략에 저항하기 위해 연맹을 이용하지 않으려는 자세를 보였다. 둘째로, 1933년 사무총장이 된 이후에야 아베놀은 그 분쟁에 관한 연맹의 활동에 대한 정보에 잘 접할 수 있었고 그때까지 그는 일부러 자신의 일을 최소한으로 유지했다. 셋째로, 사무총장으로서 그는 아무런 정치적 의미를 갖지 않도록 의도된 연맹의 기술적 원조계획을 중국에서 최소화하는 데 아주 만족해했고 또 일본이 동의할 수 없는 연맹의 계획은 후원하길 거절했다.[61] 이 모든 것은 1928-1929년 그의

60 *Ibid.*, p. 116.

61 *Ibid.*, p. 117.

중국방문에 기인했던 중국에 대한 그의 과거 관심을 고려할 때 다소 놀라운 것이었다. 아베놀은 중국에서 연맹의 지원을 일본과의 전쟁을 방지하는 하나의 수단으로 보고 있다는 데에는 의문의 여지가 없었음을 알았다. 1929년 극동의 여행 중 일본도 방문했었던 그는 일본이 대중국정책이라는 오직 하나의 외교정책만 갖고 있음도 알았다. 그럼에도 불구하고 1931년 9월 일본의 묵덴(Mukden) 공격 이후 아베놀은 연맹의 정치적으로 중요한 역할에 모든 관심을 상실한 것처럼 보였다. 1931년 7월 1일 아베놀이 사무총장이 되었을 때 일본은 이미 만주로부터 병력 철수의 각서를 제출했었지만 연맹은 그곳에서 침략에 저항하는 시도에서 완전히 실패했다. 아베놀이 사무총장이 된 3주 후에 연맹 사무국은 연맹에 의해 합의된 "만주국" 불승인 전략을 집행하기 위해 국가들이 취할 실천적 조치의 문제에 직면했다. 그러나 아베놀 사무총장은 연맹이 주도면밀하게 정치적 문제들을 회피하고 그 대신 기술적 지원문제에 집중해야만 국제연맹이 중국에서 유용할 것이라고 주장했다. 그는 1933년 연맹 이사회에 의해서 구성된 기술협력특별위원회(Special Committee on Technical Collaboration)의 일을 긴밀하게 추종했다. 이 특별위원회의 과제란 만주의 위기 이후에 수립된 중국의 난징(Nanking)정부를 위한 많은 기술적 원조계획을 조정하는 것이었다. 아베놀 사무총장은 중국과의 기술적 협력이 국제적으로 중요한 문제라고 말하면서 그 위원회와의 광범위한 협력을 모색했다. 그러나 그는 그 계획의 정치적 영향에 관해서는 전적으로 무관심했다.[62] 이것은 물론 당시의 영국과 프랑스의 견해를 반영하는 것으로 이해되

62 *Ibid.*, p. 119.

었다. 그는 중국에 대해 연맹이 하는 일에 어떤 정치적 의미를 부여하는 것도 회피하려고 했으며 일본에 불쾌한 어떤 조치도 방지하려고 했다.[63]

그리하여 아베놀 사무총장은 후에 소위 "유화"(appeasement)로 알려지게 된 바로 정책에 따뜻한 지지를 보였다. 이렇게 된 데에는 무엇보다도 아베놀 자신이 국제정치에 대한 지식이 부족했을 뿐만 아니라 그의 동료들마저 지적했던 것처럼 "정치적 영민함"의 절대부족 때문이었다.[64] 국제연맹은 극동에서 실패했다. 그리고 당시 연맹은 심지어 일본과 최소한의 접촉이라도 바람직하다고 가정했으며 정치적 중요성을 배제한 기술적 원조가 그곳에서든 다른 어느 곳에서든 간에 연맹이 수행할 수 있는 유용한 봉사처럼 보였다. 그 결과 아베놀 사무총장은 연맹규약을 무시하는 것처럼 보였고 또 연맹의 정치적 능력을 축소시켰다. 아베놀 사무총장은 어떤 조치나 모험도 그리고 연맹의 정치적 능력을 부활시킬 어떤 언급도 하려고 하지 않았다. 마침내 1935년 말 사무총장은 연맹으로부터 일본의 탈퇴에 관해 성명을 언론에 발표했다. 그리고 1935년 3월 27일자로 일본은 연맹으로부터 탈퇴했다.

그 사건 자체는 별로 특별한 것이 아니었다. 그러나 그 함의는 불길했다. 어쩌면 그의 성명이 일본에게 과거의 잘못을 면해 주는 것처럼 보였다. 연맹규약의 제1조 제3항은 "모든 국제적 의무와 이 규약하의 모든 의무가 충족될 것이라면," 어느 회원이나 2년간의 탈퇴

63 *Ibid.*, p. 120.

64 *Ibid.*, p. 121.

의사 통고 이후 탈퇴할 수 있다고 규정하고 있었다.[65] 그러나 아베놀 사무총장은 연맹의 이사회나 총회의 승인도 없이 "이별이 기정사실인 이상 일본과 연맹 간 연계의 법률적 유대가 종식되었다. 일본은 국제연맹에 관한 한 더 이상 권리나 의무가 없다. 그러므로 일본이 연맹과의 연계 속에서 지금까지 차지한 지위를 유지하는 것이 불행히도 불가능하다"고 단언했다. 제네바 주재 중국영사인 빅터 후 치 차이(Victor Hoo Chi Tsai)가 사무총장에게 연맹규약을 해석할 권한이 없고, 하물며 규약을 그 조건과 정반대로 추론할 권리가 없다고 즉각적으로 항의했다. 이 중국 영사는 아베놀의 해석이 연맹규약을 약화시킬 것이라고 주장하면서 그렇게 되면 "국제연맹의 어느 회원국가도 규약을 위반할 수 있고 그러고 나선 연맹을 떠날 수 있을 것이다. 제1조의 공식적 조건에도 불구하고 그것은 연맹과 관련된 모든 의무로부터 면죄될 것이다"라고 말했다. 중국 영사의 이런 항의에 대한 아베놀 사무총장의 변명은 미약했다.[66] 아베놀 사무총장이 언론에 성명을 발표했던 1935년 3월에 이탈리아와 에티오피아 간 갈등이 시작되었으며 서방 민주주의 국가들은 침략행위에 도전할 그들의 용의성에 대한 두 번째 시험에 직면하게 되었다. 아베놀 사무총장이 별로 저항하지 않은 첫 번째 경우의 실패가 국제연맹 위신의 종말의 시작 그리고 참으로 연맹 그 자체의 몰락의 출발을 이루었다. 그러나 1935년 3월의 사건은 아베놀 사무총장이 연맹규약의 이상에 대한 동정심을 별

---

65 국제연맹규약 전문을 보기 위해서는 United Nations, *The League of Nations 1920-1946*, New York and Geneva, 1996, Appendix III 를 참조.

66 Arthur W. Rovine, *op. cit.*, p. 122.

로 반영하지 않은 조치를 취하게 되는 처음도 그리고 마지막의 경우가 아니었다.

국제연맹의 시신을 넣은 관에 마지막 못질을 한 것은 에티오피아를 잔혹하게 정복한 무솔리니(Mussolini)였다. 만일 중일 갈등이 침략에 직면하여 국제연맹이 드러낸 무기력함의 첫 표시였고 그래서 연맹의 진정한 전환점이었다면, 이탈리아와 에티오피아 간의 전쟁은 연맹의 몰락에 대한 최종적 봉인이었다. 영국과 프랑스가 처음엔 주저하다가 잠시 동안 연맹을 통해 자신들의 노력을 조정했지만 헛일이었다. 연맹의 경제적 제재가 마침내 실패했을 때 이 국제기구가 국제정세에서 더 이상 수행할 정치적 역할이 아무것도 없다는 것이 분명해졌다. 에티오피아의 정복을 막지 못한 연맹의 무능함은 거의 전적으로 영국인들 특히 프랑스인들의 잘못된 생각 때문이었다. 당시에 그들은 무솔리니의 이탈리아가 후에 독일에 대항하는 소중한 동맹국이 될지도 모르기 때문에 파시스트 이탈리아를 나치 독일의 품 안으로 밀어넣는 것과 같은 어떤 조치도 취해서는 안 된다고 생각했었다. 만일 이것이 후진국 에티오피아에서 이탈리아의 정복을 내포한다고 할지라도 영국과 프랑스인들은 잃을 것이 별로 없다고 생각했다. 양국에겐 침략이 연맹규약의 위반일지는 몰라도 너무 지나친 저항은 이탈리아를 적대시하게 되는 것이 될 것이며 이보다 더 영국과 프랑스의 안전에 위험한 것은 없을 것이라고 생각되었다. 이것은 참으로 만개한 유화정책이였다. 그리고 그런 전략을 연맹의 사무총장보다 더 강력하게 주창하는 사람은 아무도 없었다.[67] 1934년 12월부터 1936년 가을

67 *Ibid.*, p. 124.

까지 지속된 위기의 전 기간을 통해 아베놀 사무총장은 이탈리아에게 연맹규약을 강요하지 않으려는 영국과 프랑스의 주저함을 강력하게 지지했다. 영국과 프랑스가 마지못해 마침내 경제제재에 동의했을 때조차 아베놀은 결국 이탈리아가 에티오피아에서 원하는 모든 것을 주게 되는 "평화적" 해결에 대한 자신의 선호를 밝히면서 양국 간 합의를 실제로 승인하지 않았다. 그는 분명히 연맹과 규약 그리고 국제분쟁의 해결을 위한 이 국제기구의 수용된 절차들을 지지하는 것이 바람직스럽다고 생각하지 않았다.[68]

이탈리아와 에티오피아 간의 분쟁에서 아베놀 사무총장의 첫 노력은 1934년 12월 월월(Wal-Wal) 사건 직후에 일어났다. 에티오피아는 다소 주저하다가 이 문제를 이사회의 의제에 상정하고픈 염원을 표했다. 그러나 이탈리아가 1928년 체결된 이탈리아와 에티오피아 간 우호조약의 제5조에 따라 이 문제를 중재에 부치겠다고 약속하는 데 대한 대가로 이사회에서 에티오피아가 이 문제를 논의하지 않는다는 데 동의하는 방식을 아베놀 사무총장은 지지했다. 이탈리아인들은 연맹 이사회에 의한 그 문제의 공개적 논의가 우호적 타결을 어렵게 할 것이라고 생각했다. 그리고 물론 이탈리아는 에티오피아와의 양국 간 직접협상 외에는 그 어떤 것에도 관심이 없었다. 월월 사건에 대한 중재가 수주간 아무런 시도나 협상이 없자 3월에 에티오피아는 연맹규약 제15조에 근거하여 국제연맹에서 분쟁을 논의해 주도록 요청했다. 이 조항은 중재나 사법적 해결에 부쳐지지 않은 분쟁을 위한 절차를 규정한 것이다. 아베놀 사무총장은 이탈리아와 에티오피아 간

68 *Ibid.*, p. 125.

에 직접적인 협상이 진전을 이루지 않는 한 제15조에 입각한 조치가 당장에는 적합하지 않다고 에티오피아에 조언했다. 그러나 1935년 4월과 5월의 이사회 회의는 그때마다 이탈리아가 1928년 조약의 중재 절차를 시행하겠다고 약속함으로써 아무런 도움이 되지 않았다. 6월에 아베놀 사무총장은 에티오피아의 "야만적" 성격과 연맹 회원국으로 남을 "부적합성"을 주장하면서 오히려 이탈리아에게 공세를 취하라고 권고했다. 그는 심지어 에티오피아에서 이탈리아의 지배를 공개적으로 주창했다. 그것이 보호령(protectorate)이냐 아니면 연맹의 위임령(League mandate)이냐의 형식은 아무런 차이가 없었다. 그리고 7월 말에 그는 영국이 마침내 이탈리아의 팽창 필요성을 확신하게 되었으며 1935년 1월 프랑스와 이탈리아 간 앙탕트(entente)의 조건을 준수할 준비가 되어 있다고 단언했다.[69] 마침내 국제연맹은 아베놀 사무총장의 계획하에 에티오피아의 행정을 재조직하는 과제를 담당하며 이것은 이탈리아 정책에 대한 압도적 존중으로 이루어지게 되었다. 그러나 무솔리니가 원했던 것은 즉각적인 병합이었다.

그러나 영국이 침략에 저항하는 연맹규약의 의무를 지지한다고 발표하자 모든 관심이 1935년 9월에 열릴 연맹의 총회로 이동했다. 이탈리아의 침공은 경제제재의 형태로 결국 연맹의 대응에 직면할 것으로 보였다. 그러나 아베놀 사무총장은 이탈리아에게 완전정복만을 제외하고 이탈리아가 원하는 모든 것을 주는 타협안을 계속 밀고 나갔다. 그러다가 10월 3일 무솔리니의 군대와 비행기가 에티오피아를 공격했다. 그리고 이탈리아 군대가 1936년 5월 6일 에티오피아의 수

69 *Ibid.*, p. 127.

도 아디스 아바바(Addis Ababa)를 점령하자 무솔리니는 일방적으로 전쟁의 종식을 선언했다. 아베놀 사무총장으로부터는 아무런 성명도 없었다. 그는 아예 언급조차 하지 않았다.[70] 5월 9일 무솔리니는 파시스트 제국을 선포했다. 그리고 연맹에서 이탈리아의 대표는 이사회에서 에티오피아의 대표와 동석하는 것을 거부했다. 에티오피아의 대표가 이사회의 참석이 허용되자 무솔리니는 자국 대표에게 불참 명령을 내렸다. 이리하여 이탈리아는 연맹과 모든 의미 있는 협력을 중단해 버렸다. 1936년 7월 4일 연맹총회는 아베놀 사무총장의 강력한 지원하에 경제제재를 철회했다. 국제연맹은 이탈리아가 되돌아오기를 희망했던 것이다. 그러나 이탈리아는 에티오피아가 연맹으로부터 축출될 경우에만 제네바에 돌아올 것이라고 발표했다. 아베놀 사무총장은 프랑스의 지지를 받으면서 에티오피아 대한 이탈리아 주권의 공식적 승인에 대한 요구와 국제연맹으로부터 에티오피아 대표들의 축출을 강력히 지원했다.[71]

아베놀 사무총장은 중일과 이탈리아 에티오피아의 위기의 기간 동안에 사무총장의 역할을 증대시키기 위해 한 일이 별로 없었다. 뿐만 아니라 1936년 9월부터 그는 서방 민주주의에 대해서 적대적이고 오히려 독재자들을 지지하는 쪽으로 변했다.[72] 스페인 내란이 시작했을 때에도 그는 분명히 프랑코(Franco) 장군의 반란군 쪽이었다.[73] 1936년 9월 7일 아베놀은 국제연맹의 어떤 기관의 승인도 없이 로마

70 *Ibid.*, p. 131.

71 *Ibid.*, p. 132.

72 *Ibid.*, p. 135.

73 *Ibid.*

를 방문하여 무솔리니 및 그의 치아노(Ciano) 외무부 장관과 회담을 가졌는데 그것이 아베놀 사무총장에겐 하나의 전환점이었다고 인식되었다. 그때부터 그는 다른 사람이 되었다는 것이다. 이탈리아는 그에게 유럽의 소위 "신질서"의 틀 속에서 연맹의 사무총장이 될 것이며 오직 영국만이 방해가 될 것이라고 권고했다.[74] 연맹이 직면했던 두 개의 위기 속에서 결국 아베놀은 사무총장과 연맹의 권능을 약화시키는 경향만을 보였다.

전임자 드러몬드 사무총장이 연맹규약의 규범을 유지하기 위해 자기가 보유한 모든 정치적 영향력을 활용했고 또 중국에서 일본군에 저항할 주된 목적으로 막후에서 적극적이었던 반면에 아베놀 사무총장은 연맹의 이상과 의무보다는 자신이 이해한 프랑스의 외교정책을 집행하기 위해 일했다. 이것은 영국과 프랑스가 마침내 제재하기로 결정한 이후에도 마찬가지였다. 바로 이러한 이유에서 아베놀은 사무총장직을 고양시킨다는 점에서 한 일이 하나도 없었다. 아베놀 사무총장은 전임자 에릭 드러몬드 경의 비전과 국제공무직의 창조에 대한 이해를 보여 준 적이 전혀 없었다. 가장 중요한 측면에서 아베놀은 자신의 주된 의무가 연맹규약과 연맹의 정치기관들에 의해서 정의되는 공정한 연맹 사무국의 최고관리로 사유하고 행동하는 것이 아니라 연맹에 파견된 프랑스 대표단의 한 사람처럼 사유하고 행동했다.

드러몬드의 행정이 사무총장직을 위한 강력한 정치적 역할을 만들어 냈던 것과는 달리 사무총장직의 어떤 발전도 아베놀의 임기

---

74 *Ibid.*, pp. 135-136.

동안에는 가능하지 않을 것이라는 점이 분명해졌다. 이탈리아와 에티오피아 간의 전쟁과 그곳 아프리카에서 보여 준 국제연맹의 실패는 연맹의 "정치적 유용성"의 종언을 고했으며 그 후 곧 유럽이 전쟁으로 돌진함에 따라 이 국제기구 자체가 붕괴되기 시작했다. 국제연맹 사무총장에게 1936년 이탈리아에 대한 연맹의 저항 실패와 1940년 프랑스의 함락 사이의 4년간은 좌절과 의구심의 기간이었다. 국제연맹은 평화유지 문제들을 의미 있는 방법으로 다룰 수 없었으며 그리하여 주된 존재이유를 상실해 버렸다. 이탈리아와 에티오피아 간의 전쟁 이후에 사무총장에겐 심지어 막후에서조차 리더십을 발휘할 중요한 기회는 없었다. 연맹은 독일의 재무장과 라인란트(Rheinland)의 무장화, 그리고 나아가 중국에서 진행되고 있는 일본의 침략에 저항할 위치에 있지 못했다. 히틀러가 오스트리아를 병합하고 체코슬로바키아에서 위기를 야기했을 때 에비놀 사무총장은 완전히 침묵했고 연맹은 무기력했으며, 결국 모두가 연맹규약을 무시해 버렸다. 아베놀 사무총장의 "기회주의"는 무대를 잃어버렸고 국제연맹은 사실상 죽었다.

제2차 세계대전이 격렬하게 자신의 주변에서 벌어지고 있는 바로 그 와중에 국제연맹의 아이디어가 그래도 살아 있도록 유지시키고 또 국제평화유지라는 제일차적 목적달성에 실패한 이 불명예스런 국제기구의 공식적 장례식을 관장하는 고독한 과업은 아일랜드 출신의 왜소하고 소심한 숀 레스터(Sean Lester)에게 숙명처럼 떨어졌다. 레스터는 이사회에서 일하는 동안에 연맹의 대표단들과 관리들에게 일반적으로 높은 존경을 받았었다. 그 자신 연맹의 약소 회원국의 대표로서 그는 국제분쟁의 해결을 돕는 데 연맹에 의해 약소국에 부여된 기회를 강력하게 감지했다. 레스터는 1937년에 부사무총장직을 시작했으나 그 직책은 1940년까지 중요성이 계속 감소했었다. 1940년 8월 아베놀 사무총장이 사직함에 따라 그가 사무총장서리로서 일하게 된 것이다.

이미 모든 정치적인 업무는 당연히 끝났다. 오직 몇 가지의 기술적 활동만이 가능했다. 당시 스위스 정부는 대단히 어려운 입장에 처해 있었다. 독일군이 멀지 않은 곳에 있었기에 연맹에 의한 어떤 정치적 활동도 스위스 정부로 하여금 연맹을 제거하도록 압박했을 것이다. 어떤 종류의 정치적 행위의 모습도 방지하기 위해서 극단적인 주의가 주어져야만 했다. 1941년 4월 19일 프랑스의 함대 제독이며 외무장관인 장프랑수아 달랑(Jean-François Dalan)이 비시(Vichy)에서 제네바에 있는 레스터에게 프랑스정부는 규약의 제1조 3항에 주어진 권리에 의거하여 국제연맹으로부터 탈퇴한다는 전문을 보냈다. 규약에 의거하여 최종적 탈퇴는 탈퇴통보일로부터 2년까지는 효력이 발생하지 않았다. 그러므로 레스터 사무총장서리는 그 통보의 접수를 간단히 인정하고 연맹회원국들에게 전문을 발송했다. 2년 기간의 소멸을 앞둔 1943년 3월 20일 레스터는 스위스의 베른에 주재하는 리랜드 해리슨(Leland Harrison) 미국공사에게 상황을 알리고 그에게 이 문제에 대해 관심을 갖도록 촉구했다. 레스터는 해리슨에게 연맹 사무국은 어떤 조치를 취할 위치에 있지 않지만 연맹의 회원국이든 아니든 어느 국가의 정부가 조치를 취하려 할지도 모른다고 말했다. 해리슨은 이 정보와 레스터의 견해를 미국 정부에 전달했고 국무부가

이 상황을 당시 북아프리카에 있는 국무부의 대표자들 가운데 한 사람인 로버트 머피(Robert Murphy)에게 전달했다. 머피는 프랑스 민족해방위원회의 드골 장군과 함께 의장직을 맡고 있는 앙리 지로(Henri Giraud)와 이 문제를 논의했다.[75] 지로는 4월 15일 연맹의 감독위원회(Supervisory Commission)의 칼 햄브로(Carl Hambro) 위원장에게 그리고 드골 장군은 4월 16일에 동일한 메시지를 제네바에 있는 레스터 사무총장서리에게 전송했다. 드골 장군은 자신이 공동의장으로 있는 프랑스민족해방위원회는 언제나 프랑스가 국제연맹의 회원국으로 계속 남아 있는 것으로 간주했다고 덧붙였다. 그리하여 프랑스는 주로 제네바의 사무총장서리의 정보에 입각하여 행동한 미 국무부의 노력으로 인해 국제연맹의 회원국으로 남아 있게 되었다.[76]

레스터는 전쟁의 와중에서 연맹에 주어지는 공보의 성격과 정도에 관해 극단적으로 주의했다. 그는 국제연맹의 아이디어가 살아남도록 하고 또 제네바와 어느 곳에서든 연맹의 활동에 대한 정확한 그림을 그리는 것이 본질적으로 중요하다고 생각했다. 그는 주로 미국에서 세계기구에 대한 점증하는 관심을 인지했기 때문에 조심스럽게 나아가길 염원했다. 레스터는 분명히 새로운 세계기구를 위해 미국정부가 실제로 계획하고 있다는 사실을 알지 못했다. 왜냐하면 그가 이 문제에 관해 자신의 생각을 기록할 때까지 국무성은 신국제기구에 대해 두 개의 초안을 출판했고 곧 세 개를 더 발간할 예정이었다. 이 계획들의 어느 것에서도 국제연맹이 구상 중인 신기구의 토대가 될

75 *Ibid.*, p. 187.

76 *Ibid.*, p. 188.

것으로 가정하지 않았다. 모두가 새로운 헌법이나 헌장하에 새로운 보편적 평화기구의 수립을 상정했다. 그러나 연맹을 부활시킬 어떤 일반적 계획도 없었던 반면에 새로운 국제연합이 구조와 기능의 면에서 연맹의 저변에 흐르는 기본적 개념들에 거의 전적으로 토대를 둘 것이라는 점 또한 분명했다.

마침내 레스터는 1944년 말 프랑스가 해방된 뒤 런던을 향해 제네바를 떠났다. 그리고 그는 즉시 샌프란시스코 회의 준비에 몰입했다. 제네바에서 연맹의 수장으로 그의 강요된 4년의 활동이 마침내 끝이 났던 것이다. 그러나 1945년 초봄에 제네바에서 마무리 작업을 감독하고 또 전시 중 연맹의 활동에 대한 최종 보고서를 작성하고, 샌프란시스코 회의와 마지막 연맹의 총회를 준비하기 위해 돌아왔다. 국제연맹은 실패작이었다. 어쨌든 미국정부는 샌프란시스코에서 탄생할 신국제기구에 대한 상원의 반대를 여전히 염려했다. 루즈벨트 대통령은 얄타회담에 가기 직전에 백악관에서 아서 스위트서(Arthur Sweetser)와 긴 대화를 가졌으며 이때 루즈벨트 대통령은 유엔을 위해 상원에 의한 승인의 필연성을 강조하고 또 미국이 연맹과 어떤 식으로든 연계되어 미국내에서 옛 고립주의를 부활시키지 않을까 하는 자신의 염려를 피력했다.[77] 당시 루즈벨트는 가장 적합한 전략이란 완전히 새로운 국제기구를 창설하는 것이고, 또한 이 정책이 당연히 새로운 유엔에 대한 국무성 계획의 토대를 이루었다. 당시 소련은 신세계기구를 지지하는 자국만의 이유들을 갖고 있었다. 모스크바는 1939년 자신이 축출되었던 국제연맹을 결코 호의적으로 보지 않

77 *Ibid.*, p. 192.

았다. 뿐만 아니라 레스터는 제2차 세계대전 중에 중립국으로 남았던 아일랜드 국가의 시민이었다. 소련의 입장에선 연맹과 그것의 리더십은 이미 신임을 상실했다. 그리하여 두 초강대국들은 동시에 완전히 새로운 출발을 원했다. 미소 간의 협력이 새로운 유엔기구가 바로 그 위에 건축될 종석이었기에 전쟁 중 연맹을 유지해 온 사람들이 샌프란시스코에서 아무런 영향력도 없을 것이라는 점이 곧 분명해졌다.

그러나 숀 레스터에 마땅한 공적의 인정이 샌프란시스코회의 직후에 마침내 나타나기 시작했다. 1945년 여름 우드로 윌슨 재단 이사회가 제2차 세계대전 전 기간을 통해서 윌슨 대통령이 제1차 세계대전 후 창설하는 데 주도했던 국제연맹의 원칙과 운영을 유지하는 탁월한 봉사를 기려 레스터에게 우드로 윌슨 상(Woodrow Wilson Award)을 수여하기로 결정했다. 더 나아가서 1946년 4월에 제네바에서 개최된 국제연맹의 마지막 총회에서 그의 공로가 정식으로 인정받았다. 즉, 마지막 일반위원회의 추천에 근거하여 마지막 총회는 1946년 4월 18일에 결의안을 채택하였는데 이 결의안은 숀 레스터를 1940년 9월 1일부터 봉직한 국제연맹의 "사무총장"으로 확인했다.[78] 이 총회가 그에게서 "서리"를 정식으로 떼어 준 것이다. 그리하여 국제연맹의 마지막 총회의 참가자들은 레스터의 공로를 높게 평가하고 많은 칭송과 찬동을 그런 방식으로 부여했던 것이다.

78 *Ibid.*, p. 195.

제5장

유엔 사무총장직의 탄생과 트리그브 리 초대 사무총장의 비극

일본의 만주 침략으로부터 거듭된 국제평화와 안전에 대한 1930년대 소위 주축국가들(Axis powers)의 침략 행위에 대한 국제연맹의 무기력으로 인해 제2차 세계대전이 발발하자 세계의 많은 정치지도자들은 국가의 생존이 집단안보의 원칙들이나 국제법 또는 국제사회의 여론이 아니라 오직 자국의 자립과 군사력에 달려 있다는 사실을 새삼스럽게 재확신하게 되었다. 그럼에도 불구하고 범세계적 국제기구를 통해 국제평화와 안전을 모색하려는 충동은 결코 완전히 사라지지 않았다. 자국의 국제연맹 가입의 실패가 국제연맹의 주된 약점이었다고 널리 간주하는 미국에서 당시 일본, 이탈리아 그리고 독일의 군대가 연맹에 걸었던 희망의 마지막 불꽃을 끄고 있었음에도 불구하고 새로운 국제기구를 위한 계획이 진행되었다. 이상주의자들과 실질적 비전가들에게 국제연맹의 이상은 여전히 그들이 목격하고 있는 참담한 재앙과 평화로운 세계 사이의 중대한 연계로 남았다. 따라서 제2차 대전의 잿더미 속에서 새롭게 등장한 국제기구가 이론과 구조 면에서 불행했던 전임기구를 상당히 닮았다는 것은 별로 놀랄 일이 아니었다.

1941년 8월의 대서양 헌장(Atlantic Charter)이 미국정책의 이상과 현실의 요소들을 결합시켰다. 뉴펀들랜드(Newfoundland)의 플레센티아(Placentia) 만에 정박 중인 미국의 순양함 아우구스타(Augusta)호에 루즈벨트 대통령과 처칠 수상은 양국의 목표들 가운데 하나가 전후 평화를 위한 신국제기구의 창설이 되어야 한다고 합의했다. 영국의 처칠 수상은 영·미 양국을 결속시키고 합동 전쟁계획에 착수하는 기회를 환영했다. 루즈벨트 대통령은 전시의 합동을 하나의 단순한 동맹 이상으로 묘사하는 목표들의 천명을 열망했다. 그러나 당시 두 지도자들 중 아무도 국제기구에 대한 어떤 구체적 개념에 헌신하지는 않았었다. 일본의 진주만 기습공격이 있은 지 며칠 후인 1942년 1월 1일 워싱턴에서 연합한 국가들의 선언(Declaration of the United Nations)에 대한 서명으로 반주축국 연합(anti-Axis coalition)이 공식적으로 발표되었다. 1943년 8월 제1차 퀘벡 회담(Quebec Conference)에서 헐(Hull) 미국무장관이 앤서니 이든(Anthony Eden) 영국 외무장관으로부터 다가오는 모스크바 외무장관들의 회담에서 합동연합국들의 선언이 국제평화와 안전을 유지하기 위한 기구를 승인할 것이라는 잠정적 동의를 얻어 냈다. 헐 국무장관은 그 제안에 대한 소련측의 동의가 성공에 절대적으로 중요하다고 보고 모스크바로 날아갔다.

모스크바 회담은 1943년 10월 19일 협력과 승리의 분위기 속에서 열렸다. 북아프리카 작전은 승리했고, 이탈리아는 막 항복하려는 참이었고, 전투의 물결은 러시아의 전선에서 전환이 있었고, 몇 개월 전에 카사블랑카(Casablanca)에서 연합국들은 종전의 조건으로 주축국들이 "무조건 항복"해야 한다는 원칙에 합의했었다. 주로 군사적인 문제가 회담내용을 지배했지만 이 회담에서 처음으로 미국, 영국, 소련과 중국이 함께 전쟁의 종결 시 국제평화와 안전을 유지하기 위한 상설기구를 창설할 자신들의 의향을 선언했다. 이후 미국은 신국제기구를 위한 헌장에 관한 제안들의 교환을 시작했다. 워싱턴 교외에 소재하는 덤바턴 옥스(Dumbarton Oaks)의 예비회담에 참가하도록 영국, 소련 및 중국에게 초청장이 발부되었다. 당시 태평양 전쟁에서 소련이 중립을 지키고 있었고 새 국제기구의 후원국가로서 중국의 모호한 지위 때문에 회담은 두 단계로 수행되었다. 첫 단계로는 1944년 8월 21일부터 9월 28일까지 미국과 영국 및 소련 간에 회담을 하고, 그 뒤 두 번째로 9월 29일부터 10월 7일까지 중국이 미국과 영국 간 별도의 회담을 가졌다. 회담의 분위기가 좋았고 그래서 기구의 주된 구조에 관해서 신속하게 합의가 이루어졌다. 국가 간 평등의 원칙에 입각하여 모든 국가에게 회원자격의 문호를 열었고 그래서 모든 국가의 대표가 총회에 참가할 수 있게 했다. 제안들은 사무국과 국제재판소 그리고 필요하다고 간주될 보조기관들을 규정했다. 권한은 어떤 집단적 조치에 앞서 상임회원국들의 합의가 요구되는 안전보장이사회에 집중되었다. 1945년 2월 4일에서 2월 11일까지 열린 얄타(Yalta)에서 루즈벨트, 처칠 그리고 스탈린 간에 그들 간의 마지막이 될 회담이 열렸다. 이곳에서 안보리에 상정되는 모든 문제들에 대한 거부권을 요구하던 소련이 그런 입장에서 물러나 결국 미국측 안에 동의함으로써 덤바턴 옥스 예비회담 때부터 계속해서 대립되어 온 사항인 거부권 문제에 최종적 합의가 이루어졌다. 스탈린은 자신이 원래 요구한 소련 16개 연방공화국들의 각 대표권 대신에 루즈벨트와 처칠이 제안한 우크라이나(Ukraine)와 벨라루스(Belorussia)만의 대표권 인정을 수락했다. 그리고 또한 1945년 3월 1일까지 독일에 선전포고를 한 어떤 국가에도 유엔의 창설 회원국의 지위를 부여하기로 합의되었다. 미국과 영국이 동유럽과 극동에서 영토적 조정에 대한 소련의 요구를 들어주었기 때문이겠지만 얄타회담에서 그런 문제들에 대한 비상한 조화가 과시되었다. 또한 세 지도자들은 미국이 유엔창설회의를 주관해야 한다는 데에도 합의했다. 그리하여 2월 11일 에드워드 스테티니어스(Edward Stettinius) 국무장관의 건의를 받아들인 루즈벨트 대통령은 진행 중인 태평양 전쟁을 극화한다는 생각에서 서부 해안 도시인 샌프란시스코에서 1945년 4월 25일에 유엔창설총회를 개최할 것이라고 발표했다.[79] 회의 개최지로서 유럽의 도시가 아니라 미국의 샌프란시스코가 선택된 것은 제2차 세계대전으로 인해 마침내 세계외교의 중심이 유럽에서 신대륙으로 이동하게 되었다는 실로 역사적 사실을 반영했다.

샌프란시스코회의에서 헌장이 일단 채택되자 이 국제기구가 작동하기 위해서는 어떤 조치들이 필요했다. 예를 들어 유엔헌장은 서명국가들의 다수가 비준할 때까지 아무런 법적 효력이 없었다. 또한 샌프란시스코회의에서 타결되지 못한 문제로서 유엔이 상주할 장소의 결정도 있었다. 이런저런 문제들을 처리하기 위해 1945년 6월

79 Stephen C. Schlesinger, *Act of Creation: The Founding of the United Nations*, Westview Press, 2003, p. 61.

26일에 서명국가들은 각 서명국의 일인 대표들로 구성되는 준비위원회(Preparatory Commission)를 조직했다. 런던에서 열린 준비위원회는 1945년 10월 24일 소련의 세 공화국들과 폴란드가 비준안을 제출했을 때 그것의 첫째 과업을 완결했다. 또한 준비위원회는 12월 24일까지 운영절차와 1949년 1월 10일 개최하기로 한 제1차 총회의 의제도 채택했다. 또한 유엔의 다른 기관들 각각의 절차적 규정들도 마련했다. 이 준비위원회의 노고 덕택으로 그것이 제1차 총회를 위해 세운 패턴이 그 후 모든 총회들을 위해 봉사할 것이다. 또한 준비위원회는 유엔의 상주 장소로 유럽이나 미국의 어느 한 곳에 두기로 신속히 선택의 폭을 좁혔다. 세계문화의 중심으로서 유럽을 선호하는 강한 감정과 동시에 주요 강대국의 영토 안에 유엔을 두는 데 대한 염려가 있었음에도 불구하고 준비위원회는 찬성 25개국, 반대 23개국 기권 2개국이라는 투표결과의 근소한 차이로 미국을 선택했는데 이 결과는 부분적으로 유럽에 본부를 두는 데 대한 강력한 소련의 반대가 영향을 미쳤기 때문이었다. 후에 선택은 유럽에서 상대적으로 가까운 미국의 동부해안 지역으로 그리고 최종적으로는 뉴욕 지역으로 좁혀졌다.

제1차 총회에서 가장 시급한 문제는 유엔을 리드할 사무총장을 선출하는 것이었다. 샌프란시스코에서 주요 국가들은 사무총장의 선출에 거부권이 적용되어야 한다고 고집했다. 이것은 초대 사무총장이 누가 되느냐의 문제가 실제로 미·영·소의 세 강대국들에 전적으로 달려 있다는 것을 의미했다. 각 강대국은 다른 두 강대국 중 적어도 한 국가에게는 수락될 만한 선호하는 인물을 갖고 있었다. 트리그브 리(Trygve Lie)는 미국의 두 번째 선택이었고, 소련의 선호도로는 제 3위의 인물이었다. 그는 또한 위신이 높은 유엔 총회의장에 미·소 양국의 강력한 지지를 받았다. 소련이 벨기에의 외무장관 폴-앙리 스파크(Paul-Henri Spaak)에 대항하여 리를 총회의장으로 공개적으로 지지하였으나 스파크의 선출이 사실상 확실시됨에 따라 사무총장이라는 보다 중요한 지위에 리의 가용성이 보존되게 되었다. 미국의 우선적 선택이며 많은 대표단들 사이에서 인기가 높았던 캐나다의 레스터 피어슨(Lester Pearson)은 북미 출신이기 때문에 소련에게 수락될 수 없다는 사실을 소련의 안드레이 그로미코(Andrei Gromyko)로부터 통보받은 미국의 에드워드 스테티니어스 국무장관은 리를 지명하는 쪽으로 움직였다. 리의 지명이 안보리에 의해서 수락되고 또 총회에서 1946년 2월 1일 46 대 3의 투표결과로 승인되었다. 스테티니어스 국무장관이 소련의 술책에 걸려들었다는 느낌은 소련의 리에 대한 공개적 지지와 함께 새 사무총장이 "소련측 사람"이라는 부당한 주장을 가져오기도 했었다. 실제로 리는 이상적 타협의 산물이었다. 그는 소련 및 서방측과 모두 우호적 관계를 향유하는 작은 나라 노르웨이 출신이었다. 그는 좋은 기록의 존경받는 정치인이었고 또 젊은 시절 노르웨이 정치에 투신한 이래 사회주의자였으며 공산주의에 대한 반대와 서방 만주주의적 이상에 대한 강력한 헌신의 확고한 경력을 갖고 있었다.

트리그브 리 유엔 초대 사무총장은 1896년 16일에 노르웨이의 한 오슬로 교외에서 태어났다.[80] 그는 유엔 사무총장이라는 직책

80 트리그브 리 초대 사무총장의 대한민국과의 인연, 특히 그가 한국전쟁 당시

에 기여할 것으로고 보기 어려운 분위기 속에서 성장하고 또 훈련을 받았다. 리의 가정은 가난했으며 목수인 아버지의 적은 수입에 전적으로 의존했다. 그의 부친은 그가 아직 어린아이였을 때 타계한 다음에 그의 모친이 하숙집을 운영하여 가족을 부양했다. 하숙집을 이용하여 리는 노르웨이의 노동당 정치에 발을 들여놓았다. 왜냐하면 몇몇 하숙인들의 도움으로 그는 오슬로에 있는 노동당 전국본부에서 사환과 서기로서 일자리를 얻었기 때문이다. 그런데 바로 이 직업이 후에 노동당의 열성 당원으로서 후일 자기 경력의 길을 여는 데 도움이 되었기 때문이다. 겨우 16살의 나이에 그는 에이커(Aker)에 있는 당 지부의 의장으로 선출되었는데 이 지위를 그는 1919년 오슬로 대학에서 자신의 법학공부를 마칠 때까지 당 본부의 자기 직책과 동시에 계속해서 유지했다. 23세에 대학 졸업을 기점으로 그는 정당정치와 정부의 관리 지위에서 그의 승진은 급속했다.

리의 최초의 책임 있는 임명 직은 1919부터 1922년까지 노르웨이 노동당 비서의 보좌역이었다. 1926년까지 그는 노동당의 전국집행위원회의 비서였으며 또한 1922년부터 1935년까지 노르웨이 통상조합연맹의 총영사로 봉사했다. 1935년 39세의 나이로 그는 국회의원으로 선출되고 집권 노동당 내에서 지도자 역할로 부상을 계속했다. 1935년부터 1939년까지 법무부 장관을 지냈으며 1939년에는 무역, 산업, 선박 및 어업 장관을 지냈다. 1940년 독일 나치가 노르웨이를

에 유엔의 역할에 깊이 관여했으며 그 결과 소련의 배척을 받았던 역사적 사실을 고려하여 그에 관해서 비교적 상세히 기술한다. 이 내용은 다음 두 저서에 의존했다. Anthony Gaglione, *op. cit.*, pp. 12-16; Arthur W. Rovine, *op. cit.*, pp. 207-211.

침공했을 때 그는 정부와 함께 영국으로 망명했는데 약 2만 5천 명의 해양인들로 하여금 노르웨이 항구들 밖에 정박하도록 함으로써 3백 5십만 톤이 넘는 노르웨이 수송상선들을 연합국들을 위해 나치로부터 구출하는 성공을 이루었다. 런던에 주재하는 노르웨이 망명정부의 일원으로서 리는 1940년에 외무장관 서리 그리고 다음 해인 1940년에 외무장관이 되었다. 이때 그는 처음으로 국제정치를 접했다. 전쟁기간 동안 그가 자국의 외교정책을 노련하게 수행했지만 그 경험이 그가 후에 인정했듯이 국제 회의외교의 독특한 도전들에 준비시키지는 못했다.

1945년 4월에 리는 전후 새로운 국제기구의 창설을 위한 연합국들의 샌프란시스코 회의에 노르웨이 국가대표단 단장으로 임명되었다. 그리고 이 샌프란시스코 회의에서 안전보장이사회를 다루는 헌장의 초안 작성을 담당한 제3위원회의 의장으로 봉사했다. 제2차 대전이 종결되자 노르웨이 망명정부가 해산되었고 리는 외무장관직을 사임했다. 전후 최초의 선거에서 리는 국회의원에 재선되었고 1945년 10월 정권을 잡은 새 노동당 정부의 외무장관으로 다시 임명되었다. 1946년 1월 리는 런던에서 개최된 제1차 유엔총회에 노르웨이 대표단을 이끌고 참석했다. 1946년 2월 2일 리가 초대 유엔 사무총장이 된 것은 그 자신에게도 하나의 극적인 사건들의 전환이었다. 리가 스스로 고백했듯이 그것은 그 자신의 가장 무모한 꿈마저 넘어서는 일생일대의 도전이었다.[81] 2월 2일 그는 총회에서 행한 그의 엄숙한 수락 연설에서 대표단들의 신임 표명에 대해 감사하고 자신은 정책을

81 Trygve Lie, *In the Cause of Peace*, New York: The Macmillan, 1954, p. 17.

수립하기보다는 정치기관들의 결정들을 집행하라는 부름을 받았다고 선언함으로써 유엔 사무총장의 역할에 대한 소극적, 최소주의적 접근법을 발표했다.[82]

리 사무총장은 취임 당시 유엔 사무총장으로서 자신의 역할이 어떻게 발전될 것인지에 대해 분명한 생각을 갖고 있지 않았을 뿐만 아니라 동시에 자신의 직책과 회원국가들이나 다른 유엔기관들과의 관계에 대해 아무런 이론도 갖고 있지 않았다. 그는 단지 과거 국제연맹의 초대 사무총장이었던 에릭 드러몬드 경의 행정적 개념 위에서 발전해 나가기를 원했을 뿐 국제정치의 현실과 국제기구들의 단점들에 의해 자신의 직책에 강요되는 제약들에 관해서 잘 알지 못했다.[83] 그는 국제정치의 세계에 대해 잘 알지 못한 채 바야흐로 "국제평화 안전"이라는 모호한 목적지, 즉 일종의 "약속된 땅"(promised land)을 향해 국제정치의 험난한 바다를 항해할 유엔호의 키를 잡은 셈이었다.

유엔이 출범한 초기 얼마 동안은 원대한 기대의 나날이었다. 제2차 세계대전은 무기력했던 국제연맹의 귀신을 완전히 몰아냈고 샌프란시스코회의에 참석한 각국의 대표단들은 자신들의 임무를 원만히 수행하여 평화로운 세계를 위한 조건들을 수립했을 뿐만 아니라, 시대적으로 긴급한 사회적 및 인도주의적 문제들까지도 다루는 유엔헌장을 생산해 냈다. 전 세계 각지에서 몰려온 기자들은 이 새로운 국제기구인 유엔이 평화, 인권, 사회정의 및 경제발전이라는 거대한 문제들을 해결해 나가는 것을 관찰하기 위해 유엔이 있는 곳, 즉

---

82 *Ibid.*, pp. 256-261.

83 Arthur W. Rovine, *op. cit.*, p. 212.

처음에는 레이크석세스(Lake Success)로 그리고 후엔 터틀베이(Turtle Bay)로 몰려들었다.

유엔시대의 개막은 제2차 세계대전 중에 결성된 대동맹(Grand Alliance)의 붕괴와 시기를 같이했다. 피의 전쟁으로부터 막 벗어나자마자 승전국들은 두려움과 불신으로 서로를 마주했다. 서방국가들이 유럽에서 전쟁 이전의 질서를 부활시키고 세계 각지에서 식민주의적 연계를 재주장하려 드는 반면에 소련은 무엇보다도 동유럽과 중부유럽에서 소련에 우호적인 정권의 수립을 포함하는 소련의 국가적 안전에 대해 요구했다. 이런 대립적 목적들은 최선의 상황에서도 능숙하고 인내에 찬 외교를 필요로 했다. 그러나 소련과 서방측은 모든 현저한 문제들에 관한 입장이 새로운 만연한 투쟁, 즉 냉전의 경직된 정치적 및 이념적 명령에 의해 급속히 지배되었다. 냉전의 뿌리는 제1차 세계대전 중 1917년 혁명과 함께 대독일 전쟁의 연합전선에서 배신했던 수십 년간의 불신에 근거해 있었고 이 불신은 제2차 대전 시 긴밀한 협력의 시기에서조차 완전히 해소되지 않았지만 이 투쟁의 내적 논리를 맨 처음 드러낸 것은 윈스턴 처칠이었다.

최근 영국의 총선에서 패배했던 이 노련한 전쟁 지도자는 1946년 3월 5일 트루먼 대통령의 모교인 미주리(Missouri) 주 풀턴(Fulton)에 소재하는 웨스트민스터대학(Westminster College)에서 국제정세에 관해 연설해 달라는 미국정부의 초청을 수락했다. 이 연설의 서두에서 처칠은 불길한 미래가 보인다는 것을 분명히 했다. 처칠에게 미래의 도전은 유럽대륙을 가로지르며 드리워진 하나의 거대한 "철의 장막"(iron curtain)이었다. 그는 소련이 이 철의 장막의 뒤에 있는 인민들에게 강요하고 있는 폭군체제를 기술하고 소련의 지도자들이 서방세계에 소련 공산주의의 헤게모니를 확산하려 한다는 자신의 믿음을 밝혔다. 그리고 그는 영어권 인민들의 동맹이야말로 소련의 야심을 꺾는 가장 확실한 길임을 촉구했다.

당시 영국의 노동당 정부와 미국의 국무성은 처칠 전 수상의 언급과는 아무런 공식적 관계가 없다는 입장을 신속하게 밝혔지만 처칠의 감성은 분명히 트루먼 대통령의 감성과 선을 같이했다고 보아야 할 것이다. 왜냐하면 그 연설이 행해지기 전에 트루먼은 그 연설 원고를 읽었고 또 그 연설을 승인했었기 때문이다. 실로 처칠이 풀턴에서 행한 이 연설이야말로 냉전에서 서방세계에 가장 지속적인 상징을 제공했으며 또한 서방측 냉전정책의 핵심, 즉 공산주의의 봉쇄를 계시했었다.[84] 스탈린은 곧바로 이 도전에 대해 일주일 후《프라우다(Pravda)》와의 인터뷰에서 자신의 과거 전우를 "중상이요 무례하며 세련되지 못했다고"비난했다. 그리고 퉁명스럽게 다음 전쟁이 있을 시 "처칠과 그의 동지들"을 "때려눕히고야 말겠다"고 약속했다.[85]

냉전은 유엔이 집단안전의 도구로 기능할 수 있으리라는 어떤 기대도 급속히 무너뜨렸다. 유엔헌장은 국제평화와 안전을 유지하기 위해 강대국들의 특별한 책임을 명시적으로 인정했지만 평화에 대한 위협이나 파괴를 다루는 안보리의 조치는 상임이사국인 강대국들의 합의에 달려 있기 때문이다. 안보리의 결정을 집행할 군사력의 창설을 협상하도록 위임받은 것은 바로 그들이었다. 따라서 집단안전보

84 Anthony Gaglione, *op. cit.*, p. 20.

85 *Ibid.*

장제도의 성공은 미국과 소련에 달려 있었지만 그러나 그들은 실제로 아무것도 합의할 수가 없었기에 어떤 집단적 강제조치도 심각하게 손상시켜 버렸다. 1946년 1월 19일 안보리의 첫 번째 회의가 열린 지 이틀 만에 이란(Iran)은 자국의 북부지역으로부터 소련이 병력철수를 거부하고 있으며 이것은 국제평화에 대한 하나의 위협이라고 호소했다. 이 이란의 호소는 동서 간의 방정식에 하나의 새롭고 또 위험스런 요소를 도입했다. 소련으로 하여금 자국의 이란정책을 공개적으로 정당화 하도록 강요함으로써 이 새로운 차원이 동서 간 갈등 그 자체에 첨가되었다. 소련 대표는 분노했으며 이란의 비난을 소련정부를 당혹스럽게 하기 위해 서방측과 공모한 이란의 근거 없고 정당성도 없는 시도로 특징지었다. 이란정책의 단순한 방어에 만족하지 않고 소련은 서방측에 대한 선전공격을 퍼부었다. 이틀 후인 1월 21일 우크라이나 사회주의 소련공화국은 안보리에 인도네시아에서 영국 병력의 주둔에 관해 호소했고 또 소련은 안보리와 총회에서 동시에 영국군의 주둔이 그리스의 정치적 독립을 위협한다고 비난했다. 유엔의 역사를 특징짓는 말의 투쟁과 신경전이 시작되었던 것이다. 1월 30일에 안보리 결의안은 이란과 소련에게 대화를 재개하도록 촉구했다.

그 후 3월 27일 안보리에서 토의가 열렸을 때 동서 간의 서로 절제되지 않은 적대감정의 분위기가 지배했다. 같은 날 소련의 안드레이 그로미코 유엔 대사는 소련군이 4월 초까지 철수할 것이라며 4월 10일까지 안보리에서의 토의 연기를 요청했다. 안보리의 토의가 분쟁을 완화시키기보다는 오히려 심화시킬 것이라고 믿었던 리 사무총장은 소련의 이런 요구를 지지했다. 그러나 트루먼 대통령은 유엔이 이 첫 번째 시도에서 스스로를 입증해야만 한다고 주장하고 번스(Byrnes) 국무장관을 뉴욕으로 보내 안보리에서 미국의 주장을 직접 하도록 했다. 그리하여 번스 국무장관은 이란으로부터 소련군의 무조건 철수가 아닌 그 어떤 것도 만족스럽지 않다고 주장했다. 일종의 최후의 통첩에 직면한 그로미코 소련 대사는 안보리 회의장을 박차고 나가면서 소련에 대한 이란의 호소가 철회되지 않는 한 돌아오지 않겠다고 선언했다. 결국 4월 15일 이란은 안보리 의장에게 소련에 대한 불만을 철회한다고 통보했다. 수일 내에 안보리의 기능에 대해 이란 문제의 영향이 미치는 조짐은 분명했다. 왜냐하면 레바논과 시리아로부터 프랑스와 영국이 병력을 철수하지 못한 데 대한 토의가 바로 소련의 첫 번째 거부권 행사를 촉발했기 때문이다. 소련의 국가이익에 대한 아무런 직접적인 위협이 존재하지 않았기 때문에 소련의 거부권 행사는 안보리에서 본질적으로 유사한 불만에 대해 소련과 서방국가들이 받은 차별대우에 대한 소련측의 불만에 의해서만 설명될 수 있을 것이다.

강대국의 궁극적 무기인 거부권을 소련이 자국의 국가이익에 대한 직접적인 위협이 없는 곳에서 행사한 것은 앞으로 다가올 것들의 불길한 징표였다. 서방측 이익에 대한 일반적 반대를 기록화하기 위해 거부권을 행사함으로써 소련은 안보리가 어느 한 상임이사국에 대항하는 동맹으로 전락하는 것을 막기 위한 하나의 방패로서 오직 마지막 수단으로만 거부권이 사용될 것이라는 강대국들 간의 묵시적 이해를 의도적으로 위반했다. 더욱더 중요한 것은 소련의 거부권 행사가 5대 강대국 간의 조화를 통해 행동함으로써 평화를 강제할 안보리의 신임을 상실케 했다는 사실을 과시했다는 점이었다. 그리하여 이제부터 거부권은 동서 간의 적대감을 상징하게 될 것이었다. 소련은 자국의 정책에 대한 서방세계의 공격을 좌절시키기 위해 이 특권을 끊임없이 사용했으며, 서방세계는 소련측 거부권 행사의 증가하는 숫자를 소련이 유엔헌장을 존중하지 않는다는 증거로 간주했다.

1947년 봄에 냉전은 새롭고 보다 위험스러운 단계로 접어들었다. 3월 트루먼 독트린(Truman Doctrine)의 발표는 군사력을 포함하여 광범위한 미국 자원의 공약으로 처칠의 "철의 장막" 연설의 생생한 이미지를 뒷받침하겠다는 미국의 명백한 의향을 표시했다. 트루먼 대통령의 단호한 수사학 저변에는 훨씬 더 불안하게 하는 메시지가 숨겨져 있었다. 즉 거기엔 타협의 공간이 없었다. 따라서 이제부터는 공산주의의 팽창에 대한 서방세계의 반대가 유엔헌장의 언어로 포장될 것이다. 그리하여 유엔은 소련의 단점들을 폭로하고 또 트루먼 독트린의 주된 초점인 발칸반도에 관련하여 이미 진행 중에 있는 서방측의 정책을 정당화하는 역할을 담당할 것이다. 주요 사건은 1948년 2월 체코슬로바키아에서 발생한 쿠데타의 후유증으로 다가왔다. 서방측 민주주의 이상의 본보기로 간주된 나라였던 체코슬로바키아의 "상실"은 서방세계에겐 특별히 쓰디쓴 패배였다. 체코의 에드바르트 베네시(Eduard Benes) 대통령과 얀 마사리크(Jan Masaryk) 외무부장관은 체코슬로바키아를 냉전의 적대주의로부터 자유롭게 유지하려고 애썼다. 그러나 철의 장막을 걷어 내려는 서방측 결의의 맥락 속에서 소련은 비공산주의 리더십을 축출하고 또 중·동부유럽 국가들에 대해 복종적 공산주의 정권을 강요하는 데 결연했다. 2월 29일 국내의 극단적 공산주의의 선동과 체코슬로바키아의 국경에 집결한 소련의 붉은 군대에 직면한 베네스 체코슬로바키아 대통령은 내각에서 비공산주의 각료들의 사임과 동시에 공산주의 정부의 구성을 수용했다. 쿠데타는 신속했고 거의 무혈로 이루어졌다.

그러나 서방세계는 체코슬로바키아를 구원하기 위해 실제로는 아무것도 할 수 없었다. 그럼에도 불구하고 서방측은 여전히 정권장악에 소련의 개입을 공개적으로 결연히 고발했다. 1948년 3월 10일 축출된 체코정부의 유엔 주재 상임 대표인 얀 파파네크(Jan Papanek)가 트리그브 리 유엔 사무총장에게 한 통의 서한을 전달했고 그 서한에서 그는 체코슬로바키아의 독립이 소련의 무력사용으로 위협받았었다고 비난했다. 파파네크 대표는 안보리가 체코슬로바키아의 상황을 국제평화와 안전을 위협하는 것으로 조사할 것을 요청했다. 그 고소는 사적으로 온 것이었기에 리 사무총장은 그 요청에 입각하여 아무런 조치를 취할 수가 없었다. 그러나 서방 강대국들을 대신하여 칠레가 이 문제를 안보리에 상정했다. 소련은 안보리가 체코슬로바키아의 내정에 개입하려 한다는 치열한 반대를 무릅쓰고 칠레가 취한 행동이었다. 뒤따르는 안보리의 토의에서 냉전의 상호 간 매도가 새롭게 고도의 수위를 장식했다. 소련의 지도자들은 평화를 애호하는 인민들의 존엄과 자유를 파괴하는 데 열중하는 괴물 같은 전체주의 체제를 운영하고 있다고 비난받았다. 또한 소련은 쿠데타를 주도했으며 소련의 발레리안 조린(Valerian Zorin) 외무차관을 프라하(Prague)에 파견하여 그가 직접 체코의 공산주의자들에게 명령했다고 규탄받았다. 소련 군대가 체코슬로바키아의 국경지대에서 기동한 것은 쿠데타를 촉진시키고 반대자들을 겁박하기 위해 계획된 것이라고 비난받았다.

미국은 체코슬로바키아인들을 노예화하고 동유럽 전역에 폭압체제를 확장한다고 소련을 비난했다. 물론 소련 대표들은 모든 혐의를 부인하고 체코슬로바키아의 신정부가 헌정 절차에 따라 집권했다고 주장하면서 악의에 찬 반격을 퍼부었다. 소련 대표는 진정한 문제는 소련이 아니라 미국의 제국주의라고 주장했다. 체코슬로바키아의 사건은 유엔 안보리나 사무총장의 어떤 역할도 배제했다. 체코슬로바키아에 대한 안보리 토의는 소련과 서방측의 의도 중에서 가장 비관적 평가를 서로 확인했다. 토론의 무절제한 성격은 초강대국들이 안보리를 공정하고 동료애에 입각한 포럼으로 안보리를 보존하려는 어떤 의향도 포기했음을 보여 주었다.

체코슬로바키아 비극의 기억이 가라앉을 즈음 냉전의 가장 위험스러운 에피소드가 베를린에서 전개되기 시작했다. 총체적 냉전은 독일에 대한 전시의 합의를 집행하지 못한 승전 동맹국들의 실패에 의해서 촉발되었다. 1948년 봄까지 1945년에 합의된 점령지역은 이제 각자의 영향권이 되었고 각자는 이득과 통제력을 향상시킬 제도적 틀을 수립했다. 만일 분할이 깔끔하게 이루어졌더라면 위험은 그렇게 크지 않았을 것이지만 그러나 독일의 지위가 소련 점령지역 내에 있는 베를린에 관해 합의된 서방측의 주둔에 의해서 보다 더 위험스럽게 되었다. 이런 위험스런 상황을 어느 한쪽이 수정하려고 시도한다면 그것은 큰 전쟁을 촉발할 수 있었다. 1945년 7월 포츠담(Potsdam)에서 이루어진 연합국들의 대독일 공동정책에 대한 합의는 무엇보다도 독일이 하나의 단일 경제단위로 취급되어야 한다고 규정했다. 그러나 1948년까지 이것과 기타 다른 합의를 집행하기 위한 협상이 결렬되었다. 외무장관회의와 베를린에서 열린 연합국위원회의 거의 폭동에 가까운 회의들은 상황의 악화를 막지 못했다.

결국 미국의 마샬(Marshall) 국무장관은 서방측 연합국들이 서독의 발전을 위해 그들만의 통합된 정책을 채택하자고 제안했다. 3월부터 6월 초까지 런던에서 회합을 가진 서방측 강대국들은 독일연방공화국(서독) 수립을 향한 전초로서 독일에 있는 서방측 점령지역들을 통합하기로 합의했다. 서독은 마샬플랜(Marshall Plan)에 포함될 것이고 또한 이제부터 서독이 소련을 배제한 루르지방(Ruhr valley)의 산업들에 관해 새로 창설된 국제위원회에서 대표권을 행사하게 될 것이다. 그리고 6월 18일 연합국들에 의한 전반적 경제정책조절의 일부로 통합된 독일의 서방측 점령지역을 위한 통화개혁이 발표되었다. 소련의 관점에서 볼 때 이런 조치는 서독에서 서방측 지위를 견고히 하고 그 지역에서 소련의 영향력을 배제하려는 시도로 이해될 수밖에 없었다. 만일 소련이 동독에서 비슷한 결과를 얻고자 한다면 베를린으로부터 서방측을 축출하는 것이 필요했다. 그리하여 소련은 통화개혁이 포츠담회담의 합의를 위반했다고 비난하면서 6월 19일 동독에서 경제적 삶의 혼란을 방지하기 위한 조치가 취해질 것이라고 발표했다. 그리고는 베를린 봉쇄가 단행되었다.

이제 서방측이 베를린에서 기존의 지위를 유지하려 한다면 즉각적인 전쟁의 위험에 놓이게 되었다. 군사적으로 소련은 재래식 병력에서 압도적인 우위를 점했던 반면에 미국은 핵무기의 독점적 보유를 향유하고 있었다. 만일 어느 한쪽이 오산한다면 유럽은 소련군에 의해서 짓밟히거나 아니면 원자탄에 의해서 황폐화될 참이었다. 이런 위험을 잘 알고 있는 트루먼 대통령이 6월 27일 보인 반응은 그의 전형적인 무뚝뚝함이었다. 즉 서방측은 물러서지 않는다는 간단한 입장이었다. 군사적 선택의 가능성을 포기함이 없이 영국과 미국에 의한 공수작전은 서베를린의 2백50만 주민들에게 생필품을 공급하기 시작했다. 공수작전의 확대를 위한 준비가 진행될 때 서방 외교관들이 소련의 몰로토프(Molotov) 외무장관과 스탈린에게 봉쇄철회를 호소했지만 아무 소용이 없었다.

서방측 강대국들이 9월 29일 베를린 봉쇄를 유엔으로 가져가려는 움직임은 트루먼 대통령이 취한 단호한 입장과 일치된 것이었다. 안보리로의 외교적 확장은 더 이상의 협상시도를 오히려 배제하는 것처럼 보였다. 겨울이 다가옴에 따라 서베를린 주민들에게 계속 연료와 식량을 공급할 공수의 능력에 관한 불확실성이 군사적 결판의 위험성을 한층 더 증대시켰다. 서베를린에서 서방측의 주둔을 유지하겠다는 트루먼의 정책은 유엔에서 정당화될 것이다. 독일문제에 대한 회담으로 적합하다고 소련이 수락하는 유일한 포럼은 바로 그런 목적으로 연합국들에 의해서 창설된 외무장관위원회와 연합국통제위원회였다. 소련은 이 문제가 유엔의 의제로 채택되는 것이 불법적이라고 반대했다. 그리고 소련의 반대가 실패하자 토의에서 일방적으로 철수해 버렸다. 토의 진행에 사실상 독점을 하게 된 서방측은 10월에 다섯 차례나 회의를 소집하고 서방측 정책을 유엔헌장의 이상으로 포장하고 봉쇄행위를 소련의 침략행위로 묘사했다. 그리하여 바로 이런 기록을 만드는 것이 서방측 시도들의 유일한 목적이었던 것처럼 보였다. 그리고 베를린 봉쇄문제에 대한 안보리의 토의는 서방측에게 하나의 놀라운 승리였다. 제2차 세계대전의 기억이 아직도 생생한 터여서 서유럽인들과 미국인들은 새로운 전쟁에 대해 심리적으로 준비가 되어 있었으며 이 새로운 전쟁은 수백만 명의 사상자를 가져올 핵 시대를 맞이할 것이었다. 그러나 다행히 그런 전쟁은 발발하지 않았다. 서베를린에 매 2분마다 공수 비행기가 착륙함으로써 이 도시 주민들은 봉쇄 이전과 다름없는 충분한 연료와 식량을 공급받았다. 공수작전은 눈부신 성공이었다. 1949년 1월 27일 스탈린이 유럽 언론인과의 인터뷰에서 통화문제를 언급하지 않자 소련의 후퇴가 암시되었다. 그 후 광범위한 협상으로 5월 12일 마침내 베를린 봉쇄가 종식되었다.

그러나 베를린 봉쇄는 유엔 안보리가 국제협상의 통로로서 기능할 수 있을 것이라는 모든 희망을 종식시켰다. 안보리는 강대국들 간의 갈등을 방지하거나 해결하지 못했으며 침략행위에 대한 집단적 강제도구로서 행동하지 못했다. 소련에 대항하는 조치들의 정당화를 추구함으로써 서방측 미국, 영국, 프랑스 세 강대국들은 체코슬로바키아의 공산 쿠데타의 이미 위험스런 함의를 넘어 전진해 나아갔다. 베를린 위기가 고조되었을 때 트리그브 리 유엔 사무총장은 자신의 중재역할을 제공했다. 그러나 리 사무총장과는 달리 양측 모두가 유엔에 의한 해결책을 수용하려는 의사에 회의적이었다.[86] 리 사무총장은 냉전이 유엔에 가하는 타격에 대해 점점 경각심을 갖게 되었다. 또한 그가 얄타와 샌프란시스코의 정신으로 돌아갈 것을 종종 호소했지만 모두 허사였다. 리 사무총장에게 베를린 위기는 사무총장으

86 Anthony Gaglione, *op. cit.*, p. 42.

로서 자신의 역할에 대한 그의 접근법에서 하나의 전환점이 되었다. 1950년 봄 리 사무총장은 유엔의 시설과 절차를 통해 냉전으로부터 초강대국들에게 출구를 제안하는 하나의 대담한 정치적 시도인 그의 유명한 "20년간 평화계획"(Twenty-Year Peace Plan)을 발표했다.[87] 그러나 그가 자신의 계획을 적절히 시험해 보기도 전에 동서 간의 차이를 중재할 그의 유용성은 한국전쟁 발발 후 한국에 대해 취한 유엔의 조치를 지지함으로써 증발해 버렸다.

제2차 세계대전이 한창이던 1943년 11월 말 카이로회담에서 미국의 루즈벨트 대통령과 영국의 처칠 수상 그리고 중국의 장제스 총통은 거의 36년 동안 점령당한 채 일본제국의 가혹한 식민통치를 견디어 온 한국이 "적절한 시기에" 정치적 독립을 달성하게 될 것이라고 합의했었다. 2년 후 얄타회담에서는 앞선 카이로회담에 참석하지 않았던 소련의 스탈린도 이 약속에 합류했다. 전쟁 종결 후 1945년 12월 모스크바의 외무부장관회담에서 4개 강대국들은 한국을 향후 5년 동안 미국과 소련의 신탁통치 관리하에 두었다가 그 후 선거를 실시하여 수립되는 새로운 통일된 한국정부에 통치권을 이양하기로 합의했다. 그러나 이런 결정은 절대적 한국인의 강력한 저항에 직면하여 곧 실패했고 미소 간 점령지역의 잠재적 분계선인 38선이 항구적인 정치적 국경선으로 전환되었다. 이런 상황이 불만스러웠던 미국은 이 문제를 유엔으로 이관하였다.

그리하여 1947년 제2차 유엔총회는 한국에서 유엔 감시하에 선거를 실시하여 통일된 한국정부를 수립하자는 미국의 결의안

87 이 계획안의 내용에 관해서는 Arthur W. Rovine, *op. cit.*, pp. 232-233을 참조.

을 통과시켰다. 그리하여 9개국으로 구성된 유엔 한국임시위원단(UNTCOK)이 창설되어 한국의 재통일을 위한 계획된 선거를 감시하도록 한국에 파견되었다. 소련은 이런 조치에 맹렬히 반대하고 예상된 대로 유엔임시위원단이 38선 북쪽에서 업무를 수행하는 것을 거부했다. 그리하여 1948년 유엔임시위원단의 감시하에 선거가 어쩔 수 없이 38선 이남에서만 실시되었고 그 결과 이승만을 초대 대통령으로 하는 대한민국(Republic of Korea) 정부가 수립되었다. 미국의 희망에 따라 1948년 파리에서 개최된 제3차 유엔총회는 대한민국정부가 "한국에서 유일하게 자유롭게 선출된 정부"라고 선언하고 한국에 대한 유엔위원단을 설치하였다. 그 사이에 소련은 남한의 대한민국정부의 승인을 거부하고 북한에 "조선민주주의인민공화국"(Democratic People's Republic of Korea)의 수립을 발표했다. 비록 소련의 군대는 철수했지만 소련은 북한의 군사력을 급속히 증강시켰다. 1950년 초까지 북한 공산정권은 잘 무장한 20만 병력을 자랑하면서 남한을 소위 "해방"시킴으로써 한반도를 통일하겠다고 공개적으로 떠들어 댔다. 그리하여 한반도에는 소련이 뒷받침하는 북한과 미국이 지원하는 남한의 2개 정부가 사실상 존재하게 되었으며 이들 각 측은 스스로 전 한국민을 대표한다고 주장했다. 군사적 갈등을 위한 무대가 마련된 셈이었다.

미국 동부 시간으로 1950년 6월 24일 밤 자정이 되기 직전에 미국정부의 유엔문제 담당자인 존 힉커슨(John C. Hickerson) 차관보가 전화로 북한인들이 38선을 넘어 공격했다는 소식을 전하면서 리 사무총장을 잠에서 깨웠다. 그는 즉각 앤드루 코디어(Andrew Cordier)

행정보좌관에게 서울에 있는 유엔위원단에게 그 보도의 진위를 확인하도록 전문을 치도록 요청하고 그날 오후에 안보리의 비상회의를 열 준비를 하였다. 실제로 힉커슨으로부터 온 전화는 미국의 정책과 유엔의 정책을 통합하려는 백악관 노력의 일환이었다. 그 납침 소식을 듣자마자 애치슨(Acheson) 국무장관은 미국의 전면적 대응의 일부는 안보리의 긴급회의와 즉각적인 휴전의 요청을 포함할 것이라는 계획을 승인했다. 새벽 3시에 리 사무총장이 다시 깨었는데 이번에는 다음 날 안보리의 비상회의 소집을 요구하는 유엔대사의 요청이었다. 트루먼 대통령은 주저하지 않았다. 6월 25일 저녁 대통령의 임시 거처인 블레어 하우스(Blair House)에서 자신의 고위 보좌관들과 함께 트루먼 대통령은 즉각 군사적 조치가 단행되어야 한다고 결정했다. 그 결정은 후퇴하는 남한의 병력을 위해 공중·해상의 보호를 제공하도록 더글라스 맥아더(Douglas MacArthur) 장군에게 명령하고, 제7함대는 대만해협으로 이동할 것이며 동시에 일본에 주둔하고 있는 미 점령군을 전투지역으로 이동시키는 준비를 하는 것들이었다. 그리고 이런 조치들을 유엔에서 정당화하는 일은 이미 진행 중이었다.

미국 동부 시간으로 6월 25일 오후에 안보리의 비상회의는 유고슬라비아가 기권한 가운데 9 대 0의 사실상 만장일치로 북한이 평화를 깨뜨렸다고 규탄하는 미국 제안의 안보리결의안(제82호)을 통과시켰다. 그리고 그 결의안은 즉각 휴전과 남한으로부터 북한군의 철수를 명령하였다. 또한 그것은 모든 회원국들에게 유엔을 돕고 북한 당국에게 도움 주는 것을 자제하도록 촉구했다. 북한인들을 토의에 참석시키자는 유고슬라비아의 제안은 부결되었다. 안보리는 북한의 침략행위라는 단일 문제만을 배타적으로 다룰 것이며 북한의 변명도 듣지 않고 그렇게 할 것이다. 북한은 안보리의 휴전 명령을 무시할 것이라고 정확하게 가정했었던 트루먼 대통령은 26일 이런 평화의 심각한 파괴를 종식시키기 위한 안보리의 노력을 지원할 것이라고 발표했다. 그러나 6월 25일의 결의안은 무력사용을 명시적으로 승인하지 않았기 때문에 트루먼 대통령의 천명은 유엔에 의해 더 나아가는 조치를 분명히 예상하게 했다. 그리하여 애치슨 국무장관은 27일 미국이 그 지역에서 무력공격을 격퇴하고 국제평화와 안전을 회복하기 위해 필요할 그런 원조를 대한민국에 제공하도록 유엔의 회원국들에게 촉구하는 새로운 결의안을 제안해야 한다고 대통령에게 건의했다. 당연히 애치슨은 이런 조치가 유엔으로 하여금 미국의 정책을 좌우하도록 허용할 의도는 없었다. 당시 소련은 중국의 대표권 문제로 안보리 회의의 참석을 계속 거부하고 있었다. 그러나 소련이 안보리에 언제든 갑자기 복귀한다고 할지라도 그것이 일방적으로 행동하는 미국의 능력에는 아무런 영향을 미치지는 못했을 것이다. 당시 소련에겐 한국에서 군사적으로 대응하려는 미국의 계획 앞에서 의미 없는 거부권을 행사하는 것보다 중화인민공화국(PRC)에 대한 지속적인 지지가 그 중요성에서 훨씬 더 압도적이었다. 그래서 소련은 돌아오지 않았다. 그리고 안보리는 인도와 이집트가 기권하고 유고슬라비아가 홀로 반대하여 7 대 1의 투표결과로 안보리 결의안(제83호)이 통과되었다.

당시 안보리에서 미국의 주도적 역할은 미국과 소련 간의 힘의 시험이 되어 버린 곳에서 트리그브 리 사무총장이 즉각 어느 편에 설 것인가에 대해 고민할 필요가 없게 해주었다. 당시 대한민국을 향한 광범위한 국제적 동정심은 리 사무총장으로 하여금 북한의 명백한 "침략행위"를 공개적으로 인정하지 않을 수 없게 만들었다. 어쨌든 리는 자신의 조심스런 평상시의 자세를 포기하고 심지어 보좌관들의 만류에도 불구하고 6월 25일 안보리의 비상회의에서 첫 번째 발언자로 지명해 줄 것을 요청했다. 그리고 유엔헌장 제99조에 의거한다고 말하지 않았음에도 불구하고 리 사무총장은 북한군의 군사적 행동이 헌장의 원칙들을 위반했을 뿐만 아니라 총회 결의안을 직접 위반한 것으로 기술했다. 또한 그는 안보리가 평화를 다시 수립하기 위해 필요한 조치들을 취할 의무가 있다고 주장했다. 이틀 후 안보리의 남한에 대한 일반적 원조의 호소에 이어 모든 회원국들에게 각국이 제공할 수 있는 형태의 도움에 관한 정보를 요청하는 전문을 보냈다. 이때 그는 기이하게도 어떤 중요한 정치적 시도에 앞서 회원국 대표들과 협의하는 관례적 습관을 무시했다. 실제로 그런 그의 시도는 트루먼 대통령이 안보리 앞에 내놓은 기정사실에 의해 곤혹스러워진 많은 회원국들로부터 비판을 받았다.

수개월간 트리그브 리 사무총장은 동서 간의 긴장을 완화시키기 위해 힘든 개인적 외교를 수행했었다. 그런데 이제 그가 이런 접근방법을 포기하고 행정적 중립성과 헌장의 강력한 옹호를 채택했다. 그는 사무총장이란 유엔의 입법기관들에 의한 결정들의 집행자이며 이것이 한국전쟁에서 자신의 역할이라고 후에 기록했다. 유엔의 정치적 기관들로부터 어떤 지시가 있기에 앞서 그가 행동했었다는 비판에 대응하면서 자신은 집단안보의 원칙들을 실현하기 위한 가장 결연한 노력으로 자기 자신과 자신의 직책을 연계했다고 설명하면서 자신의 행동을 옹호했다. 안보리의 결의안들은 미국의 군사정책을 감싸주는 데 지나지 않는다는 소련의 비난에 민감했던 리 사무총장은 한국에서 미국의 대응을 "국제화"하기 위해 모든 노력을 다했다. 그의 열성적 촉구로 16개국이 마침내 유엔사령부하에 자국의 군부대를 두긴 했지만 총체적으로 그것은 빈약한 반응이었다. 주된 짐은 대한민국 국민들의 것이었으며 그들은 유엔 총 지상군의 40%에 달했다. 그리고 지상군 병력의 반 이상과 사실상 모든 해군과 공군을 제공한 것은 미국이었다. 리의 촉구가 큰 호응을 얻지 못한 것은 부분적으로나마 많은 국가들이 이 전쟁을 본질적으로 미국의 전쟁이라고 인식하여 참가하기를 주저했기 때문이었지만 또 다른 이유는 미국이 무엇보다도 군사작전권을 유엔과 공유하기를 거부했기 때문이었다.

이론적으로 안보리의 6월 27일자 결의안(제83호)은 역사상 최초의 집단안보조치에 대한 토대를 이루었다. 즉 모든 회원국들은 그들이 할 수 있는 모든 지원을 자유롭게 하게 되었으며 최대한의 국제적 참가를 독려하는 것이 사무총장의 의무였다. 7월 7일 안보리는 모든 군사적 지원을 미국의 통합사령부하에 두도록 권고하고, 미국에게 유엔군 사령관을 임명하도록 요청하고 또 통합사령부가 유엔기를 사용하도록 승인함으로써 유엔군의 통제권에 대한 남아 있는 모든 의구심을 일소해 버렸다. 안보리가 휴회에 들어갈 때 트리그브 리 사무총장은 유엔기를 워렌 오스틴(Warren Austin) 미국대사에게 전달했다. 그 후 몇 주 동안 유엔군이 한반도의 남쪽 끝 부산지역을 중심으로 방어선을 필사적으로 유지해 나가자 리 사무총장은 소련의 언론에 의한 맹렬한 공격에 직면했다. 뉴욕에서 그는 소련의 안드레이 그로미코가 미국정부가 쓴 것이라고 비난하는 그의 "20년간 평화계획"과 한국에 대한 그의 친미적 입장과의 분명한 모순을 설명하도록 언론인들에 의해 촉구 받았다. 7월에 가진 한 기자회견에서 그는 자신의 입장에는 아무런 변화가 없으며 모순도 없다고 주장했다. 그러나 그의 주장에도 불구하고 그의 계획은 죽었으며 그것과 함께 그의 중간자로서의 적합성도 사라져 버렸다. 리는 자신의 계획을 제5차 총회에 제출했고, 1950년 11월 친 서방측 다수의 회원국들이 소련의 반대를 무릅쓰고 승인했지만 그러나 그 계획의 제안들은 결코 실행되지 않았다. 결국 그것도 냉전의 또 다른 희생물이 되고 말았다.

소련이 안보리의 의장직을 맡게 되어 있는 8월 1일 야콥 말리크(Jacob Malik) 소련 대표가 안보리에 복귀했다. 그의 참석은 이제부터 안보리에서 미국이 지원하는 어떤 결의안도 거부될 것이라는 것을 의미했다. 그러나 당시 상황에서 소련이 이미 진행 중인 유엔의 군사작전들에 어떤 영향을 미치기엔 너무 늦어 버렸다. 9월 15일 맥아더 장군은 눈부신 인천상륙작전을 수행했다. 기습을 당한 북한군은 신속하게 북한으로 후퇴했으며 2주 내에 유엔군은 38선 이남에서 완전한 승리를 거두었다. 이런 사태의 기쁜 전환에 의해 도취되었지만 동시에 전쟁이 확대될지도 모르는 전망을 염려한 리 사무총장은 9월 30일에 "한국문제의 타결조건에 관한 제안"이라는 제안서를 작성했다. 여기에서 그는 즉각적인 휴전과 남한으로부터 북한군의 무장해제 및 철수를 요구했다. 북한 당국에겐 1년 이내에 유엔 감시하의 선거를 수용하는 것이 요구될 것이고 한반도의 궁극적 통일이 고려될 것이다. 만일 북한이 이러한 조건을 거부한다면 총회가 북한당국을 제거할 목적으로 군사작전의 재개를 권고하는 것이었다.[88] 리 사무총장의 조건은 북한측에 별로 관대하지 않았지만 그럼에도 불구하고 그의 제안은 미국에 의해서도 환영받지 못했다. 이제 미국은 군사적으로 한국의 통일을 원했다. 그러기 위해서는 38선 북쪽에서 유엔의 군사작전의 승인이 필요했다. 두 개의 기존 안보리 결의안은 그것까지 승인하지는 않았었다. 소련대표의 참석으로 인해 안보리의 승인이 사실상 불가능하게 되자 서방측은 총회로 방향을 돌렸다. 유엔 총회는 맥아더의 군사력이 이미 북한으로 진격한 10월 7일에 의결했다. 찬성 47 대 반대 5 및 기권 7의 압도적인 찬성으로 유엔총회는 유엔사령부로 하여금 "한국의 주권국가에서 통일된, 독립적이고 민주적인 정부"의 수립을 위한 선거의 실시를 포함하여 전 한국을 통해 안정을 확립하기 위해 "모든 적절한 조치들"을 취하도록 승인했다.[89]

총회의 결의안이 승인한 목표가 서방측의 이익과 직접적으로 일치한다는 사실에도 불구하고 트리그브 리 사무총장은 "이것은 만주가 아니라 한국이며, 이것은 국제연맹이 아니라 유엔이다"라고 선언했다.[90] 그리고 또한 총회가 북한에서 무력사용을 승인하는 데 있어서 총회가 불법적으로 행동했다는 소련의 비난에 대항하여 그는 서방측의 정책을 옹호했다. 6월 25일과 27일의 안보리 결의안들에 입각한 유엔의 조치들은 명령이 아니라 단순한 권고들이었으며 따라서

88 Anthony Gaglione, *op. cit.*, p. 70.

89 결의안 전문을 위해서는, Se-Jin Kim, ed., *Korean Unification: Source Materials with an Introduction*, Research Center for Peace and Unification, Seoul, 1976, pp. 132-133 을 참조.

90 Anthony Gaglione, *op. cit.*, p. 71.

총회도 비슷한 권고를 자유롭게 할 수 있으며 상황이 달라지지 않았더라면 한국에서 모든 유엔의 조치들을 승인했었을 것이라고 강조했다. 한국문제에 대해 리 사무총장이 취한 입장은 그의 용기와 의무감에 기인한 것이었다. 그러나 서방측의 유엔 주도와 그의 직책과의 관련성은 유엔에서 소련에게 가장 굴욕적인 외교적 패배를 가져다주었다. 뿐만 아니라 냉전의 가장 심각한 위기에서 사무총장은 개인적으로 서방측의 편에 서는 것처럼 보였다. 그 결과 소련은 리 사무총장에게 분풀이를 하게 된다.

유엔 총회가 한국에서 유엔군의 작전확대를 승인한 바로 이틀 뒤인 10월 9일 트리그브 리를 사무총장으로 재임명하는 문제를 논의하기 위해 안보리가 소집되었다. 리는 이미 1949년 12월에 자신은 재임명의 후보가 아니라고 언론에 발표했었다. 그는 유엔이 평화를 강제할 국가 간 연맹으로서 기능할 수 있을 것이라는 모든 희망을 냉전이 종식시켜 버렸다고 확신했었다. 리 사무총장의 공평한 헌장의 옹호가 이따금 강대국들의 분노를 자아내긴 했었지만 그가 미국과 소련의 심각한 신임을 완전히 상실하진 않았었다. 1950년 초만 해도 안드레이 비신스키(Andrei Vishinsky) 소련 외무장관은 중국대표권에 대한 리의 입장에 의해 영향을 받았음이 분명하지만 리의 임기연장에 대해 공개적으로 호의적이었다. 그러나 그해 가을에 와서 소련은 한국문제에서 서방측 입장을 지원하는 리 사무총장을 결연히 응징하려 했다. 미국은 곤란에 처한 사무총장을 위해서라기보다는 아마도 유엔정책의 연속성에 대한 염려에서 리의 임기연장을 위한 투쟁을 주도했다.

안보리에서 비신스키 소련의 외무장관은 리의 지명에 거부권을 행사하고 다른 후임자를 지지하려는 캠페인을 한 달여간이나 벌였다. 미국은 소련이 결연히 반대하는 것 못지않게 결연히 리를 지지했다. 영국과 프랑스는 리의 포기란 유엔의 한국문제 개입이 불법이라는 소련의 비난을 인정하는 셈이 될 것이라는 미국의 설득을 수용했다. 뿐만 아니라 안보리가 교착상태에 빠질 경우엔 리의 임명에 관한 안건을 총회로 이관하려는 준비가 미국에 의해 다른 대표단들과 함께 준비되고 있었다. 10월 말에 리에 대한 소련측의 거부권 행사와 리가 아니면 어떤 다른 후보자도 거부하겠다는 오스틴 미국 대사의 전례 없는 위협으로 안보리에서의 토의는 끝나 버렸다. 그리하여 11월 1일 총회가 리의 임기를 3년 동안 연장하기로 찬성 46, 반대 5 그리고 기권 8표로 가결했다. 트리그브 리 사무총장은 총회의 권유를 "사무총장의 의무에 대한 자신의 해석에 대한 신임투표"라며 그 권유를 수락했다. 그러나 총회의 투표결과 직후 소련의 비신스키 외무장관은 소련은 리를 사무총장으로 인정하지 않을 것이라고 발표했다. 그에 따라 공산진영 국가들에 의한 리의 외교적 및 사교적 보이콧이 뒤따랐다. 그리하여 그때부터 2년 반 후 그가 은퇴할 때까지 리 사무총장은 강대국들이 관련된 문제들에 관한 한 아무런 정치적 영향력이 없었다.[91]

11월이 되자 한국전에 대규모의 중국공산군의 개입으로 한국전은 새로운 양상의 국제전쟁으로 변질되었고 다음 해에 휴전회담으로 그리고 마침내 1953년 거의 전쟁 발발 이전의 상황과 비슷한 상태

---

91 Anthony Gaglione, *op.cit.*, p. 73.

에서 정전에 이르렀다. 한국전은 창설된 지 얼마 되지 않은 유엔을 심각한 상태로 몰아넣었다. 제2차 세계대전의 공포 후 채 5년도 되지 않아 전쟁의 참화로부터 미래의 세대를 구하기 위해 창설되었던 유엔이 수많은 사람들의 생명을 앗아간 또 하나의 전쟁을 막는 데 실패했던 것이다. 한국은 냉전에서 양측이 필요하다면 군사적 수단으로 자신들의 목적을 달성하고 말겠다는 결의를 상징했다. 리 사무총장은 불가능한 선택에 직면했었다. 즉 그는 한국에서 미국 주도의 유엔조치를 적극 지원하고 소련의 적대감을 무릅쓰거나 아니면 자신의 권한에 대한 정치적 한계를 인정하고 초연하게 남아서 공정한 중재자로 자신의 봉사를 제한할 수 있었다. 결국 미국의 정책을 지원한 그의 행동은 소련으로부터 자신을 완전히 소외시켰고 그가 동서 간 긴장을 완화시키는 데 행사할 수 있었을지도 모르는 자신의 모든 리더십에 종지부를 찍었다.

리 사무총장의 임기가 끝나갈 때 유엔헌장이 상정했던 국제체제와 유엔이 관리하고 통제할 것으로 기대되는 국제사회의 혁명적 변화 간에는 커다란 불일치가 존재한다는 것이 분명해졌다. 유엔과 세계질서에 대한 주요 전후의 도전들은 소련과 서방세계 사이에 형성된 심한 이념적 경쟁과 또한 외국의 지배로부터 벗어나기 위해 식민지 인민들이 수행하는 치열한 투쟁에 기인했다. 이런 환경하에서 소련은 유럽에서 서방측 안정에 대한 비전을 공유하지 않았을 뿐만 아니라 아시아, 아프리카 및 중동에서 불안정을 유발하는 정치적 운동들을 지원했다. 혁명과 민족해방 전쟁을 통한 난폭한 투쟁들이 급속하게 반식민주의 운동의 교리들과 합류했다. 그리고 이 교리들은 민주주의와 경제발전에 관해 유엔헌장에 기초한 가치들, 즉 대부분이 서방적인 개념들의 가치들을 거부했다. 그러므로 어떤 의미에서 유엔은 그것이 작동에 들어가기 전에 이미 하나의 유물이 되어 버린 셈이다. 그럼에도 불구하고 1953년에 유엔은 여전히 평화와 정의에 대한 인류의 가장 고결한 염원의 가장 뚜렷한 상징이었다. 소련은 대부분의 유엔 기관에서 거의 완전한 고립상태에도 불구하고 또한 한국문제에서 소련이 당한 쓰라린 패배에도 불구하고 회원국의 신분을 계속해서 유지했다. 그러나 리 사무총장의 재임기간은 성공적 집단안전보장제도란 여전히 환상에 지나지 않는다는 것을 여실히 보여 주었다.

돌이켜볼 때, 트리그브 리 사무총장은 광범위한 행정적 업무에만 집중하면서 오직 자신의 중립성이 확보되는 경우에만 자신의 중재역을 제공하면서 조용한 외교를 수행하는 드러몬드 모델을 그대로 차용할 수도 있었을 것이다. 그러나 그가 사무총장으로서 동서 간 대결문제에 빠져드는 것을 회피할 수 있었을 것이라고, 환언하면, 주요 강대국들이 그에게 완전한 중립성의 입장을 관용할 수 있었을 것이라고 생각하는 것도 결코 쉽지 않은 일이다. 리 사무총장은 국제정세에서 유엔이 차지하는 국제정치적 위치에 대해 국가들이 취하는 태도를 판단하는 데 순진함을 보여 주었다. 또한 그는 자신의 행동을 자신의 직책에 대한 일관된 어떤 교리와 능숙하게 결합시키지 못했던 것처럼 보였다. 트리그브 리 초대 사무총장의 미덕은 유엔과 국제문제에서 유엔이 달성하려고 시도하는 것에 대한 그의 헌신이었다. 사무총장직의 발전이라는 관점에서 본다면 그는 어쩌면 잘못된 시기에 잘못된 직책을 맡았던 잘못된 인물이었는지도 모른다.[92] 깨어진 강대국들과의 관계를 다시 수립하고 사무총장직에 대한 자신만의 독특한 개념을 수립해 나가는 것은 그의 후임자 다그 함마숄드(Dag Hammarskjöld)의 몫으로 남았다.

92 James Barros, *Trygve Lie and the Cold War: The UN Secretary-General Pursues Peace 1946-1953,* DeKalb, Illinois: Northern Illinois University Press, 1989, p. 353.

제6장
다그 함마숄드 사무총장의 비전가형 모델의 등장과 운명

유엔헌장은 사무총장을 유엔의 "수석행정관리"(chief administrative officer)로 규정했다. 그것은 사무총장의 정치적 시도를 "그의 생각에 국제평화와 안전의 유지를 위협할 수 있는 어떤 문제도 안보리의 주의를 환기시키는 데" 국한했다. 다른 행정적 기능을 수행하는 데 있어 그는 자발적으로 행동할 수 있고 또 총회, 안보리, 경제사회이사회 및 신탁통치이사회의 대변자로 행동할 수 있을 것이다. 헌장에 의해 사무총장에게 부여된 이런 기능들의 제한과 종속적 성격은 유엔의 주요 정치적 기관들이 헌장의 의도에 따라서 행동할 수 있다는 가정 위에 서 있다. 그러나 그런 가정은 환상이었음이 입증되었다. 왜냐하면 냉전이 유엔을 무기력하게 만들어 버렸기 때문이다.

오늘날 유엔헌장이 의도하지 않은 사무총장직의 대단한 명성은 유엔의 주된 정치적 기관으로서 안보리와 총회가 퇴락한 결과이다. 정치적 결정의 비중이 처음에 무기력한 안보리에서 총회로 이동하였고 그 후에 그것은 다시 비실질적인 총회로부터 사무총장에게로 이동하였다. 그러나 총회에서 사무총장으로의 두 번째 이동은 1953년에서 1961년 사이에 탁월한 지혜, 기교와 용기의 소유자가 사무총장직을 맡는 뜻밖의 상황이 없었다면 가능하지 않았을 것이다. 그가 바로 다그 함마숄드(Dag Hammarskjöld) 사무총장이었다. 그가 없었더라면 유엔은 결코 그나마 오늘날의 유엔이 될 수 없었을 것이고 하나의 작동하는 국제정치제도로서 국제연맹처럼 망각되고 말았을 것이다.[93]

안보리와 총회가 마땅히 수행해야 했었지만 그렇게 하지 못했던 정치적 기능을 맡게 되면서 사무총장이 정책들의 시안자가 되고 또 집행자가 되었다. 함마숄드의 시도는 논란의 대상이 되지 않을 수 없었다. 보다 구체적으로 말해서 그와 그의 정책들은 소련에 의해서 난폭하게 공격받았다. 함마숄드는 상이한 국가들에 대한 자신의 태도에서 공정할 수 있었고 또 공정했지만 그러나 폭력적이거나 불법적인 수단으로 현상을 변화시키려는 근본적인 문제에 직면했을 때 그는 결코 중립적일 수 없었고 또 중립적이지 않았다. 사무총장직에 대한 그의 인식은 무엇보다도 그의 비범한 인간성에 영향받았다. 한 사람의 승리는 그가 대변해서 말하고 행동하는 유엔이라는 국제기구의 내적 취약성을 감추는 데 기여했던 셈이다.

그리하여 다그 함마숄드는 하나의 환상(fantasy)을 창조했고 그 환상은 사무총장이 시도와 권위 사이의 갭을 메꿀 수 있고 또 속세에서 일종의 "교황"처럼 간주될 수 있을 것이라는 유엔의 열성 지지자들과 늘 함께 있었다. 유엔의 열성 지지자들은 사무총장이 속세의

93 Hans J. Morgenthau, *Truth and Power*, New York: Praeger, 1970, p. 122.

교황으로서 회원국가들의 냉소적 정부의 머리를 넘어서 세계의 평화애호 인민들에게 직접 호소함으로써 보편적 국제평화기구에게 강력한 반향을 제공하는 신념과 양심의 메시지를 전파할 수 있을 것으로 믿었다. 유엔의 초기 두 사무총장들은 그들이 사무총장직을 맡았을 때 이런 환상을 창조하고 또 지탱하는 데 각자의 상이한 재능과 기질로 자신들이 할 수 있는 일을 했다. 그들은 유엔의 창설자들을 자기들 편에 두고 있었다. 유엔 사무총장은 단순한 행정적 "기능인" 이상이 되어야 한다는 분위기가 지배했었다. 사무총장직이 정치적 리더십을 의미해야 한다는 데 합의가 있었다. 각 회원국은 유엔에 자신의 대변인을 두고 있었다. 따라서 자연스럽게 누군가가 유엔의 이름으로 인류를 위해 말하고 행동해야 한다고 생각했다. 헌장을 작성한 준비위원단(Preparatory Commission)도 이 점에 대해서 아무런 의심이 없었다. 사무총장직은 정치적 판단, 전술 및 순결을 요구하고 사무총장은 유엔이 달성하고자 하는 헌장의 "원칙과 이상"을 구현해야 한다고 준비위원단은 선언했다.[94] 명시적이든 혹은 묵시적이든 유엔헌장에 의한 사무총장의 주된 기능은 다음 6가지 주제별로 분류할 수 있을 것이다.

1. 일반행정과 집행기능
2. 기술적 기능

94 1945년 유엔준비위원단의 보고서 제8장 2절 16과 17 단락. Simon Chesterman, *Secretary Or General?*, Cambridge: Cambridge University Press, 2007, Appendix 2, p. 245를 참조.

3. 재정적 기능
4. 국제사무국의 조직과 행정
5. 정치적 기능
6. 대표기능

사무총장은 유엔의 "수석 행정관리"이며(제97조), 총회, 안보리, 경제사회이사회 및 신탁통치이사회의 사무총장이다(제93조). 이런 규정에 기인하는 보다 협의의 행정적인 성격의 확실한 의무는 헌장(예를 들어, 제12조와 20조, 그리고 제98조. 제98조의 마지막 문장은 사무총장이 기구의 업무에 관해 총회에 연례보고서를 제출하도록 요구하고 있다)과 국제사법재판소의 법령(제5조 및 제15조)에 규정되어 있다.[95] 국제연맹의 경우와는 달리 유엔 사무총장의 어떤 독립적인 정치적 리더십을 위해 가장 중요하며 혁신적인 것은 헌장 제99조로서 이것은 사무총장에게 자신의 생각에 국제평화와 안전의 유지를 위협할 수 있다고 판단되는 문제는 무엇이든 안보리의 주의를 환기시킬 수 있도록 한 것이다. 제2대 사무총장인 다그 함마숄드가 국제적 이익의 단호한 대변자의 모험을 시작했다. 그리고 단호한 대변자의 개념은 그와 함께 탄생하고 그와 함께 사라져 버렸다는 것이 일반적인 상식이다.

그러나 트리그브 리 초대 사무총장이 그런 야심에서 그를 앞섰고 오히려 그를 능가했었다는 주장도 있다.[96] 1946년 2월 1일 리 초

95 *Ibid.*, 8과 10 단락.

96 이런 주장에 대해서는, Abba Eban, *The New Diplomacy: International Affairs in the Modern Age,* New York: Random House, 1983, p. 270을 참조.

대 사무총장이 취임했을 때 세상은 오직 몇 개월 전에 유엔 창설자들이 상정했던 세계와는 이미 달라 보였고 또 무서운 속도로 유엔을 설립한다는 것은 초인적인 도전이었다.[97] 유엔 초기에 우리는 리 사무총장이 팔레스타인 분할에 대한 총회 결의안의 실행을 위해 적극적으로 로비하고, 이스라엘의 국가 수립을 방지하려는 목적으로 팔레스타인에 진입하는 아랍 군대들을 규탄하고, 중화인민공화국의 유엔가입을 소리 높여 강력하게 주장하고, 또 북한에 의해 침략당한 남한을 지원하기 위한 유엔의 군사적 조치를 강력하게 지지하는 것을 발견하게 된다. 그러나 그는 첫 임기 5년 내에 피해를 당한 당사국들에게 대단히 중요한 문제들에서 영국, 미국, 소련 그리고 아랍집단들에게 반감을 사고 말았다. 그의 염원이 그의 권능을 훨씬 앞서갔다. 그러나 그는 자기 직책의 잠재력에 대해 드높고 현란한 감각을 유지했으며 국제체제에 대해 역사적인 결과를 가져올 수도 있었을 열정으로 자신의 비전을 실천했다. 그의 방법 중의 하나는 국제적 위계질서와 위신에서 자신을 부상시키는 것으로 화려한 돌풍 같은 외교적 의전의 와중에서 국가원수들 및 정부수반들과 만나고 유엔 본부를 벗어나서 외교적 성지순례화를 하려 했다. 그러나 1950년 6월 24-25일 자정에 북한군 병력이 분계선을 넘어 남쪽으로 이동했다는 보고서를 받은 직후 안보리에서 그가 발언했을 때 그의 성명은 유엔의 역사를 바꾸었고 동시에 그의 마력은 깨져 버렸다.

리 사무총장은 그의 성명에서 북한 침략에 대한 저지를 강력

97 Thant Myint-U and Amy Scott, *The UN Secretariat: A Brief History (1945-2006),* New York: International Peace Academy, 2007, pp. 9-10.

하게 촉구하고 안보리가 미국에게 유엔 깃발하에 전투병력을 조직하라는 호소를 수주간 계속 지지했다. 그로 인해 그는 다음 3년 동안 무자비하게 추진된 소련의 복수의 대상이 되었다. 그러나 그의 최종적 몰락은 아이러니하게도 한국문제에 대한 그의 단호함 때문이 아니라 "공산주의 동조자들"이라고 의심받는 유엔관리들을 임의적으로 해고하여 유엔본부가 소재하는 국가의 국내정치가 유엔의 국제적 소명을 위반하도록 허용했기 때문이었다. 초대 사무총장으로서 리는 미래의 사무총장들에게 유익한 많은 중요한 교훈들을 얻게 했다. 그는 뉴욕의 아이들윌드 공항(Idlewild Airport)에서 다음과 같은 경고의 말로 자신의 후임자인 다그 함마숄드를 영접하고 환영하였다: "사무총장의 임무는 지구상에서 가장 불가능한 일입니다."

왜냐하면 그가 유엔헌장이 상정한 그런 종류의 관리가 되려고 한다면 그는 우파, 좌파, 그리고 중도파 모두의 비판 대상이 될 것이기 때문이다. 신임 사무총장은 앞으로 수년 동안 하나의 강대국이나 그 이상의 크고 작은 국가들의 불쾌감을 피하는 것이 불가능 하다는 것을 알게 될 것이다.[98]

제2대 유엔 사무총장으로서 다그 함마숄드는 유엔 역사에서 가장 역동적이고 두드러진 리더십을 발휘하였다. 그는 전 세계적으로 수천만 인민들에게 깊은 인상을 남기는 방식으로 유엔헌장의 이상들을 행동으로 의인화했다. 또한 그는 유엔의 예방적 행동양식의 여러 가지 새로운 수단들을 발전시켰다. 평화유지활동, 유엔의 "주둔"과 여

98 Trygve Lie, *In the Cause of Peace: Seven Years with the United Nations*, New York: Macmillan, 1954, p. 417.

러 가지 효과적인 중재의 실험과 조용한 외교가 그것들이다. "다그에게 맡기자"라는 당시의 유엔 슬로건은 그가 국제공무의 개념에 새로운 의미와 개입을 부여했다는 것을 의미한다. 아마도 가장 중요한 것으로는 사무총장의 리더십이 적시에 적절하게 발휘된다면 때때로 중요한 사건에 영향을 미치는 방식으로 최고 강대국에게조차 대항하며 유엔의 원칙들을 옹호할 수 있다는 것을 보여 준 것이다. 그가 "지구상에서 가장 불가능한 일"을 수행하는 와중에 사망했을 때 그는 즉각적으로 하나의 전설이 되었으며 후임 사무총장들이 가장 견주고자 하는 하나의 본보기가 되었다. 함마숄드는 단지 하나의 역사적 본보기 일부분만 아니라 그의 본보기는 유엔 사무총장으로 하여금 국제적 리더십을 제공할 수 있게 하는 조건들에 관해서 깨닫게 해줄 수 있었다.[99] 똑같은 맥락에서 국제적 리더십에 관한 논의가 그에 대한 관심을 다시 불러일으키고 또 온갖 모순들을 간직한 채 점점 글로벌화되어 가는 세계에서 유엔을 위한 리더십을 행사하기 위해서는 "신함마숄드"가 필요하다는 요청마저 있었다.[100]

함마숄드는 자신의 통제력 밖의 세력들과 충돌을 가져올 수밖에 없는 자신의 직책에 대한 개념을 신속하게 개발시켰다. 그는 유엔 권력의 위계질서에서 단지 봉사자에 그치지 않았다. 그는 오히려 자

---

99 D. V. Jones, "The Example of Dag Hammarskjold: Style and Effectiveness at the UN," *The Christian Century*, 9 November 1994, pp. 1047-1050.

100 이러한 의미에서 글로벌 통치위원단(The Report of the Commission on Global Governance)의 보고서는 함마숄드를 비전으로 강력해지고 윤리로 지탱되며 정치적 용기로 노정된 그런 지도자의 본보기로 소개했다. 이 점에 대해서는, Manuel Froehlich, *Political Ethics and the United Nations: Dag Hammarskjold as Secretary-General,* London: Routledge, 2008, p. 5를 참조.

신의 해석에 따라 유엔헌장의 "추상적 내용"에 봉사하고 싶었다. 그는 자신의 목소리가 없는 국가들, 즉 독립적 외교사가 없는 신생 약소국가들의 대변자가 되었다. 또한 그는 하나의 세력으로서나 혹은 판단의 어떤 시도로서가 아니라 "주둔"(presence)으로서 다룰 만한 그런 갈등 속에 스스로 뛰어들었다. 유엔 관리들이 유엔 주둔을 실천하여 폭력을 억제할 것이다. 그는 외교사에서 지금까지 어느 누구도 거의 소유하지 못한 그런 영적 후광(aura)을 획득했다. 그는 자신의 국적을 초월할 수 있었으며 너무나 비감상적이고 귀족적이어서 자신을 소위 보통 인간의 사절로 내세울 수 없었다. 그는 "인류"의 장엄함에 매료되었지만 "개인으로서의 인간"은 참아 내기 어려워했다. 그는 구체적으로 적용하려고 모색하지 않으면서도 인류에 대한 추상적 열정을 설교했다. 그의 외교는 오직 꼭대기만 볼 수 있는 거대한 빙산 같았다. 그는 결의안이나 헌장에 대한 자신의 해석을 공개적으로 제시하고 그것이 도전받는지를 두고 보는 기교를 사용했다. 그리고 만일 그것이 도전받지 않으면 후에 바로 그 점을 종종 전혀 다른 맥락에서 묵시적으로 수용된 것으로 인용했다.[101]

그리하여 함마숄드는 미래의 유엔 조치들을 위해 빛나는 전례를 남길 수 있었다. 그의 매우 조심스러운 단어로 이루어진 성명은 언론인들을 언짢게 했으며 일본 외무부장관들과 외교관들을 괴롭게 했다. 그의 성명들은 언제나 치밀하게 계산된 것이었다. 설명은 여지를 남겼고 일시적 교착상태를 숨겼으며 그의 모호함에 불평하는 사람들의 체면을 포함하여 모두의 체면을 세웠다. 그는 강대국들의 관용하

101 Abba Eban, *op. cit.*, p. 271.

에서 자신의 권한과 권위에 대한 최대한의 해석에 끊임없이 의존하면서 냉전시대 유엔 회원국들의 우유부단함을 오히려 이용할 수 있었다. 그는 유엔을 회원국가들의 최저 공통분모보다는 더 높은 것과 등식화하려고 애썼으며 또한 유엔이 명백하게 말하지 못할 때에도 자신이 정책을 집행할 수 있다고 믿었다. 그는 헌장 제99조를 오직 단 한 번 동원했지만 여러 차례 그러겠다고 위협했다. 자신의 권위 영역을 확장하려는 시도들이 일부 회원국들과 고위급 각료들로부터 경고를 불러일으켰음에도 불구하고 그는 라오스, 레바논 및 타 지역에 뛰어들어감으로써 사무총장의 중재역할을 확장할 수 있었다.[102]

유엔 사무총장이 안보리와는 다른 또 하나의 정치적 행위자라는 개념을 제시한 것이 바로 함마숄드였다. 세계평화를 위협하는 상황에서 사무총장은 스스로 개입할 권리와 의무가 있으며 또한 안보리의 입장과는 독립적인 "중립적 입장"을 취할 수 있다고 그는 선언했다. 그렇게 하여 그는 당시 유엔의 밖에 있던 중화인민공화국으로부터 미국의 공군병사들의 석방을 이루어 냈다. 1956년 수에즈 위기 기간 동안 그는 레스터 피어슨(Lester Pearson)과 함께 유엔비상군(UNEF)의 창안자였으며 이것이 오늘날 유엔의 지배적인 평화유지활동(UNPKO)이 되었다. 오늘날 평화유지활동이 유엔의 거의 일상적인 일이 되었지만 당시만 해도 그것은 아주 새롭고 혁신적인 것이었다. 함마숄드가 헌장의 "제6과 1/2장"이라고 불렀던 평화유지가 그의 가장 중요한 유산이 되었다. 또한 이것은 유엔 사무국의 기능과 국제갈등을 다루는 안보리의 방법에 중대한 변화와 관련되어 있다.[103] 1960

102 Thant Myint-U and Amy Scott, *op. cit.*, pp. 31-32.

년 유엔은 신생 독립국 콩고와 관련되었는데 당시 함마숄드는 유엔 역사상 가장 크고 또 가장 야심적인 평화유지활동 수립의 길을 주도하고 있었다. 그는 자신의 다소 소란스러웠던 전임자보다 더 주의깊게 노력했다. 그러나 콩고 원정의 사령관으로서 그가 취한 다소 나폴레옹 같은 자세가 식민 종주국들을 분노케 했고 소련까지 소외시킴으로써 위험스럽게 끝나고 말았다. 그의 소위 역동성은 국가의 주권에 대한 소련측 견해를 넘어서는 것이었다. 1961년 9월 그가 탄 비행기가 콩고의 숲속에 추락했을 때 소련정부와의 모든 그의 연계는 이미 단절되었었다.

1960년 8월 소련의 언론은 함마숄드 사무총장에 대해 분노로 가득한 인식공격의 캠페인을 이미 단행했었다. 9월 중순 소련의 발레리안 조린(Valerian Zorin) 외무부차관은 유엔에서의 연속 두 번에 걸친 연설에서 그를 "식민주의자들의 하인"이라고 낙인찍었다. 9월 23일 흐루시초프(Khrushchev) 소련 수상은 총회에서 "사무총장직이 폐지되어야 한다", 그리고 "그 대신에 각자가 일정한 국가들의 집단을 대표할 세 사람(troika)으로 구성되는 유엔의 집단행정기관이 창설되어야 한다"고 요구했다. 흐루시초프의 진언은 "중립국이 있는 것처럼 중립적인 사람도 있다"는 것이었다. 그러나 서방 및 비동맹 국가들의 지원을 받아 함마숄드는 소련의 비난을 패퇴시킬 수 있었다. 그러나 그의 권한은 크게 줄어들었고 그의 직책은 그가 육체적 죽음을 맞이하기 전에 이미 더 이상 그 전처럼 살아 있지 못했다. 그의 궁극적인

---

103 Maurice Bertrand, "The UN as an Organization: A Critique of Its Functioning," *European Journal of International Law*, Vol. 6, No. 3 (1995) p. 2.

실패는 자신의 야심이 자신에게 주어진 권한보다 더 큰 국제 지도자의 실패였다. 그것으로 함마숄드 사무총장의 "비전"은 마침내 종말을 고하고 그 순간 그의 "신화"가 탄생한 셈이었다.

이제 자신의 임기를 원만히 다 채우기를 원하는 사무총장은 누구나 국제체제의 현실을 인정하고 비록 그가 겸손의 미덕의 소유자가 아닌 경우에도 겸손한 척하고, 또 야심과 실현 가능성을 상호간 관용할 범위 내에 유지해야 한다는 것을 배우게 되었다. 이런 교훈하에서는 그가 누구든 사무총장의 역할에 영웅주의를 위한 공간은 없다는 것이 분명해졌다. 함마숄드의 비극적 교훈은 누구에게나 분명했으며 후임자들은 좋은 교육을 받았다. 그는 분명히 이상주의자였다. 그리하여 자신의 비전에 따라 유엔 정치에서 선도적 자세를 취하는 사무총장 리더십이라는 스타일의 유산을 남겼다. 그리고 그런 사무총장의 리더십 유형은 "함마숄드 모델," 혹은 "비전가형 모델"이라고 명명되었다. 그 후 이런 모델은 국제 정치문제를 지배하는 국가들의 차가운 정치현실로부터 도피하려는 사람들에 의해 계속 환영받았다.[104]

그러나 회고해 보면, 어떤 면에서 그의 시대는 양극적 국제체제, 즉 냉전의 격렬한 정치적 투쟁에도 불구하고 오히려 유엔 사무총장직의 가장 좋은 시절이었다. 왜냐하면 함마숄드 사무총장이 국제연맹이나 유엔의 그 어느 사무총장보다 더 역동적인 리더십을 발휘했

104 James Barros, "The Importance of Secretary-General of the United Nations," in Robert S. Jordan, ed., *Dag Hammarskjold Revisited: The UN Secretary-General as a Force in World Politics,* Durham NC: Carolina Academic Press, 1983, pp. 34-35.

기 때문이다. 그럼에도 불구하고 사무총장 리더십의 발전이라는 관점에서 보면 분명한 한계가 있었다. 특히 그것이 헌장상의 "진공상태"나 헌장의 자유주의적 해석에 근거할 때 사무총장의 독자적 선도에 관해서 많은 우려가 제기되었다. 그것은 이제 하나의 신화나 전설이 되어버린 함마숄드 리더십의 갑작스럽고도 비극적인 중단 후, 사무총장직에 불어 닥친 동서양 진영 모두의 보수주의적 태도 표명이었다.[105] 그는 분명히 하나의 전설이 되었다. 그는 회원국들의 정부와 입장을 달리하는 것을 두려워하지 않았다. 그는 사무총장과 유엔 사무국의 독립성과 순결을 유엔의 어떤 진정한 발전에도 불가결한 것으로 간주했다. 이것이 그가 흐루시초프 및 드골(Charles de Gaulle)과 다투었던 이유의 핵심이었다. 그리고 바로 그런 사무총장의 자세는 여전히 유엔의 성공적 미래 발전의 열쇠가 될 것이다.[106] 비록 종국에는 좌절되고 말았지만 함마숄드는 전설이 되고 동시에 이상적인 유엔 사무총장으로서 자신의 비전가형 모델을 값진 영원한 유산으로 미래의 유엔과 후임 유엔 사무총장들에게 남기게 되었다.

함마숄드 사무총장이 남긴 유산의 핵심은 무엇보다도 국제공

---

105 함마숄드의 전통과 그의 항구적 유산에 관해서는, Mary-Lynn Hanley and Henning Melber, eds., *Dag Hammarskjold Remembered*, New York: Association of Former International Civil Servants, December 2011; Manuel Froehlich, *Political Ethics and the United Nations: Dag Hammarskjold as Secretary-General*, London and New York, Routledge, 2008; Sten Ask and Anna Mark-Jungkvist, eds, *The Adventure of Peace, Dag Hammarskjold and the Future of the UN,* New York: Palgrave, 2005 을 참조.

106 Brian Urquhart, *Hammarskjold*, New York and London: W. W. Norton, 1994, p. x.

무직에 대한 그의 정치철학이었다. 그가 1953년 4월 10일 취임했을 때 앞서 지적한 것처럼 그는 유엔 사무총장의 "수동적인 역할"을 옹호하는 것이 아니라 오히려 아마도 영감을 불어넣는 방식으로 "촉매제"의 역할을 담당할 것이라고 선언했다.[107] 아예 처음부터 그는 자신의 역할을 정치적인 것으로 간주했다. 취임 연설에서 그는 "우리의 역할은 조화를 이루고 현실적인 건설을 이루어 내는 것입니다. 이는 인류 문명 건설의 토대가 된 법에 대한 존중을 기반으로 해야 합니다"라고 덧붙였다.[108] 그는 "상황이 요구할 때 올바른 조언을 제공할 수 있도록 경청하고, 분석하고, 배우는" 모든 당사자의 "신뢰할 수 있는 상담가"로서의 유엔 사무총장을 강조했다.[109] 함마숄드에게 유엔의 행동은 유엔헌장의 목적과 원칙을 실현하기 위한 수단으로 유엔을 이용하는 회원국들의 의도를 반영하는 것이었다.

유엔헌장의 목적은 집단안보, 경제발전, 국제협력 촉진으로 구성된 삼위일체로 특징지어진다. 그러나 회원국들은 이념적, 경제적, 문화적으로 분열되어 있었기 때문에 분열된 세계에서 유엔이 통합의 힘을 발휘해야 했다. 평화라는 야심 찬 개념에서 볼 때 유엔의 업무는 "조화"라는 기치에 의해 정의된다. 함마숄드의 관점에서 보면, 유엔헌장에는 국제 윤리의 근본적인 규칙 몇 가지가 포함되어 있다. 유엔헌장은 세 가지 출처, 첫째, 세계대전의 쓰라린 경험, 둘째, 직관적

107 Joseph P. Lash, "Dag Hammarskjold's Conception of His Office," *International Organization,* Vol. 16, No. 3 (Summer, 1962), p. 542.

108 Peter B. Heller, *The United Nations under Dag Hammarskjold, 1953-1961,* Lanham, Maryland: The Scarecrow Press, 2001, p. 1.

109 Joseph P. Lash, *op. cit.*, p. 542.

인 확신과 국내 원칙과의 동일시, 셋째, 경제적, 이념적, 문화적 차이를 뛰어넘는 것으로 회원국들이 유엔 창설 당시 이루었던 합의에 존재하는 공유된 세계관의 가능성과 약속에 뿌리를 두었다. 다그 함마숄드 유엔 전 사무총장은 유엔헌장에 생명을 불어넣어 그것을 현실에 반영하고자 했다.

그러나 그것은 결코 초국가적 유엔의 구축을 의미하지는 않았다. 회원국들의 의도 표출이 여전히 국제기구를 구성하는 필수 불가결한 요소였다. 함마숄드 유엔 전 사무총장은 유엔헌장에서 유엔의 기본적인 합의인, 세 가지 근본적인 원칙, 첫째, 평등한 정치적 권리, 둘째, 동등한 경제적 기회, 셋째, 법의 지배를 확인했다.[110] 이러한 원칙은 상호의존적이다. 이러한 양식의 목적과 원칙이 헌장의 모든 하나하나의 조항에 스며들어 있었다. 따라서 확실하지 않은 경우, 함마숄드는 이 원칙을 통해 유엔 "헌장의 정신"을 해석했다. 이러한 방식으로 이해하면 유엔헌장은 절차상의 문제를 규정하는 것 이상의 역할을 담당한다. 유엔헌장은 국제관계를 담당하는 국제기구에서 규범적인 측면을 확립했다. 이러한 관점에서 유엔은 "중립적"일 수는 없더라도 항상 "공명정대"하게 행동해야 했다. 국제사회에 대한 그의 인식이 처음으로 드러났을 때, 헌장은 이러한 관점에서 제한적으로가 아니라 열린 환경에서 역동적이고 실용적으로 해석되어야 한다는 것이었다. 유엔 사무총장은 회원국들의 의도에 구속된다. 이러한 상황에서 유엔 사무총장은 제한된 정치적 기능을 수행할 수밖에 없었다. 그러

110 Manuel Frohlich, *Political Ethics and the United Nations: Dag Hammarskjold as Secretary-General,* London: Routledge, 2008, p. 41.

나 함마숄드 유엔 전 사무총장의 재임 기간 동안 이러한 종속성은 회원국의 우월성에 대한 완벽한 인정 속에서도 감출 수 없는 자신감으로 바뀌었다.

그러나 그는 자신의 권한 확대를 일방적인 권한 장악으로 간주하지 않았고 오히려 권한 확대를 소위 "진공이론"(vacuum theory)에 따른 실용적 결과로 정당화했다. 진공이론에 따르면, 유엔 사무총장은 국제기구의 임무를 수행하는 데 필요하다면 독립적으로 행동할 의무가 있다는 것이다. 다시 말해, 안전보장이사회의 의사결정 과정이 교착 상태에 빠졌다던가 특히 양 진영 간의 대립이 진공 상태로 빠져들 가능성이 있을 때 유엔 사무총장은 독립적으로 행동해야 한다는 것이다. 정확하게 말해, 다른 두 개의 유엔 조직, 안전보장이사회와 총회가 갈등 상황에 당연히 주어야 할 관심을 주지 않는 경우, 유엔 사무총장은 초기에 과도한 대중의 관심으로 인한 부정적인 영향 없이 개입해야 할 의무가 있다. 이러한 경우, 행동을 위한 유일한 근거, 합법성의 원천, 그리고 유엔 사무총장 업무에 대한 지지를 이끌어 내는 방법은 국제공무에 대한 요구사항을 철저하게 준수하는 것이었다. 그의 정치적 기능은 이러한 필수불가결함이 없었더라면 상상할 수 없었을 것이다. 한 인간으로서 그는 유엔이라는 국제기구가 유기적으로 성장하는 최전선에 서 있었으며 현장에 나타난 국제윤리 원칙을 집행하는 데 있어 특수한 책임을 졌다.[111]

국제공무원에 대한 함마숄드의 이해가 단순히 이론적인 것만은 아니었다. 그는 자신의 예를 통해 국제공무원의 원형이 되고자 했

111 *Ibid.*, p. 42.

다. 유엔 사무총장으로서 국제사회에 봉직하는 것이 그의 소명이었다.[112] 국가공무원 모델을 국제적인 수준으로 변모시킨 그의 성공은 놀라운 수준이었다. 함마숄드는 미국 대통령직이 유엔 사무총장직을 형성하는 데 하나의 모델을 제공하고 따라서 유엔 사무총장직에 미국 대통령직의 몇 가지 특성이 포함되어 있다는 믿음으로부터 많은 영향을 받았다.[113] 미국 헌법하에서 강한 대통령과 약한 대통령이 탄생할 수 있는 것처럼, 유엔헌장하에서도 서로 다른 두 가지 유형의 사무총장이 탄생할 수 있을 것이다. 따라서 유엔의 권한에 포함되는 정치적 문제와 관련해 유엔 사무총장은 두 가지 형태의 행동을 취할 수 있다. 하나는 유엔 사무총장 선출에 총회의 승인뿐만 아니라 안전보장이사회 상임이사국들의 만장일치가 필요하다는 사실을 통해 헌정적으로 객관적인 자신의 직위를 해석함으로써 새롭게 등장하는 갈등에 대한 입장 표명을 거부해 유엔 사무총장의 중립성을 보존하는 것이다. 또 다른 형태의 행동은 유엔 사무총장이 이러한 갈등 상황에서 유엔헌장 및 원칙에 확고하게 입각하는 범위 내에서 분명한 입장을 표명하는 것이다. 이러한 두 가지 형태의 행위가 모두 가능했지만 함마숄드 전 유엔 사무총장은 현실에서 나약한 행정 사무관이 아니라 강력한 리더의 역할을 선택했다. 그는 강력한 집행부를 구축하는 것

112 Alynna J. Lyon, “The UN Charter, The New Testament, and Psalms: The Moral Authority of Dag Hammarskjold,” in Kent J. Kille, ed., *The UN Secretary-General and Moral Authority*, Washington, D.C.: Georgetown University Press, 2007, p. 121.

113 Joseph P. Lash, “Dag Hammarskjold’s Conception of His Office,” *International Organization,* vol. 16, No.3, (Summer 1962), p. 547.

이 유엔 창시자들의 의도이며 유엔헌장의 철학 및 유엔 사무총장과 관련된 헌장의 모든 조항과 일치하는 것이라고 믿었다.[114] 함마숄드의 관점에서 보면, 유엔헌장의 창시자들은 유엔사무국이 사용할 수 있는 역동적인 수단을 먼저 구축하고 그런 다음 그곳에서 유엔이 조직화된 국제사회로 나아가는 것이었다.

함마숄드 전 사무총장은 유엔헌장의 철학이 "강력한" 유엔 사무총장을 요구한다고 해석했다. 유엔 사무총장직 권한의 범위와 기능과 관련한 유엔헌장의 규정도 동일하게 해석했다. 우선 유엔헌장의 제7조에서는 사무국을 총회 및 세 개의 다른 이사회와 동등한 위치에 있는 주요 유엔 기관 중 하나로 규정했다. 제97조는 유엔 사무총장이 유엔의 수석 행정관이 되어야 한다고 명시하고 있다. 이러한 명확한 선언은 유엔을 사무총장이 이끌어야 한다는 점을 사무총장의 재량이 아니라 헌장상의 구체적 요구사항으로 만들었다. 이에 더해 그에게 제98조는 국제연맹 규약에서 국제연맹 사무총장에게 수여한 기능 및 권한과 비교해서 유엔 사무총장의 기능과 권한에 있어 새로운 경지를 개척하는 것이었다. 국제연맹 규약 제6-7조는 사무총장의 지명, 제네바에 국제연맹 사무국 설립, 예산에 관한 문제를 다룬다.[115] 국제연맹 규약 제6(4)조는 단순하게 "사무총장은 총회 및 안전보장이사회의 모든 회의에서 그 능력에 따라 행동해야 한다"고 규정했다. 유엔헌장의 제98조는 국제연맹과 마찬가지로 총회 및 세 가지 이사

114 *Ibid.*, p. 545.

115 United Nations, *The League of Nations 1920-1946,* New York and Geneva, 1996, p. 129.

회의 회의에서 그 능력에 따라 행동해야 할 뿐만 아니라 동시에 유엔 사무총장은 "이러한 조직에 의해 그에게 부여된 다른 기능도 수여해야 한다"고 규정했다. 함마드숄드는 유엔 사무총장을 단순한 "행정관"에서 명확한 "정치적 책임"을 지는 사무총장으로 변화시키는 것이 바로 유엔헌장 제99조라고 강조했다. 제99조는 유엔 사무총장이 세계 평화와 안전에 위협이 될 수 있는 상황에 대해 안전보장이사회의 주의를 환기시킬 수 있는 권한을 부여했다. 함마숄드에게 이것은 유엔 사무총장이 국제 평화와 안전에 위협이 되는 것이 무엇인가에 대한 자신의 판단을 근거로 유엔 시스템 전체를 작동시킬 수 있다는 의미였다. 이것은 국제 평화와 안보를 유지하는 데 위협이 될 수 있는 문제와 관련하여 조사를 시행하고 비공식적인 외교 활동에 참여할 수 있는 광범위한 재량권을 암시했다.[116]

함마숄드는 자신이 "정치적 숫처녀"는 아니더라도 "정치적 독신주의자" 신분을 고수하는 직업 공무원이 되기 위해 노력했다고 말했다.[117] 그는 그러한 국제공무 원칙을 포기하는 대가로 얻는 평화에 대해 엄중하게 경고했다. 회원국들이 국제공무로 상징화되는 국제주

116 유엔헌장의 유엔 사무총장과 관련한 조항에 대한 함마숄드의 해석은 "The International Civil Servant in Law and in Fact"라는 제목의 옥스포드 대학 강연(1961년 5월 30일)에서 확인할 수 있다. Andrew W Cordier and Wilder Foote, eds. *Public Papers of the Secretaries-General of the United Nations: Vol. V, Dag Hammarskjold 1960-1961,* New York: Columbia University Press, 1975, 또는 Wilder Foote ed. *Servant of Peace: A Selection of the Speeches and Statements of Dag Hammarskjold Secretary-General of the United Nations 1953-1961,* New York: Harper & Row, Publishers, 1963, pp. 329-353 참조.

117 Wilder Foote ed. *op. cit.*, p. 331.

의 방향으로 이루어지는 현재의 노력을 포기하게 만드는 민족주의를 수동적으로 수용할 경우, 그것은 제1차 세계대전 이후 시작되고 제2차 세계대전 비극의 영향 아래서 더욱더 발전한 국제협력의 "뮌헨"(Munich)이 되고 말 것이라는 경고였다.[118]

미국 대통령직의 권한과 함마숄드가 수행한 유엔 사무총장의 역할 간엔 상당한 유사성이 있었다.[119] 그것은 실제로 함마숄드가 미국 대통령직을 이른바 "벤치마킹"했기 때문이다. 그는 미국 헌법 창시자들처럼 유엔 창설자들이 사무총장을 선거를 통해 유엔의 유일한 지도자로 만들었다. 그들은 이러한 맥락에서 미국 헌법을 바라봤을지 모른다.[120] 그에게 유엔 사무총장은 단순히 유엔의 유일한 수석 행정관이자 집행관에 불과한 존재는 아니었다. 그는 레바논과 콩고 위기에서, 결국 채택된 결의안을 발의하고 형성하는 데 있어 적극적이고 반공개적으로 활동하는 입법 지도자이기도 했다. 때때로 그는 중견 및 약소국가들로 구성된 중간적 그룹에서 지도자로서의 역할을 담당했다. 그는 중동과 콩고에서 활동하는 유엔군의 총사령관이었다. 실제로 함마숄드는 유엔 사무총장직과 미국 대통령직을 비교하기도 했다.

유엔 사무총장의 기능과 역할에 관해서라면, 유엔헌장은 본질적으

---

118 Joseph P. Lash, *Dag Hammarskjold: Custodian of the Brushfire Peace,* Garden City, New York: Doubleday, 1961, p. 289.

119 Joseph P. Lash, "Dag Hammarskjold's Conception of His Office," *International Organization,* Vol. 16, No. 3, (Summer, 1962), p. 547.

120 Wilder Foote, *op. cit.* p. 259.

로 모든 법적 조항을 국제연맹의 경험에 기반했지만 새로운 경지를 개척했다. (…) 유엔 사무총장에 대한 새로운 개념이 원칙적으로 영국이 아니라 미국에서 유래했다는 점이 중요하다. 초기 단계에서 그리고 후에 덤바턴 옥스(Dumbarton Oaks) 제안으로 알려진 문건을 준비하는 과정에서 미국이 유엔에 사무총장뿐만 아니라 대통령도 있어야 한다는 생각을 가지고 있었다고 전해진다. 그 뒤에 단 한 명의 관리만 선출하는 것으로 결정되었지만, 그 한 명은 대통령의 정치적, 행정적 기능과 이전에 사무총장에게 부여된 내부적 관리 기능을 결합한 하나의 관리였다. 이것이 어느 정도는 미국의 정치적 절차—즉, 입법을 집행하고 어떤 면에서는 헌정적 기구로부터 직접 유래한 권한을 시행하는 데 유일한 책임을 지는 입법부에 비해 국가 최고지도자가 그저 부차적 역할에 국한되기보다는 권한을 수여받는—를 반영했다는 점은 분명하다.[121]

여기에서 "헌정적 기구로부터 직접 유래한 권한"이라는 구절이 특히 중요하다. 함마숄드는 스스로 총회와 안전보장이사회의 대리인(제98조)으로서의 자신의 책임과 어떤 측면에서는 유엔헌장 전체로부터 그의 권한이 유래한 유엔의 독립적인 책임자(제7조 및 제99조)로서의 자신의 책임을 항상 분명하게 구별했다.[122] 1957년 유엔 사무총장으로 재선되었을 당시 그는 총회에서 유엔 사무총장에게 수여된 정치적 권한을 구상하는 대담한 방식에 대해 입장을 밝혔다.

121 *Ibid.*, pp. 334-336.

122 Joseph P. Lash, "Dag Hammarskjold's Conception of His Office," *International Organization,* Vol. 16, No.3 (Summer 1962) p. 548.

다차원적인 민주주의의 세계에서 두 점 사이의 가장 짧은 거리라는 직선에 대한 유클리드 정의가 항상 진리인 것은 아니다. 그러나 사무총장에게는 그것이 가능한 단 하나의 정의이다. 그에게는 사실상 법이나 마찬가지인 여러 원칙들에 의해 추적될 수 있는 이런 노선은 때로는 국제정치 행위의 복잡한 패턴에서 다른 노선들을 침해할 수도 있을 것이다. 그렇다면, 그는 아무리 어려워도 임기 동안 그 어려움으로 인해 회원국들의 신뢰가 훼손되지 않을 것이라는 확신을 가질 수 있어야만 한다. 유엔 사무총장의 행동에 대한 지침을 유엔헌장이나 유엔 주요 기관의 결정에서 전혀 찾을 수 없는 경우, 회원국들로부터 조치를 취해 달라는 요청이 반드시 필요하다고는 생각하지 않는다. 그러나 가용한 범위 내에서 유엔의 기관들이 보유한 역량을 최대한 활용하는 것이 그의 임무라고 생각한다. 반면에, 평화와 안전을 지키기 위한 유엔헌장과 기존의 외교가 유엔에 발생할지 모르는 진공상태를 메우기 위해 요구될 것으로 판단되면, 그러한 지침 없이도 유엔 사무총장이 행동하는 것이 유엔헌장의 철학과 일치한다고 생각한다.[123]

뿐만 아니라 1959년 4월 8일 멕시코시티(Mexico City) 공식 오찬에서 행한 함마숄드의 다른 연설은 유엔기관에 의한 공식적인 결정 없이도 행동할 준비가 되어 있는 그의 준비태세의 다른 측면을 보여 주었다. 즉, 어려움에 처해 있는 회원국들이 유엔 사무총장의 "중재"(good office)를 요청하는 경우, 그는 다른 유엔 기관들의 공식적인

123 Wilder Foote, *op. cit.*, pp. 149-150.

결정이 없어도 그에 응할 것이라는 점이다.

> 개인적으로는 유엔 사무총장이 안전보장이사회에 문제를 제기할 수 있는 권한을 부여한 제99조에 명시된 유엔 사무총장의 정치적 역할을 믿지 않는다. 유엔 사무총장이 국가 그 자체인 회원국들의 이해관계를 더 잘 판단할 수 있다고 가정하는 것이 가능하지 않다고 생각하기 때문이다. 그러나 제99조에 반영된 유엔헌장의 철학은 유엔 사무총장에게 덜 공식적이고 덜 대중적인 속성의 광범위한 정치적, 외교적 행동의 가능성을 제공한다. 이러한 가능성의 범위 내에서 우리는 최근 몇 년 동안 매우 유익한 결과를 목격했다. 이러한 정치적, 외교적 활동과 관련하여 유엔 사무총장이 스스로를 어떤 정부 또는 다른 정부에게 강요해야 한다고 생각하지는 않지만 이러한 모든 위험성에 대한 고려 없이 유엔헌장의 정신에 따라 회원국들이 도움을 요청한 범위 내에서 대응하는 것이 그의 의무라고 생각한다.[124]

함마숄드의 추론 이면에는 유엔 사무총장이 유엔을 교착상태로부터 구해 낼 수 있는 유엔기관이 되어야 한다는 뜻이 담겨 있었다. 이것이 유엔 사무총장이 어떤 문제에 대해 강대국들의 반대에도 불구하고, 또 관련 당사국들이 논의를 원하지 않더라도 안전보장이사회 의제에 안건으로 포함시킬 수 있는 무조건적인 권리를 가지는 유일한 이유였다. 함마숄드 유엔 전 사무총장은 현 시대에 어떤 "신성

---

124 Joseph P. Lash, "Dag Hammarskjold's Conception of his Office," *op. cit.*, p. 550.

함"으로 가는 길은 어쩔 수 없이 "행동의 세계"를 통과해야 한다는 신념을 가진 사람이었다.[125] 그의 강력한 정치철학적 확신과 종교적 신념이 없었더라면 그의 눈부신 성공은 불가능했을 것이다.[126] 다시 말해, 다그 함마숄드 유엔 전 사무총장은 유엔에서 유엔 회원국들의 권력을 향한 투쟁의 바다에서 영감을 받은 오디세우스와 같았다.

125 Peter B. Heller, *op. cit.*, p. x.

126 Henry P. Van Dusen, *Dag Hammarskjold: The Statesman and His Faith,* New York: Harper and Row, 1967, p. xii.

제7장

포스트-함마숄드 사무총장들의 리더십

1961년 9월 함마숄드 사무총장이 서거했을 때 유엔에 대한 그의 유용성의 전성기는 이미 지나간 뒤였다. 어느 사무총장도 유엔의 가장 중요한 회원국가들 가운데 한 국가에 의해서 적극적으로 불신을 받는다면 유엔에 결코 크게 기여를 할 수가 없다. 이러한 실추는 사무총장의 믿을 만하고 또 상상력이 넘치는 개성에도 불구하고 발생하는 것이 아니라 오히려 바로 그런 개성 때문에 발생한다. 함마숄드는 상당히 자기방식대로 행동하면서 유엔이 자기를 따르지 않는다는 것을 알았다. 유엔의 권위란 궁극적으로 사무총장에게 있는 것이 아니라 회원국들에게 있기 때문에 그는 매우 불리한 입장에 있었다. 그의 경험은 고도의 정치문제에서 사무총장의 개성이 아주 중요한 요소라는 생각에 심각한 타격을 가했다.[127] 트리그브 리 초대 사무총장의 재임기간이 이미 그런 생각에 심각한 결함이 있다는 것을 시사했었다.

127 Allan James, "Secretary-General: a Comparative Analysis," in G.R. Berridge and A. Jennings, eds., *Diplomacy at the UN,* New York: St. Martin's Press, 1985, p. 44.

함마숄드는 규칙이라기보다는 하나의 예외적 경우였으며 자기의 재임기간을 완전히 활용한 특이한 인물이었다. 1961년 그의 사망 이후 그 어떤 다른 시기에서도 그가 행한 것과 똑같은 권능으로 사무총장직이 기능하거나 혹은 그가 거둔 업적을 달성할 수 있었을 것 같지는 않다.[128]

그러나 그의 후임 사무총장들은 함마숄드의 무시할 수 없는 커다란 그림자 속에서 자신의 직책을 수행해야만 했다. 더구나 그의 그림자는 마땅한 정도를 넘어 크게 부풀려져 있었다. 그로 인해 오랫동안 유엔 사무총장이 행사할 수 있는 정치적 영향력에 비현실적인 기대감을 낳게 되었다.[129] 함마숄드의 이런 새로운 본보기적 리더십 스타일은 미국 정치에서 우드로 윌슨 대통령의 리더십과 어느 정도 안전하게 비교될 수 있을 것이다. 왜냐하면 정치적 리더십이 미국의 정치적 담론에서 처음 존경을 받게 된 것은 원칙적으로 자유주의적 전통에 대한 윌슨의 재해석을 통해서 이루어졌기 때문이다. 미국인들이 자유주의자를 보다 더 큰 민주주의와 사회적 변화를 위한 진보주의자로 생각하게 된 것은 그의 영향력에서 기인했다.[130] 오늘날에 와서야 함마숄드가 하나의 규범이 아니라 오히려 예외로 간주되게 된 것은 그 후 시간의 흐름과 함께한 비교의 결과이다. 즉 국제사회에서 유엔의 강력한 사무총장은 별로 환영받지 못하고 따라서 특별히

---

128 Larry Trachtenberg, "Dag Hammarskjold as a Leader: a Problem of Definition," *International Journal,* vol. 37 (1982), p. 634.

129 Allan James, *op. cit.*, p. 47.

130 Robert Eden, *Political Leadership & Nihilism,* Gainesville, Florida: University Press of Florida, 1983, pp. 1-35 참조.

국가 간 기구라는 현실이 재인식된 것이다. 궁극적으로 사무총장이 얼마나 많은 영향력과 관습적으로 크지 않은 재량권을 갖는지를 결정하는 것은 바로 회원국가들이기 때문이다. 이 진실은 오래되지 않아 곧 입증되었다.

함마숄드가 사망한 후 소련은 미래의 모든 사무총장의 권위를 결연히 꺾으려고 했으며 또한 계속해서 "삼두체제"(troika)나 그것의 변형 형태를 제안했다. 우 탄트(U Thant) 버마 유엔상주대표가 그런 시도는 유엔을 약화시키기 위해 계획된 것이라고 주장하면서 그런 아이디어를 공격했다. 그가 후에 소련 그로미코(Gromyko) 외무부장관을 만났을 때 그로미코는 만일 새 사무총장이 비 서방 국가에서 나온다면 소련은 삼두체제를 고집하지 않을 것이라고 분명하게 말했다.[131] 곧 우 탄트가 사무총장직에 유력한 후보자로 떠올랐으며 그의 임명은 미국 및 소련과의 관계에 있어서 비동맹국인 버마의 유리한 국제적 지위와 유엔에서 보다 유능한 유엔 상주대표들 가운데 한 사람이라는 그의 명성을 반영했다. 그는 참을성 있고 신중하게 알제리의 독립에 관한 아프리카-아시아 위원회(Afro-Asian Committee on Algerian Independence)의 의장으로서 일했다. 1955년에 그는 곧 비동맹운동(Non-Alignment Movement)을 낳을 아시아-아프리카회의를 조직하는 데 힘을 보탰고 또 비서 역할을 수행했었다. 1961년 11월 그는 안보리에서 만장일치의 지지와 총회의 반대 없이 임시 사무총장(Acting Secretary-General)으로 선출되었다. 삼두체제에 대한 고집을 버

131 Thant Myint-U and Amy Scott, *The UN Secretariat: A Brief History (1945-2006),* New York: International Peace Academy, 2007, p. 38.

린 소련은 이제 서로 다른 국제 "진영들"을 대변하는 고위관리협회의 설립을 요구하고 있었으며 소련의 요구는 오히려 이에 대한 대응 요구들에 직면했다. 그러나 우 탄트는 어떤 국가로부터든 지시를 받지 않을 것이라는 단호한 입장을 취했다. 그는 1962년 11월 소련이 반대를 철회한 뒤 제3대 사무총장으로 선출되었다. 그는 흐루시초프를 직접 만났으며 쿠바미사일 위기를 다루는 솜씨를 보고서 이 소련 지도자는 우 탄트가 소련이 얻을 수 있는 어쩌면 최선의 사무총장이라고 생각하게 되었다.[132]

우 탄트는 국제기구의 그야말로 최초의 비서방세계 출신 수장이 되었다. 그리고 그는 제3세계의 신개발 의제를 열성적으로 옹호했다. 개발과 경제 및 사회적 문제들에 대한 유엔의 관료제가 거대한 확장을 가져온 것은 그의 임기 중에 있었던 일이었다. 실제로 1961년 유엔총회 연설에서 빈부국가 간 소득의 격차에 관심을 갖게 하고 이른바 "개발연대"(decade of development)를 구축해 경제 및 사회개발을 위한 집중적인 유엔계획을 승인하도록 이끈 것은 케네디 대통령이었다. 유엔이 국제안보문제에 상당히 제약을 받고 있을 때 개발 의제는 사무총장에게 지속적으로 높은 관심의 역할과 미국과 소련 양국과 다 같이 거래할 수 있는 지지기반을 제공했다. 유엔체제의 경제 및 사회적 분야는 당시에 개발문제에 대해 신선한 사고유형을 제시하면서 지구적 개발의제의 강력한 지성적 중심부로 간주되었다.

그러나 우 탄트의 최초 정치적 도전은 콩고에 있었다. 그곳에서

132 Nikita Khrushchev, *Khrushchev Remembers: The Last Testament*, Boston: Little Brown, 1974, pp. 484-485.

1961년 겨울에 그는 그랜드슬램작전(Operation Grand Slam)을 승인했는데 그것은 카탕가(Katanga) 지역 분리를 효과적으로 종식시킨 대규모 군사작전이었다. 그는 쿠바의 미사일 위기를 해소하는 데 수행한 그의 역할에 대해 칭송을 받았고 그것은 그의 위신을 크게 높였으며 그의 1962년 사무총장 임명을 촉진시켰다. 그는 또한 1965년 인도-파키스탄 전쟁에서 중재역할을 수행했으며 아직 잘 알려져 있지는 않지만 예멘, 바레인과 그 밖에서 성공적 역할을 수행했다. 그러나 1965년과 1966년 베트남 전쟁에서 그의 중재하려는 시도들은 아무런 소득 없이 끝났으며 베트남 전쟁에 대한 그의 초기 공개적 비판들이 그에 대한 미국의 비난을 초래했다. 나아가서 그는 1967년 중동에서 유엔비상군(UNEF)의 철수를 처리하는 방법으로 크게 비판 받았고 또 총회에서 새롭게 등장한 소위 제3세계의 다수(majority)에 대한 입장 차이로 인해 우 탄트 사무총장은 미국과 서로 멀어지게 되었다. 그러나 자신을 제3세계의 이익과 관련시킴으로써 그리고 평화운동이 전 서방세계에 열기를 더해 갈 때 베트남 전쟁에 공개적으로 반대의 목소리를 그는 안보리의 교착상태가 지리하게 이어지던 시기에 사무총장직을 위한 공적 활동영역을 발견할 수 있었다. 그는 사무총장의 역할을 한때 미국의 프랭클린 루즈벨트 대통령이 제시한 개념인 "조정자"(moderator)로 서술하였다.[133]

쿠르트 발트하임(Kurt Waldheim)은 1972년 초에 제4대 유엔 사무총장이 되었는데 당시 많은 사람들이 유엔 사무총장직의 전성기

133 U Thant, *View from the UN: the Memoirs of U Thant,* Garden City, New York: Doubleday, 1978, pp. 27-31.

가 이미 지나가 버렸다고 생각할 때였다. 발트하임 사무총장은 인사 문제에 있어서 상주공관들로부터의 간섭을 차단하려 하지 않았다. 전임자들인 리와 함마숄드에게 일어났었던 일들을 고려하여 발트하임은 의식적으로 소련의 비위를 거슬리려 하지 않았으며 소련은 사무총장이 소련인들을 특정 자리에 임명해야 한다고 계속 고집을 부렸다. 그는 또한 이런 방식으로 중국인들을 달래려고 시도했다. 회원국가의 압력에 굴복하는 그의 경향으로 인하여 그의 직원들은 점점 사기를 잃었다. 증가하는 초강대국들의 무관심 속에서도 유엔의 존재성을 유지하려는 발트하임의 시도에도 불구하고 그의 모든 재임 기간은 자신의 정치적 공간을 확보하려는 능력이 아주 낮은 수준이었던 시기를 대변했다. 자신의 임기 중에 유엔 사무국의 관료제도를 약간 확장시켰음에도 불구하고 발트하임은 자신의 전임자들이 수립해 놓은 정치적 행위를 위한 전례들 위에서 한 걸음도 더 발전시킬 수 없었다. 1972년 뮌헨(Munich) 하계올림픽에서 이스라엘 선수들의 거듭된 공중납치와 죽음이 발생함에 따라 유엔은 테러리즘을 총회의 의제로 삼았다. 그러나 그 문제는 발전도상국들을 분열시켰고 그 와중에 묻혀 버렸으며 발트하임 사무총장은 유엔의 약점을 노출시키고 서방세계의 우려를 불러일으킨다고 비판받았다. 그리하여 그는 서서히 유엔의 다수결에 의해서 이미 지지를 받고 있는 입장만을 표명하는 것이 제일 안전하다는 것을 알게 되었다.[134] 그 사이에 발전도상국들은 77그룹(Group 77)으로 함께 뭉쳐서 "신국제질서"(New International Order)의 수립을 요구했다. 또한 반이스라엘적일 뿐만 아니라 반미국적인 표

134 Thant Myint-U and Amy Scott, *op. cit.*, p. 65.

명에서 유엔총회의신 다수결은 시오니즘을 인종주의와 동일시하는 논란의 소지가 많은 결의안을 (나중에 폐기되었지만) 통과시켰다.

그럼에도 불구하고 여러 개의 새로운 평화유지 임무들이 중동에서 수립되었고 유엔은 키프로스(Cyprus)의 갈등해소 시도와 나미비아(Namibia)에 대한 협상 및 방글라데시(Bangladesh)의 부흥에 기여했다. 그러나 중재자로서 발트하임 사무총장은 언제나 국제적으로 훨씬 더 적극적인 미국의 대통령들과 키신저 국무장관의 그림자 속에 묻혀 있었다. 그는 베트남 전쟁과 캄보디아에서 전쟁을 종식시키는 협상에 완전히 무관심하거나 주변에 머물렀다. 1981년까지 발트하임 사무총장은 중동, 소련의 아프가니스탄 침공, 이란에서 미국인의 인질사건 그리고 미소 간 군비협상과 같은 모든 중요한 문제들에서 사실상 고립되었다. 발트하임은 세 번째 연임하기를 원했지만 중국이 이제 새로운 사무총장이 나와야 되고 또 그는 제3세계 출신이어야 한다고 주장하면서 거부권을 행사하여[135] 그의 희망은 좌절 되었다.

제5대 하비에르 페레스 데 케야르(Javier Perez de Cuellar) 유엔 사무총장은 유엔 사무국에서 처음에는 키프로스 특별대표(Special Representative for Cyprus)로서 그리고 그 후엔 브라이언 어카트(Brian Urquhart)와 함께 특별정치문제를 위한 사무차장(Undersecretary-General)으로 봉사했었던 높이 존경받는 외교관이었다. 그는 최초의 남미 출신이었고 또 그때까지 유엔 중재역할의 배경을 가진 유일한 사무총장이었다. 1981년 선발과정에서 그가 절충 후보자로 등장한

135 James Daniel Ryan, *The United Nations under Kurt Waldheim, 1972-1981*, London: Scarecrow Press, 2001, p. 302.

뒤에 자신의 페루 정부로부터의 압력에도 불구하고 "성공적 사무총장직의 제1차적 조건은" 누구에게도 빚을 지지 않아야 한다는 믿음으로 자신을 위한 선출운동을 하지 않았다.[136]

케야르 사무총장은 세계의 지정학적 맥락이 어둠에 쌓일 때 직무를 시작했다. 최근에 소련은 아프가니스탄을 침공했고 베트남이 캄보디아를 침공했으며 냉전의 긴장이 다시 고조되었다. 제2의 냉전의 시대라고 부르기도 했던 때였다. 이란 혁명은 중동의 정치적 지형을 변경시켜 버렸다. 미국에선 신레이건 행정부가 들어서서 미국의 군사력을 강화하고 다자적 공약으로부터 벗어나려고 했다. 1982년 1월 진 커크패트릭(Jeane Kirkpatrick) 미국의 유엔상주 대사는 유엔이 미국에게 중대한 실망감을 안겨 주었다고 선언하면서 반미갈등의 온상으로 인식했다. 1983년에 레이건 대통령과 다른 미국의 정부 관리들은 유엔 본부를 다른 곳으로 이전하는 것을 환영한다고까지 말했다. 1985년 미국 의회는 카세바움-솔로몬 법안(Kassebaum-Solomon Amendment)을 통과시키고 유엔에서 예산문제에 대해 가중치 투표제도(weighted voting)가 도입될 때가지 미국의 유엔 분담금을 20%로 일방적으로 감소시켰다. 그 사이에 1984년 미국은 모든 이슈들의 정치화, 예산낭비 및 운영의 실패를 들어서 유네스코(UNESCO)에서 탈퇴했다. 케야르 새 사무총장이 1982년 1월 업무를 시작했을 때 그가 사무총장직을 전환시키고 광범위한 변화를 주도하리라고 믿는 사람은 거의 없었다. 그러나 그는 유엔을 이해한 일급 외교관이었으며 개인적

---

136 Javier Perez de Cuellar, *Pilgrimage for Peace: A Secretary-General's Memoir,* New York: St. Martin's Press, 1977, p. 26.

명성이나 영광에는 별로 관심이 없었고 또 은밀하게 일할 때 가장 행복했던 원숙한 외교 솜씨의 소유자였다.[137] 유엔 사무총장으로서 케야르는 동시에 자신의 이름으로 수행된 모든 것을 통제하고 다그 함마숄드처럼 신중하게 자신의 전투를 선택하는 매우 세심한 외교관이었다.[138] 그러나 그의 정치적 역할은 국제정치적 조건에 크게 영향 받았으며 초기 몇 년 동안 제약을 받았다. 일반적으로 그는 조용하고 끈질긴 외교를 상당히 중요시했다. 레바논과 중미와 같이 5개 상임이사국들의 이해관계가 걸려 있어 유엔 사무국의 어떤 역할도 저항 받는 곳에서조차 그와 그의 사무국 팀은 주변에서 끊임없이 밀어붙였고 종국에는 비판적 기능을 재발견했다. 그것은 온건하지만 현실적이었고 또 종종 유엔 사무총장에겐 불가결한 역할을 담당했다.[139]

1985년 소련 공산당 서기장으로 미하일 고르바초프(Mikhail Gorbachev)의 등장으로 미소관계가 해빙의 시작을 장식했다. 그리고 사무총장과 좋은 관계를 맺고 있는 버논 월터즈(Vernon Walters)가 미국의 유엔상주 대표가 되었다. 그런 상황 속에서 케야르 사무총장은 자신의 역할이 개인적 용기와 헌장 제99조의 적극적인 활용에 달려 있다는 것을 지적하면서 자신의 날개를 펼치기 시작했다. 1986년 그는 무지개 전사(Rainbow Warrior)라는 이름의 생태 보전주의자들의 선박문제에 관해 프랑스와 뉴질랜드 사이의 정치적 거래를 주재했다. 1987년 이란-이라크 전쟁에 대한 그의 외교적 노력은 즉각적인 휴전

137 George Lankevich, *The United Nations under Javier Perez de Cuellar, 1982-1991,* London: Scarecrow Press, p. 21.

138 Thant Myint-U and Amy Scott, *op. cit.*, p. 79.

139 *Ibid.*

과 병력 철수를 요구하는 안보리 결의안 제598호 채택이라는 결과를 낳았다. 안보리 결의안은 양국에 의해서 마침내 수락되었고, 그는 크게 만족했다. 그는 또한 비록 성공하지는 못했지만 그리스계와 터키계의 키프로스인들(Cypriots) 간에 새로운 일련의 회담을 시작했다. 그 사이에 그가 1982년 아프가니스탄을 위해 임명했던 디에고 코르도베즈(Diego Cordovez) 사무차장이 아프가니스탄으로부터 소련군의 철수를 마련하는 제네바 협정을 타결시켜 유엔은 높은 평가를 받았다. 1988년 케야르 사무총장은 유엔의 평화유지와 외교에 대한 자신의 통제력을 강화하고 자신이 새로운 기회가 열리고 있는 중동, 사이프러스 및 아프가니스탄에서 평화를 위한 유엔의 역할과 노력에 완전한 책임을 맡는다고 발표하였다.[140]

1988년 수십 년에 걸쳐 유엔 평화유지군의 공헌과 희생을 인정하여 노벨 평화상이 유엔의 평화유지군에게 수여되었다. 1989년 앙골라로부터 쿠바 병력철수, 나미비아의 독립으로의 전환과 니카라과의 휴전을 감독하는 일을 포함하여 4개의 새 평화유지임무가 승인되었는데 여기서 사무총장 자신이 선거과정을 확인하는 관찰임무를 승인하였다. 케야르 사무총장의 두 번째 임기가 끝날 때까지 안보리는 앙골라, 엘살바도르 그리고 캄보디아에서 내전을 종식시키는 작전을 수립했으며 또한 걸프전에서 이라크에 대한 무력사용도 승인했다. 그리하여 유엔은 "신국제질서"의 중심부에 있는 것처럼 보였다. 안보리의 상임이사국들 간의 우호가 안보리와 사무국 간에 새로운 협력의 기회를 창조했다.[141] 그가 3선을 추구하도록 자국 페루 대통령의

140 *Ibid.*, p. 80.

호소도 있었지만 그러나 그는 71세 나이와 어느 사무총장의 영향력도 10년 후에는 제한될 것임을 알고 있었기에 거절했다. 비록 역사는 그를 "행정수반의 관리자 모델로서가 아니라 중재자와 조정자"로 기억하겠지만,[142] 케야르는 유엔 사무국이 결국 무엇이고 또 무엇이 아닌지에 대해 분명한 이해력을 갖고 있었다.

부트로스 부트로스-갈리(Boutros Boutros-Ghali)가 유엔의 제6대 사무총장으로 임명될 때 그는 지금까지 사무총장 중 가장 나이가 많은 69세였다. 그는 또한 함마숄드 이후 유엔에서 일한 경험이 전혀 없는 최초의 인물이었다. 그러나 함마숄드처럼 그도 과감한 변화의 계획을 가지고 그것을 시도하려는 결의에 차 있었다.[143] 부트로스-갈리는 트리그브 리 초대 사무총장처럼 유엔의 역사에서 아주 낙관적 시점에서 사무총장직에 오른 사무총장이었다. 냉전의 종식과 함께 모든 것이 가능한 것처럼 보였다. 그러나 그런 낙관적인 순간은 오래 가지 못했다. 부트로스-갈리 사무총장이 붕괴된 소비에트연방공화국과 동유럽으로부터 새로운 회원국들을 환영했던 처음 수개월 동안에 그는 또한 유고슬라비아, 캄보디아, 엘살바도르, 서부 사하라 및 소말리아에서 전개되는 위기들에 직면했다. 일 년도 안 되어 유고슬라비아와 소말리아 문제는 유엔 자체에 위기가 되어 버렸다. 특히 1990년대 초 유엔 사무국은 아주 바쁜 곳이 되었다. 조직해야 할 새로운 평화임무의 수행뿐만 아니라 1990년대 초는 1992년 리오지구정상회

141 Perez de Cuellar, *Anarchy or Order: Annual Reports 1982-1991,* New York: United Nations, 1991, pp. 341-342.

142 George Lankevich, *op. cit.*, p. 114.

143 Thant Myint-U and Amy Scott, *op. cit.*, p. 84.

의(Rio Earth Summit)를 시작으로 하여 1993년 인권에 관한 비엔나 정상회의, 1994년 카이로에서 인구에 관한 회의, 1995년 사회발전에 관한 코펜하겐회의 및 1995년 여성에 관한 베이징회의로 계속되는 "대규모 회의들"(mega-conferences)의 시대였다. 1980년대 말과 1990년대 초의 낙관주의 시대에 착수된 이런 행사들은 중요한 규범적 영향을 미쳤지만 그러나 후속 작업들은 예산상의 위기와 감소하는 낙관주의 속에서 시들해져 버렸다.

부트로스-갈리 사무총장은 소말리아 문제에서 새로운 고도의 모험적 역할을 안보리에 맡겼고, 유고슬라비아에서의 임무 확대를 감독했고, 아프가니스탄에서 평화노력을 촉진시켰으며, 만일 합의가 연말까지 이루어지지 않으면 사이프러스에서의 평화유지군을 철수시키겠다고 위협했다. 그는 나미비아, 모잠비크, 엘살바도르, 캄보디아 그리고 아이티에서 다차원적 작전을 경험했으며 1992년 12월 마케도니아에 도착한 최초의 예방전개임무를 밀어붙였다. 차후 많은 위기들 속에서 부트로스-갈리의 결정들 중에 어떤 것들은 국제사회와 안보리의 보다 더 광범위한 실패의 원인이 되었다. 소말리아에서 부트로스-갈리의 외교적 배경은 이집트와 미국이 친소 에티오피아 대항하여 그의 정권을 지원했던 시절에서부터 과거 소말리아의 지배자 시아드 바레(Siad Barre)와 연계되었다. 부트로스-갈리는 아마도 그를 자신들에게 편파적이라고 간주한 모하메드 파라 아이디드(Mohamed Farah Aideed)와 다른 군벌들과의 관계에서 이런 사실이 얼마나 자기의 지위를 손상시키는지에 대해서 전혀 인식하지 못했던 것 같았다.

유엔의 임무가 원래 인도주의적 목적으로부터 평화강제와 무장해제의 보다 폭넓은 전략으로 전환됨에 따라 아이디드와의 대결이 뒤따랐다. 이것은 1993년 10월 18명의 미군 정찰대원의 사망과 미군의 철수 그리고 1994년 5월 평화 강제임무에 미군개입을 금지시키는 미국의 대통령 명령(Presidential Directive)으로 절정에 달했다. 다른 사례의 경우에 비난을 초래한 것은 사무총장의 무관심이었다. 발칸에서 부트로스-갈리 사무총장은 개입보다는 중재를 주장하면서 안보리가 "부자의 전쟁"(a rich man's war)에 사로잡혀 있다고 비난했다. 르완다에서 유엔의 실패는 사무국의 보수주의에서 안보리의 조심성에 이르는 여러 요인들에 의해서 과잉 결정(over-determined)되었다. 그러나 부트로스-갈리는 이제 "평화유지활동의 피로감"이 축적되었다고 생각하고 안보리에 르완다에서 학살이 자행되고 있다는 것을 세계에 확신시키기 위해 한 일이 별로 없었다.[144] 그리하여 1994년 4월과 6월 사이에 유엔평화유지군이 방관하고 있는 동안에 80만 명 이상의 르완다 인들이 잔인하게 죽임을 당했다. 1995년 1월부터 미국의회에서 공화당의 정치혁명과 결합하여 소말리아 사건은 미국으로 하여금 부트로스-갈리에게 등을 돌리게 했고, 1996년 클린턴 행정부는 그의 재임명을 거부할 의사를 분명히 했다. 그의 재임명 문제에서 미국은 고립되었지만 미국은 안보리에서 홀로 결정적인 영향력을 발휘한 거부권을 행사했다.

그 어느 사무총장보다 더욱 학자적이었던 부트로스-갈리는 지성적 리더십을 과시하려고 애썼다. 그는 어젠다를 설정하는 사무총장이었으며 발빠르게 움직여 탈냉전 시대에 갈등을 종식시키고 예

144 *Ibid.*, p. 94.

방하는 청사진에 대한 안보리의 요청에 부응하여 자신의 "평화를 위한 어젠다"(Agenda for Peace)를 내놓았다. 1995년 "평화를 위한 아제다의 보충안"(Supplement to the Agenda for Peace)에서 그는 변화를 위한 촉구를 재천명하고, 갈등의 미시적 관리에 대해 안보리와 미국을 비판하고 또 중재와 평화유지활동 특히 유능한 외교관들과 감독관들을 채용하기 위해 더 많은 자원과 자유적 권한이 필요하다고 주장했다. 또한 1994년 "개발을 위한 어젠다"(Agenda for Development) 그리고 1996년엔 "민주화를 위한 어젠다"(Agenda for Democratization)를 "평화를 위한 어젠다"의 속편으로 계속 내놓았다. 그러나 그 가운데 어느 것도 충분한 영향력을 미치지 못했다. 아마도 부트로스-갈리는 유엔 사무총장들 가운데 가장 전투적인 인물이었을 것이다. 그의 임기 첫 해 말에 그는 보스니아에 대한 집중적 관심으로 아프리카 국가들을 소외시켰고, 그의 공개적이고 비판적인 자세로 상임이사국들, 유엔 직원들 그리고 많은 언론인들을 소외시켜 버렸다.[145] 그러나 그의 몰락을 초래한 것은 무엇보다도 그의 미국과의 관계였다.

코피 아난(Kofi Annan) 제7대 유엔 사무총장은 1962년 이래 유엔 사무국에서 잔뼈가 굵은 인물로 그의 어떤 전임자보다 유엔의 내부에 관해서 더 잘 알고 있었다. 그의 사무총장직 입후보는 클린턴 행정부에 의해서 적극적으로 추진되었으며 그 결과 "미국의 후보"(American candidate)라는 그의 지위는 장점인 동시에 약점이었다. 그는 제7대 사무총장으로 임명되기 전에 유엔의 평화유지 운영담당 사무

145 Boutros Boutros-Ghali, *Unvanquished: A US-UN Saga*, New York: Random House, 1999, p. 45.

차장이었다. 이러한 사실은 프랑스가 어느 정도의 정치적일 수밖에 없는 각료로서의 경험이 있어야 한다고 주장했음에도 불구하고 그의 유엔 경력이 긍정적으로 평가되었다. 아난 사무총장은 보스니아와 르완다에서 유엔의 실패를 포함하여 유엔평화유지활동이 그 수와 복잡성에서 급속도로 증가하는 시기에 평화유지활동을 주재했었다. 그러나 짧은 기간 동안이나마 과거 유고슬라비아에 대한 사무총장의 특별대표로서 그의 활동은 많은 국가들의 관리들에게 인상적이었다.[146] 아난은 조심스럽게 시작했다. 그러나 그는 자신이 과거 어느 전임자 못지않게 야심적인 의제 설정자임을 입증했다.

아난은 현실주의적 기대의 시기에 사무총장이 되었고 이것이 그의 정치적 역할을 형성하는 요인이었다. 그는 중동의 평화회담에서 유엔의 어떤 역할의 전망도 내다보지 않았고 또 보스니아에서 전범으로 고발된 자들을 찾아내고 체포하는 일에 유엔의 경찰수행병력의 사용도 배제했다. 그에 따라 아난 사무총장은 안보리에서 몇 개의 임무들을 종결하도록 권고하고 조심스럽게 새 업무들을 제시했다. 아난의 중재가 여러 가지 맥락에서 이용되었다. 1998년에 그는 안보리의 결의안들에 대한 이라크의 준수를 확보하려도 시도했다. 1999년엔 1988년 로커비(Lockerbie) 폭격에 대한 리비아와 유엔 안보리 간의 정체상태를 해소하는 합의를 모색했다. 또한 그는 중동에서 평화노력을 지원하기 위해 상당한 시간과 노력을 헌신했다. 그의 정치적 역할은 그가 자신의 직책의 막중함을 인식하고 세계에서 진행되고 있는 모든 갈등에 대해서 발언할 것이라는 새롭게 형성된 기대로부터 압력

146 Thant Myint-U and Amy Scott, *op. cit.*, p. 98.

을 받았다. 모든 문제에 대해 치밀하게 계산된 입장을 취할 수 없기에 그는 일관된 입장을 표명하지 못하기도 했다.[147] 일반적으로 아난의 직무수행 시간은 조용한 외교와 중재보다는 평화유지업무에 더 많이 할애되었다. 먼저 코소보와 동티모르에서 그리고 그 후엔 에티오피아-에리트리아, 콩고, 라이베리아, 시에라리온, 코트디부아르, 수단, 그리고 아프가니스탄에서 평화유지활동의 재탄생을 감독하면서 그는 무엇보다도 평화유지관리자의 모습을 보여 주었다. 그리하여 그의 두 번째 임기가 끝날 즈음에 유엔은 유엔의 역사에서 그 어느 때 보다 더 많은 평화유지군을 파견했다.

코피 아난 사무총장도 아주 야심적인 의제 설정자였다. 1998년 그는 "책임에 입각한 국가 주권의 새로운 개념"을 제시했다. 그것은 국가들이 스스로 자신의 책임을 다하지 못했을 때 유엔이 무엇을 해야 하는지에 대해서 그리고 인도주의적 개입에 관한 길고도 때로는 아주 날카로운 논쟁의 대상이 되었다. 중대한 전환점은 코소보에 대한 북대서양조약기구(NATO)의 개입이 있었는데 이것이 유엔안보리의 승인 없이 행해졌다. 그것은 인권과 인도주의적 비상사태에 대한 대응이었다. 유엔 회원국들은 그가 어떻게 행동해야 하는가에 대해 서로 간 엇갈렸다. 그러나 아난 사무총장은 국가의 주권과 특권들에 대한 전통적 해석을 넘어서 나중에 "보호책임"(responsibility to protect)이라고 명명될 것을 강조할 결연한 입장을 취하는 것처럼 보였다. "우리, 인민들"(We the peoples)이라는 아난 사무총장의 2000년 보고서는 회원국가들로 하여금 빈곤과 불평등을 종식시키고, 교육을

147 *Ibid.*, p. 107.

개선하며, 에이즈(HIV/AIDS)를 감소시키고, 환경을 안전하게 보호하고 또 인민들을 치명적 갈등과 폭력으로부터 보호할 행동계획에 헌신하도록 촉구했다.[148] 그리고 그것은 역시 아난 사무총장이 제안했던 새천년 유엔정상회의에서 국가와 정부의 정상들에 의해서 채택된 "새천년 선언"의 토대를 이루었다. 또한 그는 "글로벌 콤팩트"(Global Compact)도 착수했는데 이것은 세계의 사회 경제적 욕구를 충족시키는 방향으로 세계시장을 지향하도록 세계의 기업공동체, 노동과 시민사회기구들의 지도자들을 접촉하는 시도였다. 50명이 넘는 세계의 최고경영자(CEO)들이 이 시도에 참여했다. 그것은 전통적으로 국제기업에 적대적으로 간주된 하나의 관료제에는 중대한 전환이었다.

2000년 같은 해에 아난 사무총장은 알제리 외교관 라크흐다르 브라히미(Lakhdar Brahimi)가 주도하는 패널에 유엔평화작전에 대한 보고서를 위촉했다. 그리고 이 "브라히미 보고서"는 평화유지작전과 교리 및 작전에 관해 전면적인 변화를 권고했다.[149] 그러나 이 보고서는 유엔총회에 의해서 수락되지 않았다. 또한 유엔 사무국에 의해서 적절히 시행되지 않았다. 그럼에도 불구하고 아난은 유엔의 개혁자로 간주되고 인기도 높았다. 그는 2000년에 새천년 정상회의를 성공적으로 주재했었고 또 많은 새 평화유지작전을 능숙하게 처리했다. 그리하여 2001년 여름에 그는 아무런 반대 없이 사무총장으로 재임명 되었으며 또 2001년 10월 노벨 평화상을 수상했는데, 사무총장

148 Report of the Secretary-General, *We the Peoples: The Role of the United Nations in the 21st Century,* UN doc. A/54/2000, 2000.

149 *Report of the Panel on the United Nations Peace Operations,* UN doc. A/55/305 and S/2008/809, 21 August 2000.

재임 중에 그 상을 받은 유일한 사무총장이 되었다.

그러나 상황이 변하기 시작했고 2001년 9월 미국이 테러분자들의 공격을 받았을 때 사무총장의 정치적 맥락이 극적으로 변했다. 미국정부는 자국이 전쟁상태에 있다고 간주했다. 10월 미국의 조지 부시(George W. Bush) 대통령은 유엔총회에서 행한 연설에서 선과 악으로 구별하는 세계관을 제시하면서 유엔에게 유엔의 적합성을 과시하고 또 미국을 도와 달라고 촉구했다. 미국이 아프가니스탄 정부를 축출한 뒤 유엔도 바로 그렇게 했다. 코피 아난 사무총장은 브라히미를 카불(Kabul)에 파견했고 그곳에서 그와 그의 보좌관들이 함께 새로운 정권을 만들어 냈다. 이 모든 일은 회원국가들로부터 광범위한 지지를 받았다. 그러나 1년 후 미국이 처음엔 위협만 했지만 후에 대이라크 전쟁에 들어가자 회원국들은 깊이 분열되었다. 그 후부터 아난 사무총장은 한편으로는 미국·영국과 다른 한편으론 나머지 세계 사이에 끼게 되었다. 그 속에서 균형잡기란 불가능한 일이었다. 유엔에 별 관심 없는 미국행정부와 다시 유엔을 관련시키려는 그의 노력으로 인해 제3세계 국가들 사이에서 많은 지지를 잃었다. 이라크 전쟁이 시작한 뒤 범세계적인 자아분석의 순간에 아난 사무총장은 세상이 1945년 유엔이 창설되던 때와는 크게 달라졌다는 것을 인식하고 회원국들에게 유엔의 역할과 방향을 재고하도록 진작시켰다.

2003년 9월에 아난 사무총장은 전 지구적 평화 안전에 대한 당대의 위협에 대한 엄밀한 분석의 과업을 수행할 "위협, 도전 및 변화에 관한 고위급 패널(High-level Panel on Threats, Challenges, and Change)을 설치했다. "보다 안전한 세계"(A More Secure World)

라는 패널 보고서가 발표되었고 그 권고안들 가운데 많은 것들이 2005년 3월 회원국들에게 "더 큰 자유로"(In Larger Freedom)라는 제목의 보고서로 사무총장에 의해 승인되었다. 이 두 보고서는 새로운 평화건설위원단(Peace-building Commission)과 인권이사회(Human Rights Council)를 창설한 2006년 9월 정상회의에서 합의된 공식 문건을 낳았으며, "보호책임"의 개념을 승인했고 또 새천년개발목표들(Millennium Development Goals)에 대한 유엔의 헌신을 재확인했다. 어떤 회원국들에게는 가장 중요했을 안보리의 확대 문제가 결국 폐기되자 안보리 상임이사국의 지위를 열망했던 브라질, 독일, 인도 그리고 일본의 4개국들은 크게 실망했다. 사무총장으로서 코피 아난의 두 번째 임기가 끝나가자 부트로스-갈리 사무총장의 취임 때부터 계산하여 15년간에 걸친 아프리카 출신 사무총장의 긴 재임 기간과 제3대 우 탄트 사무총장 이후 이미 30년 이상이 지났다는 사실이 고려되어 다음 8대 사무총장은 아시아의 차례임이 널리 받아들여졌다.

2007년 1월 제8대 유엔 사무총장에 취임한 반기문은 안보리가 연예인 같은 사무총장이 아니라 겸허한 인물을 원하고 또 기대한다는 것을 잘 이해하고 있는 것처럼 그는 전형적인 관리자형 리더십 모델을 따랐다. 반기문의 오랜 공직 경험과 배경은 비전가형 리더십 모델과는 거리가 멀었다. 그는 대한민국 정부의 관료로서 승진과정을 통해 외교통상부 장관까지 역임한 인물이다. 그의 명성은 실무적 외교관리로서 얻어진 것이며 대한민국 밖에서 대중적 이미지는 거의 없었다. 그의 첫 임기 5년 동안 텔레비전 화면을 장식하는 화려한 수사학이나 대범한 접근방식을 거의 보여 주지 못했다. 그럼에도 불구하고 그는 많은 여행을 통해 다양한 전문가들 및 일반대중들과 직접적인 접촉을 쌓아 갔지만 그의 바로 전임자인 코피 아난 같은 국제적 명사의 지위를 아직은 확보한 것 같지 않다. 이로 인해서 여전히 강력한 유엔을 기대하는 사람들로부터 비난을 받기도 했다. 그러나 유엔에서 국제사회가 직면하고 있는 자신들의 특수한 문제들에 초점을 맞추고 있는 사람들은 유엔의 긴 좌절의 역사에 몽매하다. 유엔은 이런 저런 문제들을 택해서 장기적 의제로서 그것들이 얼마나 봉사할지를 시도해 본 다음에 그것들이 더 이상 작용하지 않을 때에는 떨어내 버리는 역사로 가득 차 있다.[150] 이런 의미에서 반기문 사무총장의 리더십은 점진적으로 유엔을 항구적 유용한 국제기구로 만들어 가는 유엔에 적합한 사무총장인지도 모른다. 그러나 유엔에 대해 너무 미래 지향적인 그래서 근거 없는 유엔의 영광은 단념한다고 할지라도 제8대 반기문 유엔 사무총장이 보다 평화롭고 생산적인 위대한 리더십을 제공할지 아니면 힘 없는 유엔을 단순히 대표하고 말지에 대해 평가하기에는 아직 시기상조이다. 왜냐하면 그는 이제 막 자신의 두 번째 임기를 시작했기 때문이다. 그가 2017년 말 뉴욕에 소재하는 유엔 본부건물의 38층에 있는 사무총장실을 떠날 때 역사는 분명히 그의 리더십에 대한 총체적이고 객관적인 평가를 말해 줄 것이다.

유엔창설 이후 과거 8인의 사무총장들의 역사적 업무수행의 관점에서 볼 때 사무총장직에 근본적으로 어떤 질적인 변화가 있었다고 말하기는 어렵다. 냉전시대에 유엔 사무총장은 종종 국제적 양

150 Kenneth Anderson, *Living with the UN: American Responsibility and International Order*, Stanford, California: Hoover Institution Press, p. 271.

극체제의 안정을 위협할지도 모르는 위기들을 다루는 강대국 방식의 한 요소로 활동했고 또 그렇게 하는 속에서 사무총장은 평화로운 변화와 갈등의 타결에 기여하기도 했다. 탈냉전 시대에도 유엔 사무총장은 강대국정치의 제도적 필요성을 계속해서 충족시켰다. 안보리는 비록 그것이 표면적으로 합의에 입각하여 작동할 때조차 계속해서 국가이익에 기초했고 사무총장직도 역시 비록 비국가 행위자들과 세력들이 유엔의 의제에 점점 침입하는 경우에도 불구하고 국가간 경쟁적이고 발화성이 높은 국가 중심의 의제들에 의해서 계속 시달렸다. 사무총장들은 탈냉전의 시대에조차도 정치적으로나 재정적으로 독립적이지 않았다. 드러몬드의 관리자형 모텔이나 비전가형의 함마숄드의 모델과 질적으로 다른 사무총장직에 대한 어떤 탈냉전의 "보다 낳은 모델"도 찾기가 어렵다. 탈냉전 시대 글로벌식 사고의 발전과 확대는 유엔 사무총장으로 하여금 과거에 무시된 문제들과 지역에 대한 국제공동체의 책임을 공적으로 천명하는 일종의 "설교단"(pulpit) 이용을 더 많이 사용하도록 진작시켰다. 그러나 국제평화와 안전에 대한 개념이 넓어져 국내적, 사회적 및 경제적 요인들을 포함하는 때에도 사무총장들은 재정적 제약과 정치적 조심성으로 인해서 적극적 수단과 갈등 후 평화수립을 위한 자원을 부여받지 못했다.[151] 냉전이 종식되기 얼마 전에 로버트 조단(Robert Jordan)은 "정책결정과 정책집행에 대한 '글로벌 책임'과 '국가주의적 제약" 사이에 끼어 있는 '국제적 공무'는 모두가 인정하듯 불완전한 성취의 기준에 따

151 Edward Newman, *The UN Secretary-General from the Cold War to the New Era: A Global and Security Mandate?*New York: Palgrave, 1998, p. 193.

라 불완전한 방식으로 업무를 수행하면서 그럭저럭 해 나갈 수 있을 뿐이다"라고 말했었다.[152] 유엔 사무총장직은 여전히 이런 패러독스에 갇혀 있다. 왜냐하면 관리자형처럼 "그럭저럭" 해 나가면 유엔의 존재의미가 상실될 것이고 그렇다고 해서 "유엔의 정신을 구현"하겠다고 비전가형처럼 사무총장이 강하게 밀어붙인다면 안보리의 견책을 받거나 아니면 총회의 적대감을 받게 되어 "그럭저럭" 해 나가기조차 어려워질 것이기 때문이다.[153]

---

152 Robert S. Jordan, "Truly International Bureaucracies: Real or Imagined? In Lawrence S. Finkelstein, ed., *The Politics in the United Nations System,* Duram and London, Duke University Press, 1998, p. 441.

153 저자의 결론은 제12장에서 제시될 것이다.

제8장

냉전 종식 후 유엔헌장으로의 복귀와 현 국제체제의 특징

냉전이 종식되자 유엔은 마침내 한때나마 유엔헌장으로 복귀하여 유엔의 궁극적인 목적인 집단안전보장제도로 가는 길을 재개하는 것처럼 보였다. 걸프전에서 유엔이 승인하고 미국이 주도하는 연합군의 놀라울 정도로 신속한 승리 후 한동안 유엔의 창설자들이 계획했던 신국제질서가 마침내 도래한 것처럼 보였다. 이런 유엔의 재발견과 다자주의 새 시대에 대한 비전은 사무총장의 역할에 대한 안보리 상임이사국들의 태도에도 반영되었다. 그들은 유엔헌장이 요구하는 대로 국제평화와 안전을 유지할 유엔의 전망을 강화하기 위해 "평화의 의제"(Agenda for Peace) 작성임무를 사무총장에게 위임했다. 그리고 특히 1995년엔 전 세계가 국제평화와 안전을 지키는 유일한 보편적 국제기구인 유엔의 창설 50주년을 새롭게 점화한 희망의 횃불로 기념했으며 유엔에 대한 드높은 기대를 부활시켰다. 이런 맥락 속에서 사무총장에 대한 국제적 혹은 전 지구적 리더십에 대한 요구들이 있었다. 1995년 동년에 "글로벌 통치위원단"(Commission on Global Governance)

의 보고서는 글로벌 리더십이 국제문제를 위한 중차대한 도전이고 필연이라고 밝혔다.

다른 한편으로, 미국의 지도자들은 유엔을 통해서 미국의 지구적 안보의 짐이 이전될 수 있거나 적어도 다른 강대국들과 분담할 수 있을 수단으로 보기 시작했지만 여전히 그들은 유엔이 미국의 지구적 지도력하에서 사실상 유엔의 임무를 수행해야 한다고 가정하고 있었다. 왜냐하면 미국이 새로운 국제체제하에서 이제 유일한 초강대국이었기 때문이다. 국제사회는 단극적 국제체제의 세계에 진입했다. 어떤 의미에서 1991년 이래 우리 모두가 열린 지구적 경제가 극적으로 확장했고 또 가속화된 미국의 헤게모니하의 세계 속에 살게 된 것이다.[154] 따라서 이 체제는 바로 그 단극을 이루는 국가, 즉 미국에게는 국제체제적 제약이 작동하지 않는다.[155]

소위 "역사의 종언"과 새로운 경제적 세계화의 급상승의 덕택에 미국이 물론 세계에서 경제적으로 가장 중요한 국가이다. 그러나 미국은 군사적으로 단순히 가장 강력한 국가만이 아니다. 미국은 결정적인 초강대국이다. 토머스 프리드먼(Thomas Freedman)이 이미 지적했던 것처럼 세계는 이라크에서 북한에 이르기까지 세계화의 신체제를 위협하는 자들에 대항하여 미국의 힘의 존재성과 그 힘을 사용하려는 미국의 용의성에 의해서 지탱되고 있다. 숨은 시장의 손은 숨은 주먹이 없이 결코 작동하지 않을 것이다.[156] 평화를 유지하거나 회

154 Fareed Zakaria, *The Post-American World,* New York: W.W. Norton, 2008, p. 4.

155 Stephan G. Brooks and William C. Wohlforth, *World Out Of Balance: International Relations and the Challenge of American Primacy,* Princeton and Oxford; Princeton University Press, 2008, p. 4.

복시키기 위해 무력이 필요할 때 미국이 이끌지 않으면 평화가 유지되지 않는다. 그리하여 역설적으로 소위 "역사의 종언"은 미국 군사력의 중요한 역할을 오히려 새롭게 드높여 놓았다.

미국이 종종 유엔 내에서 타국들의 도움을 필요로 하거나 아니면 적어도 도움을 원하는 것이 사실이다. 미국이 때때로 타국의 도움을 원할지도 모르지만 그렇다고 해서 세계의 이곳저곳에서 주도적 지위를 잃지 않기 위해서 지나치게 많은 도움을 원치는 않는다. 사실상 타국들과 유엔이 그 반대의 경우보다 더 많이 미국에 의존하고 있다. 그러므로 미국이 그들에게 구사하는 압력 때문이든 아니면 그들이 미국을 필요로 하기 때문이든 간에 어떤 국가들은 미국을 따르는 것, 즉 미국에 편승하는 것 외엔 별다른 방법이 없다. 서유럽 국가들과 일본은 미국보다 더 중동의 석유에 의존하고 있다. 현재의 국제체제는 아프가니스탄에서 반테러 전쟁에서뿐만 아니라 이라크 전쟁에서 생생하게 보여 준 것처럼 미국만이 유엔의 군사작전을 조직하고 주도할 수 있는 유일한 초강대국이다.

근대국제체제의 역사에서 한 강대국의 지배는 다른 강대국들의 견제적 대응으로 방지되었다. 유럽의 강대국들은 근대국제체제의 처음 300년 동안 내내 서로 간 균형을 유지했다. 그 후 반세기 동안 미국과 소련은 각자가 자신의 영향권을 보호하고 또 그 안에서 상황을 관리하면서 서로가 균형을 잡았다. 그러나 냉전의 종식 이후엔 미국만이 세상에서 혼자 남았다. 어떤 강대국이나 그들 간의 결합도 미

---

156 Thomas L. Friedman, *The Lexus and the Olive Tree*, New York: Farrar, Straus, Giroux, 1999, p. 373.

국에게 효과적인 견제적 대응력을 제공하지 못한다. 국제정치의 세계에서 예상되듯 수익자들은 현재의 단극적 국제체제 속에서 힘의 불균형을 시정하려고 대화를 주도하려는 시도에 저항했다. 특히 프랑스 지도자들이 다극체제의 부재를 개탄하고 보다 강력한 유럽의 세력을 촉구했지만 그러나 상응하는 수단이 없이 그 목적의 실현을 바랄 수 없다.[157] 어떤 한 국가와 나머지 국가들 간의 불균형이 클 때 따라잡기란 어려운 것이다. 군사적 능력의 불균형이 현재의 국제정치를 이해하는 데 여전히 열쇠가 되고 있다.

그럼에도 불구하고, 국제정치의 본질적 성격에 관한 역사적 사실의 관점에서 볼 때 강대국들 사이에서 힘의 균형을 잡으려는 행동이 현재 단극적 국제체제 속에서 부재하다는 것은 아주 이상한 일이다. 그렇다면 왜 다른 강대국들이 미국의 헤게모니적 지위에 대항하여 균형을 잡으려고 시도하지 않는 것일까? 그것은 국제정치의 본질에 어긋나지 않는가? 국제정치의 현 조건은 부자연스럽다. 따라서 그것은 지속될 수 없다. 그러나 현재의 시점에서 미국에 대항하여 균형을 잡는다는 것은 생각할 수 없다. 무엇보다도 첫째로, 균형을 잡는 일이 행하기에 쉽지 않다. 균형을 잡는 일은 아주 비용이 많이 드는 일이다. 게다가 균형을 잡는 올바른 때란 정확하게 계산하기 어렵다. 더 나아가서 자국의 이익을 위해 유일한 초강대국에 편승하려는 유혹이 아주 매력적이다. 편승이 균형을 잡는 것보다도 값쌀 뿐만 아니라 편승함으로써 상당한 이득을 얻을 수 있기를 바랄 수 있다.[158] 바

157 Kenneth N. Waltz, "Globalization and Governance," *PS: Political Science and Politics,* Vol. 32, No. 4 (December 1996), p. 699.

로 이러한 이유로 인해서 지난 세기에서조차 적시에 균형을 잡을 기회들을 상실한 경우가 많았다. 예를 들어서, 영국, 프랑스 및 소련은 1930년대 내내 히틀러의 독일에 반대하는 데 실패했으며 또 제2차 세계대전이 이미 시작된 뒤에도 독일이 소련을 침공하고 일본이 미국을 공격할 때까지 균형은 이루어지지 않았다. 당시 국제연맹을 창설했던 강대국들이 침략자에 저항한다는 가혹한 의무로부터 침략자를 달래는 보다 편안하고 인기 있는 개념으로 자신들의 노력을 전환했다. 당시에 독재자들을 달래는 것이 인기가 없기는커녕 오히려 그런 유화정책은 열정적으로 찬양되었다.[159] 제네바에 있는 국제연맹의 박식한 법률가들은 뮌헨(Munich)협정이 인종적 구성에 따른 국경선의 조절을 대변했으며 따라서 자결의 개념과 양립할 수 있다고 지적했다. 주요 서방 국가들의 수도에 못지않게 그들은 뮌헨협정에 대해 안도했다. 심지어 약소국들조차 체코슬로바키아와의 단결에 대한 완전한 부재 속에서 당시 지배적인 환희에 동참했다. 몇 달 뒤에 뮌헨의 비판자들이 옳았음이 완전히 드러났지만 이미 그땐 그들이 자신들이 옳았었다는 사실로부터 위안을 얻을 것이 별로 없었다. 바로 이런 역사적 비극

158 Keir A. Lieber and Gerard Alexander, "Waiting for Balancing: Why the World Is Not Pushing Back,"*International Security*, Vol. 30, No. 1(Summer 2005), pp. 109-139; Peter Van Ness, "Hegemony, not Anarchy: Why China and Japan are not Balancing US Unipolar Power,"*International Relations of Asia-Pacific,* Vol. 2, No. 1(2002), pp. 131-150; Randall L. Schweller, "Bandwagoning for Profit: Bringing the Revisionist State Back In," *International Security,* Vol. 19, No. 1(Summer 1994), pp. 72-107.

159 Abba Evan, *New Diplomacy: International Affairs in the Modern Age,* New York: Random House, 1983, p. 249.

이 강대국들에게조차 어렵고 값비싼 국가들의 균형정책을 취하기보다 손쉽게 편승하려는 일반적 경향을 자아낸다. 그러나 우리 시대에 미국은 강대국가들 중 하나가 아니라 유일한 초강대국이다. 그러므로 자연스럽게 어떤 국가도 미국을 견제하려고 결정하거나 그런 시도를 한다는 것이 훨씬 더 어려울 것이다. 미국보다 약한 어떤 국가도 거인의 행동을 변경시킬 것으로 기대할 수 없을 때 거인을 화나게 할 만큼 어리석지는 않을 것이다.

둘째로, 미국과 여타 국가들 간에 경제적, 기술적, 및 군사적으로 국가적 능력의 격차는 너무나 크고 넓어서 여타 국가들은 따라 잡아야 할 막중한 과업을 안고 있다. 더구나 그 격차는 앞으로 더 벌어질 것 같다. 왜냐하면 현재 미국은 여타 모든 국가들이 합친 것보다 더 많이 군사력에 지출하고 있기 때문이다.[160] 뿐만 아니라 현대전쟁의 기술적 혁명은 따라잡는 것을 아주 어렵게 하고 있다. 과거엔 군사력을 결합하여 동맹이 군사력을 증가시킬 수 있었다. 그러나 핵무기의 시대엔 2개 혹은 그 이상의 국가들이 자신들의 핵 능력을 결합한다 해도 그들이 확보하는 것은 여전히 열등한 공격능력에 지나지 않는다. 왜냐하면 핵무기들은 합산되지 않기 때문이다. 로마제국 이래 한 국가가 현재의 미국처럼 세계를 거의 지배한 적은 결코 없었다. 미국은 멀리, 저 멀리 앞서가고 있는 국가이다. 그 어떤 국가나 국가들의 결합도 한 세대 이내에 미국에 도전하고자 희망할 수 없다. 소련의 위험이 사라진 뒤 미국은 서유럽의 외교 및 군사정책들에 대한 장악을

160 Kenneth N. Waltz, *Realism and International Politics,* New York and London, Routledge, 2008, p. xiii.

유지하고 있을 뿐만 아니라 보다 많은 국가들이 뒤따르게 하면서 과거 소련제국의 3국을 북대서양조약기구의 명부에 추가했다. 북대서양조약기구의 구 회원국들은 북대서양조약기구의 확장에 대한 염원이나 그에 따른 비용을 부담할 용의를 보이지 않았지만 그럼에도 불구하고 미국의 확장에 무기력하게 순응했다.[161] 게다가 테러와의 전쟁은 미국으로 하여금 러시아의 남쪽 국경지대에 미국의 기지를 설치할 수 있게 하였고 또 나아가서 러시아는 물론 중국에 대한 미국의 포위망을 넓히게 해주었다. 테러는 국제정치의 본질적 성격, 즉 세계 힘의 총체적 불균형을 변화시키지 않았다. 어느 편이냐 하면 오히려 9·11 테러의 효과는 미국의 힘을 향상시키고 또 세계에서 미국의 군사적 주둔을 확대시키는 것이었다.

셋째로, 근대 역사에서 강대국들 간의 권력투쟁은 언제나 그들로 하여금 새로운 힘의 균형을 구성할 수 있도록 충분한 수의 강대국가들로 끝났다. 그러나 냉전의 종식과 함께 오직 하나의 강대국 아니 초강대국만 남았다. 한스 모겐소(Hans J. Morgenthau)가 일찍이 주장했듯이 정치인이 힘의 균형을 믿지 않는 것은 과학자가 중력의 법칙을 믿지 않는 것과 같다는 말은 진실이다. 그럼에도 불구하고, 새로운 힘의 균형을 창조할 물질적 힘이 지금 당장엔 없다. 미국을 제외한 모든 국가들이 힘을 결합해도 충분하지 않은 이상 그 국가가 중국, 러시아, EU, 일본, 아니면 인도가 되든 간에 미국에 대응할 만큼 충분히 강력한 국가의 성장을 세계는 여전히 기다려야만 한다. 장기적으로 볼 때 그럴 만한 국가로 보이는 유일한 국가는 중국이다. 그러나 보다 단

161 *Ibid.*, p. 248.

기적으로 보면 중국은 미국과 경쟁하거나 대응할 전 지구적 역량을 갖춘 초강대국이 아니라 여전히 지역국가에 지나지 않는다. 미국은 단극적 국제체제 속에서 미래의 언젠가 궁극적으로 탄생할 새로운 힘의 균형이 창조될 때까지 유일한 초강대국으로 우리와 함께 있을 것이다.

테러도 국제정치의 지속성을 변화시킬 수 없을 것이다. 모든 국가들이 테러분자들의 공격 목표가 되는 걸 두려워하고 있다. 모든 정부는 안정을 존중한다. 그리고 거의 그들 모두가 각자의 국가정체가 지속되기를 원한다. 테러는 국가의 안정에 그리고 그들 통치자들의 마음의 평화에 위협이다. 바로 이런 이유로 인해 부시 대통령이 그렇게 손쉽게 국가들의 연합을 이룰 수 있었던 것이다. 그러나 테러는 약한, 비국가 행위자들이 휘두르는 무기이다. 테러분자들은 국가들의 안전을 심각하게 위협할 수 없었다. 그러므로 국가들이 단합하여 힘의 균형을 전환시키도록 강요되지 않는다. 바로 이런 이유 때문에 반테러 연합이란 전통적 동맹과 같지 않은 것이다.

만일 이상과 같은 분석들이 옳은 것이라면 그렇다면 국제정치와 유엔정치엔 어떤 함의가 있는 것일까? 그것은 유엔과 유엔 사무총장이 서 있는 기반의 본질적 성격이 별로 변하지 않았다는 것을 의미한다. 오히려 소련제국의 소멸과 2001년 9월 11일 오전 미국에 대한 테러분자들의 공격 그리고 그에 따른 미국 주도의 테러와의 전쟁에도 불구하고 국제정치의 본질적 성격은 계속 우리와 함께 있을 것이다. 많은 글로벌주의자들은 현재의 세계가 점점 더 상호의존적이 되고 또 시장에 의해서 지배될 것이라고 믿고 있다. 그러나 오늘의 국제정치와 그 이전 시대 국제정치의 주요 차이는 국가들의 점증하는 상호

의존성에 있는 것이 아니라 오히려 그들 간의 점증하는 불평등이다. 양극체제의 소멸과 함께 국가들 간 능력의 분포는 극단적으로 한쪽으로 기울었다. 경제적 세력이 부상하고 정치적 세력이 가라앉기보다 오히려 점증하는 국가 간 불평등이 최대 강대국가의 정치적 역할을 드높였다. 늘 그랬듯이 정치가 경제를 압도한다. "역사의 종언"은 신기루에 지나지 않는다. 세계는 전환되지 않았다. 세계의 거의 모든 곳에서 국가(민족국가)는 그 어느 때 못지않게 여전히 강력한 존재로 남아 있다. 그리고 국가적 야심과 국가들 간의 경쟁은 강력하고 또 역사를 형성해 가고 있다. 힘과 지위 그리고 경제적 이득을 위한 투쟁이 국제정치의 중심적 특징으로 귀환했다. 요컨대 역사는 복귀했다.[162] 아니 역사는 우리를 떠난 적이 없었다.[163]

그럼에도 불구하고, 대부분의 글로벌리스트들이 지금 믿고 있는 것처럼 국제관계가 점점 더 상호의존적이라면 세계정부의 역할을 담당해 줄 대리자가 더욱 필요하다. 누가 그 역할을 제공할 수 있을까? 대부분의 자유주의적 미국인들은 미국이 글로벌 국제체제의 필요한 최소의 관리를 친절하게 제공하고 또 자유민주국가로서 미국의 온건성 때문에 다른 국가들이 사실상의 "세계정부"가 되지 않으면서 수행하는 미국의 "통치"를 계속 수락하거나 감사해할 것이라고 믿고 있다. 그러나 친절한 헤게모니는 용어상으로도 모순이다. 미국인들이 미국의 지도력에 대한 세계의 염원에 관해서 말할 때 모든 곳에서 비

162 Robert Kagan, *The Return of History and the End of Dreams,* New York: Alfred A. Knopf, 2008, p. 4; Hubert Vedrine, *History Strikes Back,* Washington, D.C.: Brookings Institution Press, 2008.

163 이 점에 대해서는 제10장에서 다시 논할 것이다.

미국인들은 미국의 오만과 헤게모니의 일방주의에 관해서 말할 것이다. 타 국가들은 미국에 의해 주도되는 것을 좋아하지 않을 것이다. 그리고 미국이 역사라는 기차의 기관차로서 국제평화와 번영을 향해 인류를 이끈다고 할 경우조차도 타 국가들은 그 기차의 뒷자리에 놓이는 것에 결코 만족하지 않을 것이다. 국가들이 항상 그렇듯이 우방국이든 적이든 모두가 장기적으로 균형을 바로잡으려고 함으로써 그들 가운데 어느 국가에 의해 위협당하거나 완전한 지배에 응전할 것이다.

다른 한편으론, 미국의 물리적 능력과 정치적 의지가 현재의 지구적 부담을 무한정하게 지탱해 갈 수 없을 것이다. 그러나 당분간은 무정부적 무질서의 세계에서 지구적 경찰관이나 아니면 적어도 야경꾼의 역할을 수행할 미국 외에는 아무런 대안이 없다. 세계의 안정에 대한 많은 위험들 가운데 대량파괴무기의 확산이 가장 심각하다. 양극적 냉전체제의 종식 이전에 약소국들과 불만을 품은 인민은 두 초강대국들을 서로 반목시켜 어부지리를 바랄 수 있었다. 그러나 이제 그들은 자기 자신뿐이다. 따라서 그들은 유일한 초강대국인 미국을 자신들의 고통과 절망의 상징과 매개체로 비난한다. 그들은 스스로 살아가기 위해 더욱더 노력한다. 북한과 이란은 인도와 파키스탄이 취한 길을 따라가려고 한다. 그들은 대량파괴무기가 미국이 제기할지도 모르는 안보에 대한 위협을 억제할 수 있는 유일한 수단이라고 믿으려 한다. 왜냐하면 그들은 재래식 무기에만 의지함으로써 자신을 보호할 수 있다고 기대하지 않기 때문이다. 냉전 기간 동안 미국은 소련의 대규모 재래식 병력을 상쇄하기 위해 핵무기를 이용했었다. 이제 약소국가들이 미국의 압도적 재래식 병력을 상쇄하기 위해 핵무기를 이용하려고 들지 모른다. 그들은 현재의 단극적 국제체제를 소위 단위거부 국제체제(unit-veto international system)로 전환시키고자 염원할지 모른다. 그러나 현시점에서 미국의 일방주의는 많은 다른 문제들에서처럼 핵무기 문제에서도 압도적이다. 미국정부는 스스로 주관했던 포괄적 핵실험금지조약(Comprehensive Test Ban Treaty)의 비준을 거부하고 또 비준했던 탄도요격미사일제한조약(ABM Treaty)의 준수도 거부했다. 일방적으로 부시 대통령은 그 조약을 비난하고 그 조약으로부터 철수를 통고했다. 크든 작든 그 어느 다른 국가도 거기에 대해 아무것도 할 수 없으며 또한 유엔은 그런데 대해 미국을 비판조차 할 수 없다. 이런 사실은 오늘날 단극적 세계에서 누가 황제인가를 전 세계에 여실히 보여 주었다.

유엔은 다시 한 번 전 세계에 국제평화기구가 그리스 드라마의 코러스보다 못 하다는 것을 보여 주었다. 부활된 염원과 강력한 열정에도 불구하고 국제사회는 유엔의 헌장으로 복귀할 수 없었다. 그리고 단극적 국제체제의 진정한 정치의 지속적 성격이 여전히 압도하고 있으며 그 결과 유엔과 사무총장의 역할을 심각하게 제한되고 있다. 국제체제는 건강한 사람의 뼈처럼 말썽을 부리지 않는다고 해서 무시되어서는 안 될 것이다. 유엔 사무총장에 대한 어떤 현실적 분석과 기대도 이런 국제체제의 아주 분명한 정치적 기반으로부터 출발해야만 한다. 왜냐하면 "맥락이 종종 속성보다도 더 중요하기 때문이다."[164]

164 Joseph S. Nye, Jr., *The Powers to Lead*, Oxford: Oxford University Press, 2008, p. 15. 조셉 나이는 여기서 부언했다. "윈스턴 처칠의 속성이 1940년에 변한 것이 아니라 상황이 변했었다"고.

제9장
단극적 국제체제와 유엔 사무총장의 리더십

유엔 사무총장 연구에서 유엔의 정치에 그대로 반영되는 세계공동체의 정치가 주권국가들 간의 정치이고, 특히 강대국들 간의 정치라는 엄연한 사실을 회피해서는 안 된다.[165] 일반적으로 냉전의 환경은 민첩한 외교관에게 화해할 수 없는 두 초강대국들 사이에서 운신할 공간을 제공했지만 냉전종식 후 사무총장인 부트로스-갈리와 코피 아난은 유일한 초강대국 회원국의 지배 시대의 제약에 직면했다.[166] 새뮤얼 헌팅턴(Samuel P. Huntington)에 따르면, 오늘날 비록 오직 하나의 초강대국만 있다고 할지라도 현재의 국제체제는 단극체제가 아니다.[167] 만일 현재의 국제체제가 단순히 단극적 국제체제라면 그 초강

165 James Barros, "The Importance of the Secretaries of General of the United Nations," in Robert S. Jordan, ed., *Dag Hammarskjold Revisited: The UN Secretary-General as a Force in World Politics,* Durham, NC: Carolina Academic Press, 1983, p. 3.

166 Shashi Tharoor, "The Role od the Secretary-General," in Sten Ask and Anna Mark-Jungkvist, eds., *The Adventure of Peace: Dag Hammarskjold and the Future of the UN,* New York: Palgrave Macmillan, 2005, p. 153.

167 Samuel P. Huntington, "The Lonely Superpower,"*Foreign Affairs*, Vol. 78,

대국은 중요한 국제문제를 혼자서 효과적으로 해결할 수 있을 것이고 여타 국가들의 어떠한 결합도 유일한 초강대국이 그렇게 하는 것을 막을 힘을 갖지 못할 것이다. 왜냐하면 많은 약소국가들 외에 중요한 강대국가들은 존재하지 않기 때문이다. 역사적으로 서양의 로마제국과 동양의 중화제국이 그런 단극적 세계에 근접했었다.

다극적 국제체제에는 변하는 동맹의 패턴 속에서 서로 간 견제하여 균형을 이루는 비교할 만한 세력과 능력을 가진 여러 개의 강대국들이 존재한다. 근대 유럽의 국제적 힘의 균형 정치는 잘 알려진 최선의 본보기이다. 또 다른 그러나 보다 덜 알려진 본보기들은 고대 중화세계의 경우와[168] 근대 초 이탈리아의 경우들일 것이다.[169] 양극적 국제체제는 고대 그리스나 근대의 냉전체제 같은 세계이다. 여기에선 각 초강대국가가 동맹국들의 연합을 지배하고, 다른 초강대국과 균형을 이루면서 비동맹 중립국가들에게 영향을 미치려고 경쟁한다. 신현실주의 국제정치 이론가들에 의해 다극적 국제체제보다 양극적 국제체제가 안정성에 있어서 더 좋은 기회들을 갖고 있다는 주장에도 불구하고 이른바 신현실주의의 대표적 이론가가 제시하는 중요한 안정화의 요인들 가운데 하나는 "거의 끊임없는 압력의 현존과 위기들의 재발"[170]이다. 그러나 "위기에 의한 평화"란 매우 모호한 만병통치

No. 2(March/April 1999), p. 35.

168 Victoria Tin-bor Hui, *War and State Formation in Ancient China and Early Modern Europe,* Cambridge: Cambridge University Press, 2005

169 Francisco Guicciardini, *The History of Italy*, trans. By Sidney Alexander, Princeton, NJ: Princeton University Press, 1969.

170 Kenneth N. Waltz, "The Stability of a Bipolar World,"*Daedalus,* Vol. 93, No. 3 (Summer 1964), p. 883.

약과 같은 것이다. 그것은 마치 세계에서 가장 평화스러운 곳이 전쟁 일보직전이라고 말하는 것이나 마찬가지이다.[171] 패러독시컬한 의미에서 초강대국들이 당장 눈앞에 전쟁을 마주했을 때, 추측하건대 전쟁을 피하려고 가일층 노력할 것이라는 점에서 위험스런 전쟁 일보직전에 평화주의적인 양상들이 있을지도 모른다. 그러나 만일 전쟁을 피하려는 의지가 크면 클수록 전쟁의 근접성도 역시 더 클 것이다. 쿠바와 베트남 위기들을 통해 소위 위기관리의 기술을 배웠다는 점에서 그 위기들이 안정화에 기여했었을지도 모른다. 그러나 그런 교훈들이 올바르게 습득되지 않았을 가능성은 항상 존재한다. 우리가 불을 불로 싸울 때 우리는 계산된 모험정책을 수행하는 것이다. 최소한, 일련의 위기들이 국제안정과 세계평화로 가는 최선의 수단이 아니라는 것만큼은 너무나도 분명하다.

다시 헌팅턴에 따르면, 현재의 국제정치는 이러한 3가지 국제체제의 그 어느 것에도 들어 맞지 않는다. 그 대신에 핵심적 국제문제들의 타결은 유일한 초강대국가의 행동을 필요로 하지만 다른 주요 국가들의 모종의 결합이 함께 요구되는 하나의 초강대국과 여러 주요 강대국들의 묘한 혼성체인 단-다극체제(a uni-multipolar system)이다.[172] 실제로 모든 지역적 강대국들은 자기 자신의 분명한 이익을 증진시키기 위해 점점 모습을 드러내고 있으며, 이러한 자세는 종종 미국의 이익과 갈등을 일으키고 있다. 글로벌 정치는 이제 주요 강대국

171 Richard N. Rosecrance, "Bipolarity, Multipolarity, and the Future," in James Rosenau, ed., *International Politics and Foreign Policy*, re. ed., New York: The Free Press, 1969, p. 327.

172 Samuel P. Huntington, *op. cit.*, p. 36.

들이 어쩔 수 없이 서로 경쟁하고, 충돌하고, 또 서로 간에 여러 가지 형태의 편성과 결합을 이루는 21세기에 단극체제를 통과해서 다극체제로 나아가고 있는 와중에 있다.[173]

그러나 21세기의 국제체제는 헌팅턴의 주장과는 달리 단극체제임이 드러났다. 1999년 코소보에서 발발한 전쟁은 러시아와 중국에겐 하나의 중대한 그리고 불온한 순간이었다. 두 주요 강대국들은 북대서양조약기구의 개입에 반대했다. 그것은 중국의 대사관이 미국의 전투기에 의해 폭격을 당했고 또 세르비아에서 러시아의 먼 슬라브족 형제들이 북대서양조약기구 공습작전의 대상이었기 때문만은 아니었다. 러시아가 유엔 안보리에서 군사적 조치를 방해하려고 위협했을 때 미국이 주도하는 북대서양조약기구는 유엔을 간단히 외면하고 스스로 조치를 취해 버림으로써 러시아의 얼마 남지 않은 국제적 영향력을 부인해 버렸다. 러시아의 입장에서 보면 그것은 분명한 국제법의 위반이었다. 왜냐하면 그런 조치는 그 전쟁이 유엔의 승인을 받지 못했을 뿐만 아니라 대외적 침략을 범하지 않은 주권국가에 대한 개입이었기 때문이다. 2003년 이라크 전쟁은 현 국제체제의 분명한 단극성에 대한 보다 극적이고 과시적인 하나의 증거였다. 미국의 이런 제도들과 규칙들이 이라크에서 전쟁을 수행하는 데 장애물이 되자 미국은 유엔과 주요 강대국들 및 국제법을 완전히 무시했다.[174]

---

173 *Ibid.*, p. 49.

174 다소 극적인 더 많은 예를 든다면, 미국의 레이건 정부는 니카라과, 캄보디아, 아프가니스탄 그리고 앙골라에서 수행한 비밀 전쟁에 대해 그 어떤 국제적 승인도 모색하지 않았으며 또한 그레나다의 침공에 대해서도 유엔이나 미주기구(OAS) 어느 곳의 지지도 추진하지 않았다. 부시 행정부도 유엔의 승인 없이 파나

미국은 헌팅턴이 예상했었던 것처럼 단-다극적 국제체제 속에서 주요 강대국들 중 하나가 아니라 헤게모니임이 밝혀졌다.

국제적 헤게모니체제란 힘의 균형체제(양극이든 다극이든 간에)와 세계제국(사실상의 세계정부)의 사이에 위치한다. 평화란 주요 강대국들 간의 힘에 근접한 균형의 결과 그리고 그들 가운데 어느 누구나 또는 어떤 동맹이 자신의 의지를 강요하지 못하게 금지함으로써 이루어지는 것이 아니다. 오히려 정반대로 평화는 주요 강대국들 중 하나, 소위 유일한 초강대국의 명백한 우월성으로부터 오는 것이다. 이 우월성은 전혀 논란의 여지가 없는 것이라서 불만스러운 국가들이 국제적 현상을 수정할 엄두를 내지 못하지만 헤게모니 초강대국은 무기력해진 다른 주요 강대국들을 구태여 흡수하려 들지도 않는다. 이 초강대국은 힘을 남용하지 않고, 국가 독립의 대외적 형식을 존중하며 제국을 염원하지도 않는다.[175]

21세기 세계에서 미국의 역할을 특징짓기 위해 "제국"이라는 용어를 사용한다면 그것은 하나의 중대한 결함을 갖는다. 그것은 바로 부정확한 표현이라는 것이다.[176] 그럼에도 불구하고, 많은 사람들에게 오늘날 미국의 탁월한 전 지구적 지위를 특징 짓기에 가장 적합한 것으로 보이게 된 것은 "제국"이다. 과거에 이 용어를 사용한 하나

마를 침공했다. 클린턴 정부도 유엔의 승인 없이 아이티에 개입했고 유엔 안보리 상임이사국들의 반대에도 불구하고 이라크를 폭격했다.

175 Raymond Aron, *Peace and War*, New York: Frederick A. Praeger, 1966, p. 152.

176 Michael Mandelbaum, *TheCase for Goliath: How America Actsas the World's Government in the 21st Century*, New York: Public Affairs, 2005, p. 4.

의 이유가 국제체제 속에서 미국의 역할을 서술하려는 것이었다면 또 다른 이유는 미국을 비난하기 위한 것이었다. 21세기에 들어서자 이 용어는 가장 학술적 담론이 아닌 모든 곳에서는 순수하게 서술적인 의미로는 사용되지 않게 되었다. 그리고 이 용어는 부정적 의미를 담았다. 그리하여 노예제도나 독재체제 그리고 인종차별처럼 부당하게 굴복시키는 불쾌한 행위가 되어 버린 정치적 실천을 의미하는 것으로 널리 이해되었다. "empire"라는 영어 단어는 "imperium"이라는 라틴어에서 기원한 것으로 "지휘, 권위, 지도력" 혹은 보다 두루뭉술하게 "힘"(권력)을 의미하는 것이었다.[177] 그러나 보다 일반적으로 말해서 제국이란 다른 정치사회의 효율적 주권에 대해 어떤 정치사회에 의해 강요되는 정치적 통제의 관계성이다.

수 세기에 걸쳐서 흥하고 망했던 많은 제국들은 모두가 다음 3가지 특징을 공유했다. 첫째는 복종이다. 모든 제국은 우월한 강자와 열등한 약자 간의 불평등한 관계이다. 둘째는 강제성이다. 그 관계 뒤에는 언제나 위협이 있으며 때때로 그 통제력을 유지하기 위해서 제국적 강대국에 의해 무력이 사용되었다. 셋째는 하나의 독재체제의 형태이지만 그러나 특수한 형태의 독재체제이다. 즉 그것은 이방인들에 의한 독재체제인 것이다. 다른 형태의 독재체제처럼 제국은 21세기에 사실상 보편적 충성을 받고 있는 정치적 정의, 즉 자치정부의 기본적 규범을 위반한다. 바로 이런 이유 때문에 제국은 거부되는 용어가 되어 버렸다. 자신의 외교정책을 수행하는 방식 때문에 적지 않은 비판들이 그럴듯하게 미국에 퍼부어졌지만 미국의 정책이 본질적으로

177 Alejandro Colas, *EMPIRE,* Cambridge: Polity Press, 2007, pp. 5-6.

제국적이라는 비난은 그럴듯한 비판이 아니다. 그것은 미국과 기타 국가들과의 관계에 적용되지 않는다. 세계에서 미국의 영향력은 막강하고 가장 강력하다. 그러나 미국은 예외적인 소수의 특별한 경우를 제외하고는 제국이 늘 그랬던 것처럼, 다른 국가와 사회의 정치와 경제를 직간접적으로 통제하지 않고 있다. 바로 이런 이유에서 미국은 제국이 아니라 헤게모니이다.

어떤 면에서 21세기 초 미국은 성경에 나오는 거인 골리앗(Goliath)처럼 군사력에 있어서 모든 타 국가들을 능가한다. 그러나 미국이 골리앗처럼 보이지만 세계 최대 강대국 미국은 중요한 면에서 골리앗처럼 행동하지 않는다. 만약 미국이 골리앗 같다면 그것은 인자한 거인이다. 뿐만 아니라 미국에 맞서겠다고 나서는 다윗(David)이나 다윗들의 집단도 없다.[178] 미국은 타국에게도 이익이 되는 범 지구적 책임을 수행했다. 미국은 우연히도 주권국가들 내에서 정부들이 통치하는 인민들에게 제공하는 것과 같은 서비스를 다른 국가들에게 제공한다. 그러므로 미국은 일종의 세계정부처럼 기능하며,[179] 아니면 적어도 세계정부의 대리자처럼 기능한다. 다른 말로 바꾸어 말한다면, 미국은 소위 글로벌 거버넌스(global governance)의 최선의 자원이다. 왜냐하면 미국 외엔 그럴 만한 국가가 없기 때문이다. 그러나 미국의 글로벌 거버넌스는 인기가 없다. 그러나 세계는 이를 필요로 하고 있으며 미국만이 글로벌 거버넌스를 제공할 지위에 있다.[180]

178 Michael Mandelbaum, *op. cit.*, p. xvi.

179 *Ibid.*

180 *Ibid.*, p. xxi-xxii.

세계는 현재의 단극적 국제체제 속에서 어떤 종류의 통치를 미국으로부터 기대하는 것일까? 대부분의 국가들은 대부분의 동물들이 원하는 그런 안전을 추구한다. 그들은 방어벽 뒤로 철수함으로써 자신들이 드러나지 않게 하거나 아니면 어떤 위험이든 그것을 회피함으로써 안전을 추구한다. 이와는 대조적으로 미국인들은 일반적으로 위험에 대해 그것으로부터 도망치기보다는 위험에 공세를 취하고, 자신을 드러내고 맞서거나 제압하거나 그리고 가능하다면 위험의 원천을 압도하는 방식으로 대응했다. 미국인들에겐 확장이 안전으로 가는 길이었다.[181] 안전을 제공하기 위해 확장할 수 있다는 방법을 마련했던 것은 제임스 먼로(James Monroe) 대통령하의 국무장관이었던 존 퀸시 애덤스(John Quincy Adams)였다. 헤게모니는 선점(preemption) 및 일방주의와 함께 하나의 방법이었다. 그리고 그 방법들은 9·11 테러 사건 이후에 놀랍게도 적실성이 있어 보였다.[182] 그것들은 지금도 여전히 가장 영향력 있는 19세기 초 먼로 독트린(Monroe Doctrine)의 선언 이후 줄곧 미국 대전략의 가장 지속력 있는 전통적 요소들이다. 환언하면 헤게모니는 미국인들에게 가장 익숙하고, 가장 편안한 국가안보전략이다. 남과 북의 미대륙에서 미국은 전 역사를 통해 헤게모니에 의한 평화를 강제했다. 그것은 부분적이고 일시적인 균형의 측면이 아니라 지도에서 표시되고 역사에 의해 강조된 미국의 무력과 캐나다나 멕시코의 무력 간 불균등의 지속적 결과

181 John Lewis Gaddis, *Surprise, Security, and American Experience*, Cambridge, Mass.: Harvard University Press, 2004, p. 13.

182 *Ibid.*, pp. 15-16.

였다.

19세기에 미국은 큰 전쟁을 치러야 했는데 그것은 미국 주권의 공간을 확대하기 위해서가 아니라 연방을 유지하기 위해서였다. 루이지애나, 플로리다, 캘리포니아 및 텍사스의 획득은 순전히 돈으로 이루어졌거나 아니면 아주 소규모의 군사작전을 필요로 했다. 엄청난 피바다를 초래한 것은 남부국가(주)들의 분리 주장이었다. 단, 연방이 공고해지고 서부와 남부의 땅이 정복되고 점령되자 그리고 일단 인디언들과 다른 유럽인들이 지배되거나 추방되자 미국이 너무도 강력해서 균형체제가 미대륙에선 구성될 수 없었다. 그리고 미국은 지배의 영광에 너무 무관심했고 북과 남으로 인접 국가들의 독립을 위협할 영토를 필요로 하지 않았다. 헤게모니와 선린 이웃정책의 결합이 미국 주도의 평화(Pax-Americana)로 불리었다. 미국의 헤게모니는 미주기구(OAS)가 국가 간의 공개적 전쟁을 금지한 이래 남아메리카를 지배하는 평화에도 기여했다. 지난 2세기 동안 미주 국가들 사이의 평화는 미국이 강요한 헤게모니의 평화였음을 부인할 수 없다.

힘의 균형과 제국 사이의 지속적인 헤게모니 평화는 고대의 세계나 아시아 혹은 근대의 유럽엔 없었다. 그리스-로마의 지중해 문명은 긴 혼란의 시기 후에 제국적 평화로 진행되었다. 아시아 3대 문명은 균형에 의한 평화와 제국에 의한 평화가 교차했다. 중국에선 경쟁국가들에 대한 한 국가의 최종적 승리의 결과로 2천 년 전에 달성되었던 제국적 통일, 분열과 복구, 즉 내란과 제국적 평화의 교차적 단계들을 계승했다. 대외적 관계에서 중화제국은 만리장성 뒤에서 방어와 팽창의 충동 성향 사이에서 머뭇거렸다. 몽골에 의해서 그리고 후엔 만주족에 의해서 정복된 중화제국은 19세기가 될 때까지 균등한 국가들 간의 항구적 국제관계체제에 결코 진입하지 못했다. 영국의 지배 이전 인도는 전체적으로 중화제국의 평화에 버금가는 평화를 경험하지 못했으며 그리스 국가 간 체제나 유럽국가 간 체제에 비교할 만한 균형체제를 발전시키지도 못했었다. 일본에선 균형에 의한 평화가 주권의 봉건적 확산으로 회고적으로 간주되었다. 왜냐하면 도쿠가와 쇼군의 제왕 혹은 패권적 평화가 시민평화로 전환되었기 때문이다. 근대 유럽의 경우, 1870년 이후 독일제국은 비스마르크가 온건한 대외정책으로 다른 유럽국가들의 두려움이나 분노를 달램으로써 그들에게 수용될 수 있게 되기를 희망했던 그런 종류의 헤게모니를 장악했다. 비스마르크의 독일은 헤게모니라고 부르기에 적합하지 않다. 왜냐하면 독일의 헤게모니는 유럽대륙에만 국한되었으며 유럽대륙은 닫힌 국제체제를 구성하지 않았기 때문이다. 당시 대영제국과 독일의 해양확장을 고려하면 독일은 사실상 헤게모니가 아니었다. 그런 면에서 독일은 준헤게모니 국가(semi-hegemonic power)라고 부르는 것이 더 적합할 것이다.[183] 왜냐하면 비스마르크의 독일은 혼자 멋대로 하기엔 너무 약했고, 홀로 놓아두기엔 너무 강했으며, 어느 단일 국가도 능가할 힘을 갖고 있었지만 그러나 그들 모두를 동시에 대적하기엔 너무도 취약하게 노출되었기 때문이다.[184] 그런 한정된 독일 헤게모니와는 달리 오늘날 미국의 헤게모니는 진실로 실제적 헤게모니이다.

183 Ludwig Dehio, *Germany and the World Politics in the Twentieth Century,* New York: Norton, 1959, p. 15.

184 Josef Joffe, "'Bismarck' or 'Britain'? Toward an American Global Strategy after Bipolarity," *International Security*, Vol. 19, No. 4 (Spring 1995), p. 101.

그럼에도 불구하고 이 두 헤게모니 국가들 사이엔 중요한 유사점이 있다. 양국은 모두가 자신의 국가 안보는 물론이고 국제적 안전을 유지하기 위해서 동맹체제를 유지했다는 점이다. 이런 중요한 점에서 미국의 대전략은 영국의 그것과 아주 다르다. 비스마르크의 독일은 20세기가 도래할 때까지 소위 화려한 고립정책을 유지했던 그런 종류의 영국이 아니었다. 그러므로 비스마르크의 대전략은 미국의 지도자들이 21세기에 견줄 중대한 교훈들을 제공한다고 할 수 있다.

25개에 달하는 왕국과 공국들을 통합한 독일통일 후에 주도권은 프랑스에서 독일로 이동했다. 디즈레일리(Disraeli)가 적절히 지적했듯이 유럽은 새로운 세계를 갖게 되었고 힘의 균형은 파괴되었다.[185] 고립정책은 새로 통일된 독일에게 불가능했다. 왜냐하면 독일은 영국과 달리 4개의 강대국들에 의해 포위되어 있었기 때문이다. 더구나 프랑스는 항구적인 복수심을 품고 있었다. 프랑스가 비스마르크의 긴급한 문제였다. 독일은 어떤 도전자도 저지할 수 있었지만 그들 모두를 함께 저지할 수는 없었다. 비스마르크는 선택을 했다. 독일은 유럽이라는 곡예 인형극에서 무게중심처럼 행동해야만 했다. 그러나 그 자신 스스로 "정직한 중재자"(honest broker)로 자처했지만 영국과 러시아가 자신을 존중하지 않은 채 그들 간의 차이를 타결해 버림으로써 자기를 넘어서 버린 1878년 베를린회의(Congress of Berlin) 이후 비스마르크는 독일의 중심적 무게가 충분히 무겁지 않다는 것을 깨닫게 되었다.[186] 그래서 그는 전략을 바꾸었다. 만일 독일이 자신의 환경

185 John A. Grenville, *Europe Reshaped, 1848-1878*, Hassocks: Harvester Press, 1976, p. 358.

을 지배할 수도 또 지리적 공간으로부터 탈출할 수도 없다면 정직한 중재자로서 행동하기보다는 앵커가 없는 외교의 대립을 이용해야만 했다. 그리하여 그는 동맹주의가 되었다.[187] 그의 동맹정책의 중심부는 1879년에 체결된 오스트리아와의 양국동맹(Dual Alliance)이었는데 이것은 러시아로부터의 공격에 대비하여 서로를 결속시키는 것이었다. 그러나 2년 후 이 축은 러시아와 부활된 3제 연맹(Dreikaiserbund) 속에 잠겼는데 이 3제 연맹하에서 각 당사국은 프랑스를 의미하는 제4국과의 전쟁에서 우호적 중립을 보장했다.[188] 비스마르크에게 모든 정치는 다음의 형식으로 집약될 수 있었다. 그가 독일 주재 러시아 대사에게 말했던 것처럼, 세계가 5대 강대국들 간의 위험스런 균형에 의해 지배되는 한 3제 연맹 속에 속하도록 노력하라는 것이었다. 그것은 연합에 대항하는 진정한 보호책이었다.[189]

1883년 비스마르크가 권유한 대로 이탈리아가 비엔나를 거쳐 베를린으로 가는 길을 취했고 또 양국동맹에 참여함으로써 양국동맹을 3국 동맹(Triple Alliance)으로 전환시켰다. 발칸지역에서 오스트리아와 러시아 간의 경쟁으로 인한 교차적 압력으로 3제 연맹이 무너지자 한 당사국이 그의 주적으로부터, 즉 독일이 프랑스로부터 혹은 러시아가 오스트리아로부터 도발하지 않은 공격으로 고통을 받는

---

186 Henry Kissinger, *Diplomacy*, New York: Simon &Schuster, 1994, pp. 1540-1548.

187 Josef Joffe, *op. cit.*, p. 107.

188 제1차 3제 연맹은 상호 간 협의라는 목적만을 위해 1873년에 형성되었다.

189 William Langer, *European Alliances and Alignment, 1871-1890,* New York: Alfred A. Knopf, 1956, p. 199.

경우에 우호적 중립을 지킬 것을 서로 약속하는 러시아와의 재보장 조약(Reinsurance Treaty)이 마련되었다. 그에 따라서 전쟁을 위한 적대적 연합형성을 불가능하게 만들 발목 잡는 족쇄와 대응공약의 망이 형성되었던 것이다. 비스마르크가 떠맡긴 양국동맹을 통해 오스트리아에 의한 연루 가능성을 빌헬름 황제가 두려워했을 때 비스마르크는 모든 동맹이란, 주도하는 국가와 추종하는 국가를 의미하는 기수와 말이 있다고 주장했다. 그 후 이 말은 아주 유명해졌다. 국제적 현상유지에 자신의 "말들"을 묶기 위해서 비스마르크가 당시 마련한 동맹의 주역을 고려할 때 모든 것은 물론 말의 안장에 앉아 있는 독일에 달려 있었다.

비스마르크의 동맹체제는 1890년 비스마르크가 사직하고 소위 국가라는 배를 떠난 뒤 프랑스와 러시아 간 동맹이 형성될 때까지 20년간 계속되었다. 그리고 3국 협상(Triple Entente)이 3국 동맹에 대항하여 "연합의 악몽"을 부활시킬 때까지 또 다른 15년이 걸렸다. 그러나 비스마르크 체제의 궁극적인 몰락은 준 헤게모니 국가의 한계에 대한 극적인 증거였다. 헤게모니 역할을 수행하려는 독일의 대전략은 독일이 헤게모니가 되기엔 충분히 강하지 못하지만 그와 동시에 다른 강대국들이 두려워할 만큼 충분히 강한 독일의 영원한 질곡 위에서 무너졌다.

그러나 미국은 독일과 달리 현재 국제체제에서 진정한 헤게모니이다. 바로 이 점 때문에 현재 국제체제를 단극적 국제체제로 특징지을 수 있다. 그러므로 동맹국의 결속에 전전긍긍하던 비스마르크 모델은 적절한 패러다임을 거의 제공하지 못하는 것 같다. 미국은 제

2의 독일제국을 괴롭힌 그 어떤 핸디캡의 고통도 받고 있지 않다. 핵무기를 차치하더라도 미국은 독일보다 훨씬 더 우월하고 풍성한 자산들을 장악하고 있다.

오늘날 이 지구상에 수많은 다툼이 있지만 유럽의 옛 충돌들이 비스마르크의 독일을 침해했던 방식으로 미국의 핵심적 안보에 영향을 미칠 것은 없다. 그럼에도 불구하고, 미국의 정치지도자들이 북대서양조약기구 및 일본과 연합한 일종의 비스마르크식 3국 동맹의 대전략을 채택한 것처럼 보일 때 그들은 과연 비스마르크와 그의 후계자들이 수행했던 것보다도 국제체제의 안정을 더 잘 유지할 수 있을 것으로 기대할 수 있을까? 비스마르크 자신보다 더 좋은 조건에 있는 미국의 정치지도자들은 비스마르크 모델을 향상시키고 또 전지구화시킬 이상적인 국가의 지위를 갖고 있다.[190] 어느 쪽인가 하면, 미국은 너무도 좋은 지위에 있기에 전 지구적 국제체제 속에서 수레바퀴의 살들 같은 여타 모든 국가들에게 글로벌 중심축의 역할을 수행할 수 있을 것이다. 그렇다면 19세기 국제적 안정의 비스마르크 모델은 싫든 좋든 간에 소위 헤게모니 안정이론을 통해서 20세기 헤게모니 이론의 한계로 우리를 안내하고 그리고 궁극적으로는 21세기 초반 국제적 단극체제에 도달하게 된다.[191]

---

190 Josef Joffe, *op. cit.*, p. 113.

191 Duncan Snidal, "The Limits of Hegemonic Stability Theory,"*International Organization,* Vol. 39, No. 4 (Autumn 1985), pp. 585-590; Charles Krauthammer, "The Unipolar Moment,"*Foreign Affairs*, Vol. 70, No. 1 (Winter 1990/1991), pp. 23-33; Christopher Layne, "The Unipolar Illusion: Why New Great Powers Will Arise," *International Security,* Vol. 17, No. 4 (Spring 19943), pp. 5-51, and "From Preponderance to Offshore Balancing: America's Future Grand

그러나 기존 관계 속에서 힘의 경향을 부풀리는 인간의 공통된 성향에 기인하는 단극체제의 몰락에 관한 많은 저명한 학자들의 성급한 선언에도 불구하고 현재의 단극적 국제체제는 하나의 과도기적 순간이 아니다. 오히려 단극체제는 앞으로 수십 년간 지속될 잠재력을 가진 현 세계의 깊이 내장된 정치적 조건이다.[192] 그리고 오늘날 미국 헤게모니의 단극적 국제체제는 단순히 과도기적이거나 일시적이지 않은 두 개의 기둥 위에 서있다. 첫 번째 기둥은 미국과 기타 국가들 사이의 순전히 힘의 격차이다. 대규모의 격차는 어떤 대항할 힘의 변화도 국제적 단극체제를 변경시킬 만큼 충분한 구조적 효과를 가져올 수 있도록 강력하고 지속적이어야만 한다. 두 번째 기둥은 지리적 조건이다. 미국이 보유하고 있는 모든 다른 이점에 덧붙여서 미국은 사방에 4개의 진정한 동맹국들을 갖고 있다. 즉 북과 남동쪽 그리고 서쪽에 각각 캐나다, 멕시코, 대서양과 태평양이 위치해 있다. 국가의 지리적 위치는 참으로 중요한 것이다. 역외 초강대국으로서 미국의 지위가 단극적 국제체제의 성격과 긴 수명의 가능성을 결정한다. 소련이 우연히도 유라시아의 심장부에 위치한다는 것이 냉전시대

Strategy,"*International Security,* Vol. 22, No. 1 (Summer 1997), pp. 86-124; Aaron L. Friedberg, "Ripe for Rivalry: Prospects for Peace in a Multi[polar Asia,"*International Security*, Vol. 18, No. 3 (Winter 1993/94), pp. 5-33; Kenneth N. Waltz, "The Emerging Structure of International Politics," *International Security*, Vol. 18, No. 2 (Autumn 1993), pp. 44-79, and "Structural Realism after the Cold War,"*International Security*, Vol. 25, No. 1 (Summer 2000), pp. 5-41; Samuel P. Huntington, "The Lonely Superpower," *Foreign Affairs,* Vol. 78, No. 2 (March/April 1999), pp. 35-49.

192 William C. Wohlforth, "The Stability of a Unipolar World," International Security, Vol. 24, No. 1 (Summer 1999), p. 37.

국제체제적 양극성의 핵심적 조건이었다. 순전히 숫자만으로 냉전시대 양극성의 실질적 역동성을 파악할 수 없는 것과 꼭 마찬가지로 힘의 목록만으로 다른 모든 잠재적 강대국들이 유라시아의 내부나 주변에 위치한 반면에 미국이 북아메리카에 있다는 사실의 중요성을 간과할 수 없다.

미국이라는 초강대국을 견제하는 것은 많은 주요 국가들에게 중요한 유일한 외교정책적 목적이 아니며 또한 그들 외교정책의 최우선적 목표도 아니다. 오히려 그들에겐 지역적 힘의 균형이 다른 국가들에 대한 평가에서 더 중요할지도 모른다. 전 지국적으로 대항세력을 만들려는 어떤 노력도 지역적으로 강력한 대항조치를 가져올 것이다. 의도한 것은 아닐지라도 국제체제의 단극성을 유지하는 데 필요한 힘의 집중의 문턱이 아주 높은 것은 아니다. 그럼에도 불구하고 단극체제의 몰락을 주장했던 학자들에 의해 제안된 타 국가들이나 지역통합이나 불균등한 성장에 의한 성공적 대항세력은 현재의 대외 정책적 고려 대상인 그런 머지않은 미래에 구조적 변화를 가져올 것 같지가 않다.[193]

우선 무엇보다도 국제관계사는 반헤게모니 동맹을 결성하고 조정하는 것이 얼마나 어려운 일인가를 보여 준다. 국가들이란 우선 무임승차하고 싶어하고, 책임을 전가하려고 하며 또 헤게모니 국가로부터 혜택을 얻기 위해 편승하고픈 유혹에 빠지기 쉽다. 국가들이란 막상 결정의 순간에 동맹 파트너에 의해 버림받을지 모른다는 사실과 타국들이 초래한 갈등에 말려드는 것을 염려해야만 한다.[194] 따라

---

193 *Ibid.*, p, 28.

서 마찰은 거의 필연적이다. 바로 이러한 이유에서 단일 초강대국 지위가 동맹을 맺고 있는 여러 국가들보다도 더 효율적인 것이다. 동맹국들이 힘을 모으는 데 비효율적인 정도만큼 단극적 초강대국은 자신에 대항하여 형성될 수 있는 어떤 동맹보다 더 강력한 능력의 결합을 이룰 수 있다. 따라서 유리한 조건은 단극적 초강대국 쪽에 기울어져 있다.

과거 유럽의 역사에서 반헤게모니 연합들은 인접 국가들에게 상대적으로 명백한 위협이 되는 프랑스, 독일 그리고 소련과 같이 육지국가들에 대항하여 형성되었다. 그러나 이미 헤게모니적 국가를 달성한 역외 국가를 견제하는 그런 대항균형을 조정한다는 것은 훨씬 더 어려울 것이다. 힘의 균형이론의 관점에서 볼 때 현재의 단극적 국제체제는 두 초강대국 가운데 하나의 몰락에서 탄생한 구조적 기정사실이다. 아무리 역외 헤게모니 국가가 퇴조한다고 할지라도 그 국가는 보통 분할하여 지배하는 전략을 구사할 수 있는 폭넓은 기회를 갖게 될 것이다. 대항세력의 구축을 모색하는 어떤 강대국도 기존의 친미 편승에 만족해야만 한다. 만일 뭔가가 잘못된다면 그 야심적 대항견제는 헤게모니의 힘뿐만 아니라 미국의 다른 주요 동맹국들의 추가적인 힘에 직면하게 될 것이다.[195] 게다가 각 지역에는 야심적 지역 강대국에 대항해 당연히 동맹을 이룰 인도네시아, 인도, 파키스탄, 터키, 이집트, 남아프리카, 브라질, 알제리 및 멕시코 같은 보다 작지만

194 Thomas J. Christensen and Jack Snyder, "Chain Gangs and Passed Bucks: Predicting Patterns in Multipolarity," *International Organizations*, vol. 44, No. 1 (Winter 1990), pp. 137-168.

195 William C. Wohlforth, *op. cit.*, p. 30.

소위 "중추적"(pivotal) 국가들이 있다.[196] 그 어떤 대항 견제세력의 형성에도 미국의 첫 번째 조치는 냉전 후반기에 소련에 대항하여 중국에 대해 취했던 것처럼 그 지역에서 그런 중추적 국가를 증진시키려고 노력하는 것이 될 것이다.

뿐만 아니라 미국의 헤게모니를 종식시키기 위해서 지역국가들이 전통적 동맹체제로 정책을 조정하는 것으로는 충분치 않다. 그들이 하나의 극을 이루기 위해서는 그들의 경제적 잠재력의 결합을 구체적 능력으로 전환해야만 한다. 유럽 혹은 중앙 유라시아의, 혹은 동아시아의 극이 미국에 버금가려면 각 지역의 자원들은 한 국가나 정책결정 당국의 사실상 중앙통제하에 들어갈 필요가 있다. 그러나 가까운 장래에 그런 중앙집권화는 있을 것 같지가 않다. 그들이 살고 있는 인접성을 고려할 때 야심적인 중국이나 일본의 혹은 러시아나 독일의 극은 미국보다는 자신의 지역 내에서 보다 효과적인 대항 균형조치에 직면할 것이다. 만일 유럽이 하나의 통일된 국가가 된다면 세계는 양극체제가 될 것이다. 그러나 유럽의 극을 이루는 세계는 프랑스와 영국이 자신들의 재래식 및 핵 능력을 통합하고 그것을 독일이 통제해도 그만이라는 그런 세계가 될 것이다. 그런 단일 유럽의 외교, 안보 정책과 방위산업은 국가주권의 핵심문제에 해당하며 따라서 오랫동안 훨씬 더 도전적인 과제가 될 것이다. 설사 모든 문제가 다 잘 풀린다고 할지라도 유럽은 지리적 경쟁자가 되는 기회를 제기하기

196 Robert Chase, Emily Hill, and Paul Kennedy, *The Pivotal States: A New Framework for US Policy in the Developing World,* New York: W.W. Norton, 1999.

보다는 미국이 유라시아에 국제적인 민주주의적 협력질서를 투사하는 데 더 유용한 외부지향적 동반자나 보다 생명력 있는 발판이 될 것이다.[197] 유럽의 핵심적 주요 국가들은 중앙 유라시아에서 부상하는 러시아를 견제하려고 한다. 동아시아에서 중국과 일본은 서로가 상대방에게 굴복하려고 하지 않을 것이며 상대방이 통일된 리더십을 수립하도록 자신의 능력을 합치지 않을 것이다.

요컨대 아무리 국력의 불균등 성장이 미국에게 불리하다는 것을 고려한다고 할지라도 헤게모니 국가가 자신의 헤게모니를 강화하는 동맹체제를 유지하는 것보다는 어떤 주요 국가가 새롭게 반헤게모니 동맹을 결성하는 데에 훨씬 더 많은 비용이 요구될 가능성은 여전하다. 그러므로 대부분의 국가들이 자신의 독립과 안전에 가치를 두는 한 그들은 어떤 불확실한 모험적 대안들보다도 현재의 단극적 국제체제를 선호할 것이다. 오늘날 국제문제에 대한 어떤 기사도 미국의 오만에 대해 불평하는 외교관들이나 학자들을 의무적으로 인용하지 않은 채 끝나는 일은 없어 보인다.[198] 그러나 문제는 그들은 자신들이 원하는 힘의 균형을 항상 가질 수는 없다는 것이다. 바로 이러한 이유에서 단극체제의 출현 이후 줄곧 발생하는 미국 헤게모니에 대항하는 균형형성이 수사에 그치고 말았던 것이다. 미국 헤게모니를 견제하는 데 심각한 정치 및 경제적 비용을 수락할 용의성이 어느 다른 강대국에게도 현저하게 부재하다. 아니 오히려 그들 대부분은

197 Zbigniew Brzezinski, *The Grand Chessboard: American Primacy and Its Geostrategic Imperatives,* New York: Basic Books, 1997, p. 86.

198 William C. Wohlforth, *op. cit.*, p. 34.

미국에 편승하려고 노력하는 데 바쁘다. 그들의 그런 반응은 충분히 이해할 만하다. 왜냐하면 미국 외교정책의 자유주의적 국제주의의 덕택으로 단극적 국제체제가 온건하게 유지되는 반면에 힘의 분포가 그들에게 미국에 대항할 아무런 현실적 희망을 남겨 주지 않기 때문이다.

유엔 내에서 냉전의 양극적 대결의 종식과 더불어 유엔 안보리에서의 만장일치가 국제 평화유지활동의 급속한 증가를 가져왔다. 미국과 유엔 간 밀접한 협력을 토대로 한 밝은 신세계질서의 도래를 예상케 하는 많은 징표들이 있었다. 그러나 그들 간의 좋은 시절은 오랫동안 지속되지 못했다. 소말리아, 르완다 그리고 발칸에서 집단적 의지와 공약의 실패는 유엔과 부트로스-갈리 사무총장에 대한 미국의 열정을 곧 소진시켜 버렸다. 1993년 클린턴 행정부가 들어서면서 "적극적 다자주의"(assertive multilateralism)에 대한 공약을 선언했지만 그러나 1990년 중반까지 유엔이 미국의 기대에 부응하지 못하자 미국은 유엔에 대한 신임을 상실한 첫 번째 주요 국가가 되었다.[199] 미국 정부가 부시행정부 내 보수주의자들이 그랬던 것처럼 미국 헤게모니의 정책적 혜택에 매혹되어 그것에 관해 설교할 준비가 된 것처럼 보일 때보다 약한 회원국가들의 우려와 반작용이 확대되었다. 미국의 우월성에 대한 주장들은 사무총장과 사무국의 조종을 통해 유엔의 미국 지배에 대한 두려움을 강화시키는 데 기여했을 뿐이다. 그런 일종의 음모론들은 실망스럽게도 많은 수의 대표단들이 유엔의 정치를

---

199 Marrack Goulding, *Peacemonger*, Baltimore, MD: The Johns Hopkins University Press, 2003, p. 347.

아주 단순하게 "미국 대 그 외 모두"라는 안경을 통해 보게 하였다.[200]

뿐만 아니라 미국인들은 1945년 자신들의 후원하에 유엔이 창설된 이후 줄곧 유엔에 대해 온정주의적인 조망을 갖고 있으며 일종의 관리인 같은 자세를 취하는 문제가 있다. 미국의 예외주의(exceptionalism)를 반영하는 하나의 표현은 미국의 이익과 지구적 이익을 융합하고 유엔이 미국적 가치와 정치적 방식 및 운영의 방식을 지향하는 경향이었다.[201] 이런 경향들은 미국인들의 사고방식에 아주 깊이 새겨져서 미국의 국내적인 정치적 담론에서 대체로 문제시되지 않고 또 도전받지도 않는다. 그러나 탈냉전시대에 미국이 부트로스-갈리나 아난 사무총장들과 가장 빈번히 충돌한 것은 바로 이런 가치와 규범 그리고 주권에 대한 것이었다. 의심할 여지없이 미국사회의 다원주의와 그 속의 깊은 분열들이 다양한 방향으로 나아가게 할 것임에도 불구하고 어느 사무총장이든 그는 미국에 근거지를 둔 매스미디어, 비정부기구들과 학자들로부터뿐만 아니라 미국 정부의 압력을 견디어 내려고 노력하는 것이 하나의 주된 두통거리이다.

탈냉전시대에 전개되고 있고 도전적인 안보의 환경 속에서 유

200 Edward C. Luck, "The Secretary-General in a Unipolar World," in Simon Chesterman, ed., *Secretary or General?* Cambridge: Cambridge University Press, 2007, pp. 210-211.

201 Edward C. Luck, "American Exceptionalism and International Organization: Lessons from the 1990s," in Rosemary Foot, Neil MacFalane, and Michael Mastanduno, eds., *US Hegemony and International Organizations,* Oxford: Oxford University Press, 2003; Edward C. Luck*, Mixed Messages: American Politics and International Organizations 1919-1999,* Washington, DC: Brookings Institution Press, 1999.

엔 평화유지군에 대한 더 광범위하고 또 보다 빈번한 요구에 직면하여 유엔 사무총장들은 유엔 군사교리에 대한 새로운 주창자임과 동시에 유엔이 승인한 임무의 안과 밖에서 무력사용에 대한 비판자들이었다. 그 과정에서 그들은 미국 내에서 상당한 분노를, 그리고 어떤 다른 국가들에선 정도는 낮지만 역시 불만을 촉발시켰다. 미국과 기타 국가들 간 사용 가능하고 지속력 있는 군사적 능력의 엄청난 불균등은 그들 사이에서 불협화음을 초래하기 마련이었다. 더구나 어느 사무총장보다도 더 학자적인 부트로스-갈리는 지적 리더십을 열심히 과시하고 싶어했다. 가장 많은 논란의 대상은 안보리가 유엔헌장 제40조하에 임시적 방편으로 사무총장의 지휘하에 작지만 중무장한 평화 강제군의 창설을 고려해야 한다고 그의 미래지향적 "평화를 위한 의제"(Agenda for Peace)에서 한 권고였다. 유엔을 위해서 사무총장이 전투병력을 지휘하는 바로 그 아이디어는 폭풍 같은 비판을 야기했다. 예를 들어서 그는 "세계연방군의 최고사령관"처럼 행동한다고 비난 받았다.[202] 부트로스-갈리 사무총장에 대한 존 볼튼(John Bolton)의 바로 그런 비난이 너무 가혹하다고 인정한다고 해도 그는 분명하게 국가의, 국가에 의한, 그리고 국가를 위한 국제기구인 유엔 사무총장의 권한과 인민의, 인민에 의한, 그리고 인민을 위한 정치적 실체인 근대국가의 최고 정치지도자의 행정 권한 간의 근본적 차이를 우리에게 상기시켜 주고 있다.[203]

202 John R. Bolton, "The Creation, Fall, Rise, and the Fall of the United Nations," in Ted Galen Carpenter, ed., *Delusions of Grandeur,"* Washington, DC: Cato Institute, 1997, p. 55.

203 근대국가와 미국의 행정 권한에 관한 탁월한 연구를 위해서는 Harvey

국제안보정책에 대한 그리고 유엔군 지휘에 대한 입장 차는 부트로스-갈리 사무총장이 주권에 관해 오랫동안 정착된 상당수 미국인들의 우려에 대해 무감각하고 또 그의 반미적 언급들이 점점 직접적이고 공개적이 되어 간다는 미국 내 지배적인 인식과 결합되었다. 그는 또한 1996년 1월 옥스퍼드대학교에서 행한 연설과 그해 봄 《포린어페어》(*Foreign Affairs*)지에 기고한 글에서 거듭하여 회원국들에 의해 부과되는 정치적 및 예산적 제약에 대해 의존하지 않고, 그리하여 유엔을 위한 독립적이고, 안전하며, 지속적인 재정적 토대를 제공하는 기금의 원천들을 수립하는 데 대한 생각을 제시했다.[204] 그런 생각은 거듭되는 재정적 위기들과 또 무엇보다도 미국을 위시하여 많은 회원국들이 지불하는 분담금에 대한 불확실성을 일거에 제거하려는 시도였다. 그런 아이디어들이 학계에서 논의되기도 했었지만 그러나 그것들은 유엔의 재정적 토대에 대한 헌장의 개념을 훨씬 벗어나는

C. Mansfield, Jr., *Taming the Prince: The Ambivalence of Modern Executive Power,*New York: The Free Press, 1989 을 참조. 요컨대 마키아벨리의 미덕이 유엔 사무총장에겐 해당되지 않는다. 마키아벨리의 미덕에 관해서는 Harvey C. Mansfield, Jr., *Machiavelli's Virtue,* Chicago, Il: The University of Chicago Press, 1996을 참조. 리처드 노이슈타트(Richard Neustadt)의 미국 대통령직에 관한 연구에서 개발된 "영향력"의 개념이 유엔 사무총장직에 적용될 수 없는 부적절성에 관해서는 Jonathan Knight, "On the Influence of the Secretary-General: Can We Know What It Is?"*International Organization*, vol. 24, No. 3 (Summer 1970) pp. 596-797]을 참조. 1960년에 출간된 Richard E. Neustadt의 저서 *Presidential Power*는 1940년에 출간된 Edward S. Corwin의 *The President: Office and Powers*라는 저서의 주장과는 대조적으로 대통령의 권한이 실로 비공식적 성격의 것임을 대변했다.

204 Bourtros Boutros-Ghali, "Global Leadership after the Cold War,"*Foreign Affairs,* Vol. 75, No. 2 (March-April 1996), p. 97.

것이었다.[205] 미국의 깊은 반조세 감정과 주권에 대한 우려를 제대로 감지하지 못한 부트로스-갈리는 그가 사무총장직 재임명을 추구해야 할지의 여부 그리고 그의 두 번째 임기가 승인될 지의 문제가 미국에서 막 논의되기 시작할 때 작지만 하나의 위기를 촉발했다. 나쁜 상황을 더욱 악화시키도록 그의 논문은 유엔의 서비스 공급을 확장하는 관점에서 일종의 "독립선언"을 내포하고 있었다.[206] 그는 제시 헬름스(Jesse Helms) 상원의원 같은 유엔회의론자들에게 대량의 공격용 탄약을 제공한 셈이었다. 제시 헬름스 상원의원은 주권을 재정의하고, 유엔에 주권적 권한을 부여하고 또 유엔을 주권국가들의 제도로부터 유엔 자체를 준주권적 실체로 전환시키려는 사무총장의 시도에 대해 경고했다.[207] 부트로스-갈리 사무총장의 점증하는 반미주의는 유엔과 미국 간의 관계를 향상시킬 노력들을 어렵게 만들었다. 따라서 유엔과 미국 간의 관계가 향상되려면 사무총장이 떠나야만 했다.[208] 비록 미국 한 나라의 거부가 그 일을 해내는 데 충분했음에도 불구하고 그의 두 번째 임기를 거부하는 노력은 미국에게 외롭고 정치적으로 값비싼 투쟁으로 밝혀졌다.

코피 아난 사무총장은 미국과 상당 기간 동안 밀월의 시기를 보냈다. 1997년 7월 그의 첫 개혁안들이 급진적 성격을 담고 있지 않

205 유엔헌장 제 17조 2항을 참조. 예상대로 사무총장의 연설은 미국 의회에서 "대폭발"(firestorm)을 초래했다. [Edward C. Luck, *op. cit.*, p. 219.]

206 *Ibid.*, pp. 219-220.

207 Jesse Helms, "Saving the UN: A Challenge to the Next Secretary-General," *Foreign Affairs*, Vol. 75, No. 5 (September-October 1996), pp. 2-4.

208 Madeleine Albright, *Madam Secretary*, New York: Miramax Books, 2003, p. 263.

아 미국에서 일반적으로 잘 수용되었다. 그러나 부트로스-갈리처럼 아난 사무총장도 자신의 정치적인 역할과 대표성의 역할을 섞는 성향을 갖고 있었다. 그는 종종 자신이 유엔의 원칙과 목적이라고 인식되는 것을 옹호하여 논란의 되고 있는 정치적 및 안보 문제들에 대해 행동하거나 공개적으로 말하지 않을 수 없다고 느끼는 것 같았다. 그는 종종 자신의 주관적 판단을 도덕적 의무로 내세우면서 자신의 선호들이 개별 국가들이나 국가진영들의 협소한 이익을 초월하는 세계 인민들의 이익과 가치들을 대변한다고 공언했다. 그는 보다 높은 소명을 대변했고 그래서 결국 이상주의에 빠졌다. 2002년 11월 안보리 결의안 제1441호의 만장일치 채택에 의해 생성된 잘못된 희망에도 불구하고 그는 2002-2003년에 이라크를 어떻게 다룰 것인가에 대한 공동의 토대를 안보리가 발견하지 못하는 데 대해 크게 실망하였다. 그는 핵심적 목적이란 자기 생각엔 안보리의 단결임을 거듭 주장했다. 2003년 3월 안보리의 승인 없는 무력개입의 수단에 대한 그의 고뇌가 명백했다. 그럼에도 불구하고 일단 전쟁의 초기 전투 단계가 신속하고 또 명백히 결정적으로 달성되자 그의 공개적 언급은 모든 회원국들에게 전쟁의 합법성이나 바람직성에 대한 그들의 견해가 무엇이든 간에 이라크의 재건 과정에 참여하도록 촉구하는 쪽이 되었다. 그리고 이 단계에서 그의 업무수행은 미국으로부터 따뜻한 평가를 받았다.[209] 2003년 봄과 여름에 걸쳐 안보리는 무력사용과 이라크 개입의 지혜에 대한 깊은 분열이 남아 있음에도 불구하고 안보리는 최소한의 공개적 불협화음만으로 이라크의 미래에 관하여 일련의 결의

209 Edward C. Luck in Simon Chestman, et. al., *op. cit.*, p. 223.

안들을 통과시켰다.

그러나 2003년 8월 19일 바그다드에 있는 유엔 사무실들이 테러분자들의 폭탄 공격을 받아 사무총장의 특사이며 오랜 동료인 세르지오 비에라 드 멜로(Sergio Viera de Mello)가 20명의 동료와 함께 살해된 뒤에 아난 사무총장은 유엔의 어려움에 대한 해답이 안보리를 시작으로 하여 무력사용을 다루는 규칙과 규범의 재검토와 함께 유엔의 급진적 개혁을 하는 데 있다고 결정했다. 그리하여 그는 위협과 도전 및 변화에 대한 고위급 패널을 소집함으로써 유엔의 60년 역사에서 가장 야심적이고 포괄적인 유엔의 정밀검사를 단행했다. 그러나 개념도 빈약하고 시기도 적절치 못해서 유엔개혁을 위한 그의 작전은 개혁보다도 더 많은 분란만을 초래했다.[210] 아난은 유엔이 정치적 위기가 아니라 제도적 위기에 직면했으며 또한 제도를 손질하여 그것을 고칠 수 있을 것으로 잘못 가정했던 것이다. 그는 정치적 치유가 개혁을 선행해야지 그 역이 아니라는 사실을 잊고 있었다. 그리하여 회원국들로 하여금 선도하거나 의제를 형성하도록 하기보다 사무총장은 자신과 그의 "패널"이 주도해야 한다고 생각했었다.[211] 손쉬운 주제로부터 시작하여 몇 개의 핵심적 방식에 초점을 맞추기보다 안보리의 급진적 확대라는 "불가능한 임무"로 시작하고 나섰다. 게다가 개혁이 스스로 하나의 포괄적 패키지로 채택되어야만 한다고 주장했다. 아무런 극적 드라마도 없고 또 역사적 감각도 별로 없이 그는 회원국들

210 Edward C. Luck, "How Not to Reform the United Nations,"*Global Governance*, vol. 11, no. 4 (Oct.-Dec. 2005), pp. 407-414.

211 Simon Chesterman, "Great Expectations: UN Reform and the Role of the Secretary-General,"*Security Dialogue*, Vol. 36, No. 3(2005), p. 376.

에게 이렇게 주의시켰다: “여러분, 우리는 기로에 서 있습니다.”[212]

실제로 미국은 오랫동안 유엔개혁의 강력한 주창자였지만 아난 사무총장의 개혁안은 절대로 미국이 모색했던 그런 것이 아니었다. 아난의 개혁 계획의 분명한 함의는 군사분야에서 단극체제의 출현 그리고 미국의 무력사용 성향에 직면하여 미국이 안보리의 의사진행을 통제하거나 지배하는 것을 훨씬 더 어렵게 만드는 것과 동시에 미국의 일방주의에 대한 정치적 제약을 증가시키도록 안보리가 확대되어야 한다는 것이었다.[213] 뿐만 아니라, 사무총장은 유엔의 맥락 밖에서 행해지는 회원국들에 의한 군사적 행동의 수행이 헌장 제99조에 따라 안보리에 보고되어야 할 국제평화와 안전에 대한 긴박한 위협이 된다고 느끼지 않는 한 그는 거기에 대해 공개적 권고나 언급을 제공할 책임을 갖고 있지 않다. 그럼에도 불구하고 아난은 이라크 전쟁이 주요쟁점인 2004년 11월 미국 대통령 선거가 실시되는 바로 그 전 주일을 택해 미국의 대이라크 전쟁이 “불법적”이라는 그가 오래 참아 왔던 신념을 언론에 표했다. 그런 언명의 내용과 시기를 부시 행정부가 간과하기란 불가능 했을 것이다.[214] 확실히 탈냉전 시대의 유엔 사무총장들이 때때로 많은 문제들에서 미국의 입장에 도전하는 것을 마다하지 않았다. 실제로 헤게모니 미국을 거스르려는 충동이 정치적 생존에 대한 부트로스-갈리의 본능과 성공적 두 번째 임기에 대한 아난의 희망을 압도했다. 유엔의 많은 사람들에게 이라크에서

212 Edward C. Luck, “The Secretary-General in a Unipolar World,” in Simon Chestman, ed., *op. cit.*, p. 224.

213 *Ibid.*, p. 225.

214 *Ibid.*, pp. 226-227.

무력사용에 대한 논쟁이 미국의 강성 힘과 유엔의 연성 힘 간의 투쟁으로, 바꾸어 말해, 골리앗의 군사적 및 경제적 힘과 다윗의 규범에 근거한 정당성 간의 투쟁으로 보기란 너무도 쉬운 일이다. 그러나 불행하게도 현재의 단극적 국제체제의 현실이 두 사무총장들의 인기 있는 수사학적 테마들 속에서 반영되거나 훈육되었음을 거의 발견할 수 없다.

사무총장이 약소국 회원국들에 특별한 친화력을 느끼는 것은 자연스러운 일일 수 있다. 냉소적인 사무총장조차 유엔에서 개발도상국들의 명분을 옹호함으로써 이득을 볼 수 있을 것이다. 왜냐하면 그들이 유엔 총회의 다수를 구성하고 있으며, 유엔 총회가 사무총장의 책임인 예산 및 행정적 문제에 최종결정권을 갖고 있기 때문이다. 따라서 사무총장은 유일하게 가장 강력한 헤게모니 초강대국은 말할 필요도 없고 유엔 밖에서 실질적 힘을 행사하는 소수의 선진 강대국 회원국들을 소외시킬 수 없는 것과 마찬가지로 많은 발전도상의 약소국가들도 소외시킬 수가 없다. 사무총장의 "독립성"이란 지구적 규범의 생산자나 세계 인민들과 국가들을 위한 도덕적 중재자, 그리고 서로 다른 회원국들 간의 경쟁적 의제의 공적 균형자 같은 어려운 일을 담당하는 데서 오는 것이 아니다. 지나치게 많은 일을 시작함으로써 탈냉전 시대의 사무총장들은 유엔이나 사무총장직을 국제사회에서 고양시키고 또 지속적이고 생명력 있게 발전시킨다는 점에서 보면 실제로 성취한 것이 별로 없다. 따라서 현재 그리고 미래의 사무총장들은 여전히 계속되고 있는 단극적 국제체제 속에서 유엔에 봉사했던 지난 두 전임 사무총장들의 한계로부터 배운 교훈을 철저히

새기고 그들이 수행했던 과업들 중에서 최선의 실천을 깊이 고려하는 것이 진정으로 필요할 것이다.

제10장

역사의 귀환

현 국제체제의 단극성은 주요 강대국들 간의 모든 갈등과 그에 따른 권력투쟁이 모두 사라진다거나 미국이 언제나 모든 문제에서 자기 마음대로 하거나 또는 할 수 있다는 것을 반드시 의미하지는 않는다. 주요 국가들의 엘리트들과 정치지도자들은 자신들에 대한 헤게모니 미국의 거들먹거리는 자세에 분개하는 것을 멈추지 않을 것이다. 또한 그들은 타국들에 대비하여 자신들의 국가적 위상에 관해 신경 쓰는 것을 갑자기 멈추지도 않을 것이다. 현재 주요 강대국 클럽에 속하지 않으면서 부상하는 국가들은 당연히 그런 회원국의 사전 요건들을 추구할 것이다. 그러나 이 국가들이 언젠가 미국에 대항 세력을 성공적으로 창출할 때까지 현 국제체제는 여전히 단극체제로 남을 것이다. 그럼에도 불구하고 국제적으로 경쟁적인 투쟁은 러시아, 중국, 유럽, 일본, 인도 및 미국과 함께 복귀했으며 미국은 외로운 초강대국이고 기타 강대국들은 지역적 헤게모니를 위해 경합하고 있다. 그리하여 세계에서 지위와 영향력을 위한 투쟁이 국제문제의 핵심적 특징으로 복귀했다.[215]

마치 그리스 세계의 고대 역사가 근대 역사보다 오늘날에 더 많은 적실성이 있는 것처럼 자유주의와 전체주의 사이의 옛 경쟁 또한 귀환하여 자국의 정치체제적 성격에 따라 강대국들이 점차 줄을 서고 있다. 또 하나의 잠복했던 투쟁이 급진적 이슬람주의와 서방 세속문화 그리고 서방국가들 간에 분출했다.[216] 최근에 중국과 러시아의 전제주의가 부상했고 급진적 이슬람주의자들이 그들의 투쟁을 중단없이 수행하고 있는 때에 민주주의 국가들은 그들의 목적과 도덕성의 문제들로 분열되고 또 권력과 윤리에 대해 논쟁하고 서로가 상대방의 실패에 손가락질 하고 있다.

미국인들에게 소련제국의 소멸에 따른 신단극적 국제체제 속에서 헤게모니 국가의 독특한 자신들의 지위는 글로벌 리더십이라는 오랜 꿈을 실현할 하늘이 준 기회처럼 보였다. 그들은 이런 기회를 마땅히 환영하고 심지어 활용되어야 한다. 그러나 이와는 대조적으로 유럽인들은 신국제질서가 통합된 유럽(European Union)을 따라갈 것으로 믿는 것 같았다.[217] 유럽은 전통적 국가이익과 권력정치가 국제법, 초국가제도, 그리고 통합된 주권에 굴복할 탈근대 시대로 세계를 이끌고 있었다. 인류, 특히 유럽을 재앙으로 몰았었던 문화적, 인종적 그리고 민족적 분열들은 공유된 가치와 공동의 경제적 이익에 의해

215 Henry Kissinger, *Diplomacy,* New York; Simon and Schuster, 1994, chapter 31.

216 Samuel P. Huntington, *The Clash of Civilizations and the Remaking of World Order,* New York: Simon and Schuster, 1996.

217 Robert Kagan, *The Return of History and the End of Dreams,* New York: Alfred A. Knopf, 2008, p. 9.

서 해체될 것이다. 미국처럼 유럽연합(EU)도 팽창적이지만 탈근대적 방법으로 자유, 민주주의, 인권 및 인간안보에 헌신하는 일종의 "자발적인 제국"을 내다보고 있었다. 그런 세계의 비전은 냉전종식 직후 특이한 일단의 국제적 환경, 즉 전통적 강대국 간 권력투쟁의 일시적 부재에 입각했다. 소련이 붕괴하자 그 후계국가인 러시아는 약하고, 사기가 낮고, 국내정치가 혼란에 빠지고, 경제가 원조를 받는 처지이며, 군사력이 크게 퇴락했다. 중국은 천안문 광장의 학살 이후 고립되고, 우려에 젖고, 내부지향적이었으며, 경제적 미래도 불확실하고, 군부는 현대 고도의 기술 전쟁에 준비가 안 되어 있었다. 일본은 1990년 재난적 주식시장의 폭락으로 고통 받고 경제적 위축의 연대로 진입하고 있었다. 인도는 아직 자신의 경제적 혁명을 시작하지 않았었다. 그리고 유럽은 이때 권력정치를 거부하고 탈근대적 제도들을 완성하고 있었다. 이제 오직 미국만이 과거처럼 그대로 소위 "유일한 초강대국"으로 남았다.

그러나 전통적 권력정치에 대한 고별은 시기상조임이 드러났고 세계는 전환을 목격하고 있지도 않았다. 그것은 국가들과 인민들 간의 항구적 경쟁과 투쟁 속에서 단지 일시적인 멈춤이었다. 문화, 문명, 종교, 그리고 무엇보다도 민족주의가 복귀했고 민주적 자유주의와 시장 자본주의의 세계화에 저항하거나 흠집내기 시작했다. 탈냉전의 핵심적 가정이 무너지기 시작했다. 부상하는 강대국들이 하나씩 국제적 권력정치의 검투장에 진입하거나 재진입함에 따라 국제적 경쟁과 투쟁이 귀환했다. 먼저 중국이 그리고 인도가 미증유의 경제적 성장을 일으켰고 그와 함께 핵무기뿐만 아니라 재래식 군사적 능력에 있어서 점증적이지만 대폭적인 증가를 수반했다. 일본도 느리지만 꾸준한 경제 회복을 시작했고 유엔체제 안과 밖에서 외교적으로뿐만 아니라 군사적으로 보다 적극적인 국제적 역할을 향해 나아가고 있다. 러시아도 석유와 천연가스의 거대한 보유의 수출에 입각하여 경제적 재난으로부터 꾸준한 성장으로 회복했다. 이제 세계는 유일 초강대국의 세계로 나아가는 것처럼 보이지만 그러나 동시에, 비록 그들 모두가 단극적 국제체제의 단일 우산하에 여전히 머물러 있지만, 미래의 폭발을 위한 지진 운동을 하는 여러 강대국들의 세계로 나아가는 것처럼 보인다. "역사의 종말"은 어느덧 일순간에 "역사의 귀환"으로 대치되었다.

역사는 러시아에 가장 극적으로 돌아왔다. 러시아의 자유주의로의 전환은 국내적으로 정체했다가 역전되었고 그러고 나서 외교정책도 역전되었다. 러시아에서 미성숙한 민주적 전환은 모든 중요한 결정이 한 사람과 그의 강력한 동아리에 의해서 이루어지는 하나의 옛 차르식 정치체제로 가장 잘 표현될 그런 정체로 돌아갔다.[218] 강대국 민족주의가 거대한 야심과 계산으로 러시아의 외교정책에 복귀했다. 최근 경제성장의 대부분은 러시아가 풍성하게 보유하고 있는 석유와 가스의 기록적으로 높은 가격의 덕택이다. 이제 유럽은 에너지 공급을 위해 중동보다 러시아에 더 많이 의존하고 있다. 유럽 국가들은 러시아가 에너지 공급의 흐름을 조작하지 않을까 염려하고 있으며, 러시아 지도자들은 이것이 러시아가 약했던 과거 같으면 유럽인

218 Dmitri V. Trenin, *Getting Russia Right,* Washington, DC: Carnegie Endowment for International Peace, 2007, pp. 9-10.

들이 결코 보고만 있지 않았을 러시아의 행동에 유럽인들을 굴복할 수밖에 없게 만들 수단을 제공한다는 사실을 알고 있다. 러시아는 여전히 1백만이 넘는 상비군 병력과 함께 1만 6천 개의 핵탄두들을 보유하고 있다. 또한 러시아는 냉전 종식 이후 처음으로 신형 제트 전투기들과 신형 잠수함들 및 신형 항공모함들을 개발하고 있으며 장거리 전략폭격기 훈련비행을 재개했다. 러시아의 군사력은 분명히 러시아 외교정책의 필수적 일부이다. 러시아는 체첸(Chechnya)에서 감행했던 전쟁은 말할 필요도 없고 그루지아(Georgia)와 몰도바(Moldova)에 병력을 주둔시키고 있다. 러시아는 병력의 전개를 제약했던 유럽 재래식무기 감축조약(CFE)에 참여를 중단했다.[219] 동아시아에서 러시아는 중국에 대한 첨단무기들의 주도적 공급자였으며 그리하여 그곳에서 또다시 자신을 전략적 방정식에서 중요한 요인으로 만들었다.

부유한 자연자원, 가용한 부와 유엔 안보리의 거부권, 및 전 유라시아에 걸친 영향력을 갖고 있는 러시아는 또다시 국제정치의 주요 행위자가 되었다. 이런 힘의 자각이 오늘날 러시아의 민족주의를 부채질하고 있다. 러시아인들은 탈냉전 상황을 러시아가 약할 때 미국과 유럽이 강제한 굴복 이상 아니라고 생각한다. 그들은 소련 공산주의로 복귀를 동경하지 않지만 그들은 러시아가 타국에 의해 존중 받고 또 세계에 영향력을 행사할 수 있고, 국가이익을 수호할 수 있었던 시절을 동경하고 있다. 오늘날 러시아에서 비난적인 분위기는 제1차 세계대전 후 독일을 상기시키는데, 그때 독일인들은 승전 강대국들이 패배한 독일에 강요한 "부끄러운 베르사유 강제"(Diktat)에 대해 그

219 Robert Kagan, *op. cit.*, p. 15.

리고 등 뒤에서 국가에게 비수를 찌른 부패한 정치인들에 대해 불평하고 또 분노했었다.[220] 오늘날 러시아는 잃어버린 범세계적 영향력과 힘을 다시 찾으려 하고 있다. 러시아의 거대한 야심은 자신을 유라시아에서 지배적 강대국으로 재 수립하고, 더 나아가서 세계의 2~3개의 글로벌 강대국 중 하나가 되는 것이다.

오늘날 중국을 가장 과시적이고 빈번하게 특징짓는 것은 "부상하는" 중국이다.[221] 중국은 부상하는 지정학적 및 경제적 거인이다. 중국의 경제는 세계 최대의 경제를 향해 질주하고 있으며 군사력은 꾸준히 증가하고 있다. 중국의 정치적 영향력은 경제 및 군사력과 보조를 맞추어 확대되고 있다. 새로운 힘은 새로운 야심을 낳거나 옛 야심으로 돌아가는 법이다. 이것은 모든 국가에게 진실이며 분명히 중국에겐 더욱더 진실이다. 중국인들의 새로운 힘과 그에 따른 자신감과 자부심은 자신과 자국의 국가적 이익, 자신들의 국제적 위상과 자신들이 타국들에 의해 어떻게 대접받아야 하는가 등에 관한 자아적 인식을 변화시켰다. 이것이 바로 역사에서 강대국들의 부상이 그렇게 빈번히 국제체제 내에서 긴장과 심지어 대규모 전쟁을 낳았던 이유이다. 중국의 새롭게 발견된 경제적 위력은 그들의 소위 중화 신드롬(Middle Kingdom syndrome)의 오랜 감정, 즉 중국이 세계에서 과거에

---

220 *Ibid.*, p. 16.

221 책의 제목으로 몇 개만 예를 들면, Jasper Becker, *Dragon Rising: An Inside Look at China Today*, Washington, DC: National Geographic Society, 2006; Avery Goldstein, *Rising to Challenge: China's Grand Strategy and International Security,* Stanford: Stanford University Press, 2005; Robert G. Sutter, *China's Rise in Asia: Promises and Perils,* Lanham, Maryland: Rawman & Littlefield, 2005.

중심적 세력이었고 따라서 미래에도 그럴 것이라는 뿌리 깊은 믿음을 부활시켰다. 천 년 이상 중국은 아시아에서 헤게모니 국가, 야만인들의 세계에서 유일한 문명, 그리고 지리적으로뿐만 아니라 정신적으로도 자신이 우주 속의 중심부였다.[222]

오늘날 중국인들은"민족적 굴욕의 19세기"를 잊지 않고 또 반복하지도 않을 것이며 그들의 옛 영광스런 구심성(centrality)이 마침내 복귀될 수 있고, 복귀되어야만 하며, 또 복귀될 것으로 믿고 있다. 유엔 안보리 상임이사국의 지위와 G2의 경제적 위상으로 중국은 동아시아에서는 말할 것도 없고 국제사회의 외교 관계에서 대단한 위력을 발휘하고 있다. 또한 중국은 경제적 강대국과 함께 군사적 강국이 되고 있다. 중국이 자국의 경제를 모택동 시대의 자급자족(autarky) 경제로부터 현재의 국제 자유주의 경제에 깊숙이 관련된 경제로 전환함에 따라 중국은 스스로 새로운 전 지구적 경제이익들을 얻었다. 그러므로 중국은 그것들을 보호할 수 있는 현대적 군사력을 필요로 하고 있으며 따라서 군사력을 강화하는 데 성장하는 경제적 부의 점점 더 많은 양을 지출하고 있다. 비록 중국이 지금 당장의 외부로부터의 어떤 군사적 위협에도 직면하고 있지 않고 또 근대 어느 때보다 더 강력함에도 불구하고 중국은 자국의 전략적 교리를 외부 침략에 대항하는 자국 영토의 보호로부터 자국의 군사력을 해외에 투사하는 전략으로 전환했다. 이 목적을 위해 중국은 낡은 해군과 공군력을 현대의 선박과 항공기로 꾸준히 대치했으며, 최근엔 항공모함도 진수시켰다.

222 Mark Mancall, *China at the Center: 300 Years of Foreign Policy,* New York: The Free Press, 1984.

그러기 위해 거의 모든 것들을 러시아에서 구입했다. 수 세기 만에 처음으로 중국은 자국을 하나의 해양국으로 생각하기 시작했다.

중국의 성장하는 국제적 지위에서 회복된 자부심이 중국공산당의 지배 과두체제에겐 정치적 정통성의 중대한 원천들 중의 하나가 되었다. 대중들의 민족주의가 극적으로 성장하여 어떤 때는 일본을 그리고 또 다른 때는 미국을 겨냥했다. 그것은 부분적으로는 중국민족의 옹호자로서 공산당의 정통성을 강화하기 위해 계획된 국가의 교육 프로그램 때문이다. 그러나 또 다른 부분은 역사적 분노와 회복된 새로운 힘의 느낌과 자부심이 서로 뒤엉킨 데서 자연스럽게 유래했다. 그러므로 자신의 자부심과 명예를 회복하려는 중국인들의 열망으로 시작한 것이 점점 자신의 역사적 야심이라는 거대한 문제와 뒤섞여 버렸다. 본토와 통일하지 않으려는 거부와 국제적 승인, 그리고 어쩌면 심지어 완전한 독립을 확보하기 위한 대만의 끈질긴 노력은 중국통일을 위한 문제일 뿐만 아니라 그것은 동시에 아시아에서 자국의 구심성에 대한 중국의 주장에 대해 하나의 굴욕적인 반박이 되고 있다. 통일을 거절함으로써 대만인들은 자신들을 동아시아에서 사실상 미국의 동맹국으로 만들고 있다. 만일 대만이 중국의 헤게모니적 지도력을 수락하지 않는다면 그 밖의 누가 그럴 것으로 기대될 수 있겠는가? 따라서 중국에게 대만은 미국의 이념적 적대감과 전략적 적의 구현체가 되었다. 만일 동아시아가 19세기 말과 20세기 초의 유럽을 닮는다면 그러면 대만은 중·미 대결의 "사라예보"(Sarajevo)가 될지도 모른다.[223] 역사가 암시하는 것만 같다: 중국이 점점 더 자신감

223 Robert Kagan, *op. cit.*, p. 36.

을 갖게 됨에 따라 중국은 동아시아에서 자기 스스로 생각하기에 역사적으로 당연한 중국의 헤게모니에 방해가 되는 어떤 장애물에도 점점 덜 관용적이 될 것이다.

중국만이 열망에 찬 유일한 강대국은 아니다. 일본도 세계에서 세 번째로 큰 경제를 가진 또 하나의 강대국이다. 비록 일본은 국부의 겨우 1% 정도만을 국방을 위해 지출하지만 그 액수는 연간 4백억 달러에 달하며 그것은 세계에서 최고 3~4위에 해당한다. 비록 일본이 핵 보유 국가가 아니고 또 그럴 생각이 없다는 입장을 표명했지만 위기 시에 일본은 신속하게 강력한 핵무기들을 생산할 수 있을 것이다. 또한 일본은 유엔 외교에 대한 과시적 강조로 자신의 강대국 야심을 점차로 보여 주었다. 중국은 물론 핵 무장한 북한으로부터의 위험에 대한 점증하는 인식은 동북아에선 권력정치가 여전히 강력하게 남아 있고 또 그래서 전쟁이 여전히 가능하다고 확신시킨다. 일본은 자위대를 국방부로 지위를 격상시켰고, 방위비의 비율을 증가시켰으며 또 미국과의 안보동맹도 강화했다. 그와 동시에 일본은 유엔의 평화유지활동을 포함하는 글로벌 군사적 역할을 확장했고, 이라크와 아프가니스탄에서 일본의 지원을 제공하고 또 국제사회에서 일본의 역할에 대해 보다 광범위한 견해를 취하기 시작했다.

일본과 중국 간의 경쟁은 19세기 말까지 거슬러 올라가고 또 그 이전으로까지 가는 양국 간 변함없는 특징들 중의 하나이다. 중국인들은 1천 년이 넘도록 일본인들을 중국 중심의 우주 속에서 열등한 인종으로 경멸했다. 중국인들의 유교적 관점에서 보면 일본은 중국이라는 학교의 일개 학생이나 중국이라는 가족의 어린 동생으로

호의적으로 취급되거나 그렇지 않으면 하나의 해적 국가로 악의적으로 취급되었다. 1895년 중(청)일 전쟁에서 당시 부상하던 일본이 중국을 패배시킴으로써 중국의 기나긴 역사에서 중국인들에게 굴욕을 안기자 중국인들의 우월감은 일본인들에 대한 증오심으로 바뀌었다. 더 나아가서 중국은 그때 이후 줄곧 일련의 잔혹한 성격의 침략을 당했는데 그것은 1930년대 말 난징에서의 대학살이 대표적이다. 그러한 기억들은 여전히 생생하게 살아 있으며 대부분의 중국인들에 의해서 기억되고 있다. 그러므로 일본인들에 대한 불신은 중국의 군부에 깊게 흐르고 있고 또 세대를 초월한다.[224] 일본인들 또한 중국인들을 별로 좋아하지 않는다. 그들은 동생의 역할에 흥미가 없다. 힘의 균형이 일본으로부터 중국으로 이동하고 있을지도 모른다는 인식들이 미국 및 아시아의 다른 강대국들에 의해 확실해지면서 그런 추세에 대항하려는 일본인들의 노력은 물론이고 일본인들의 민족주의를 부채질하는 데 분명히 일조했다.

중국과 일본의 양국 국민들 간의 적대감은 중국이 일본의 가장 큰 무역 파트너가 되고 또 중국어가 일본에서 영어 다음으로 공부하는 가장 인기 있는 제2의 외국어가 되었다는 사실에도 불구하고 계속 넓어지고 또 깊어지고 있다. 일본과 중국 간의 경쟁은 아시아의 지정학에서 핵심적 특성으로 남아 있다. 양국은 경제적 영역에서뿐만 아니라 군사적인 영역에서도 서로가 상대적인 자신들의 힘과 지위를 높이려고 한다. 만일 중국이 대만에 대해 군사적 조치를 취한다

224 David Shambaugh, *Modernizing China's Military: Progress, Problems, Prospects*, Berkeley, California: University of California Press, 2004, p. 301.

면 일본은 그것을 자국의 안보에 대한 심각한 위험으로 간주할 것이다. 그들은 세계 어느 곳에서나 우방과 동맹을 위해 경쟁한다. 중국은 일본이 유엔 안보리에서 상임이사국 자리를 얻지 못하도록 노력하는 반면에 일본은 대만과 더욱 더 친밀한 관계를 겨냥했다. 그들은 외교적 포럼에서 상대방을 능가하려고 애쓰고 타국들과 전략적 관계를 강화하려고 모색한다. 전통적 권력투쟁이 계속되고 있는 것이다.

인도는 세계화 시대에 번성하기 특별히 적합한 역동적 서비스 및 고도의 기술 산업과 최근에 중국의 성장률에 근접하는 급속한 성장률을 가진 또 하나의 야심 찬 강대국이다.[225] 인도도 중국처럼 지역적 헤게모니의 자랑스런 역사, 기나긴 영국의 식민통치에 대한 깊은 분노, 그리고 세계무대에서 다가오는 위대함에 대한 신념을 갖고 있다. 위대한 고대 문명의 후예로서 자신의 위대함에 대한 감성은 결코 새로운 것이 아니지만 그것은 시대와 함께 변했다. 냉전시대에 인도는 자국을 하나의 전통적 강대국이 아니라 초강대국들에 대한 하나의 "거룩한 도덕적 대응세력"으로 생각했었다. 인도의 지도자들은 군력정치에 경멸감을 표명하고 만일 적절히 적용하면 세계를 전환시킬 평화공존과 다자주의에 대한 새로운 일단의 원칙들의 선구자로 자국을 내세웠다.[226] 그러나 냉전의 종식 이후 1990년대 급속한 경제성장과 함께 인도인들은 힌두교리나 탈근대적 의미에서가 아니라 전통적인 지정학적 의미에서 하나의 강대국으로 자신들에 대한 다른 그림,

225 Robyn Meredith, *The Elephant and the Dragon: The Rise of India and China and What It Means for All of Us*, New York: W.W. Norton, 2007을 참조.

226 오늘날 탈근대주의적 유럽인들과 글로벌리스트들이 바로 그런 입장을 취하고 있는데 그들은 이런 사실을 인용하거나 인정하는 것 같지 않다.

즉 전혀 다른 자화상을 갖게 되었다.[227] 많은 다른 사람들처럼 인도인들도 탈냉전시대에도 권력정치가 여전히 국제관계를 지배하고 있음을 깨달았으며 또한 자국의 증가하는 힘과 함께 힘을 믿기 시작했다. 인도는 "주장의 힘"을 강조하는 것으로부터 "힘의 주장"에 대한 새로운 주장으로 이동했다. 실제적 핵 강대국으로 인정받고 또 수용되려는 인도의 일치단결된 결심보다 더 과시적인 권력지향을 집약적으로 표현해 주는 것은 아무것도 없다. 여기에는 경제적 성장이 중대한 역할을 했다. 왜냐하면 인도의 정치지도자들이 1988년 일련의 핵실험을 실시하는 운명적 결정을 했을 때 전 연대의 경제성장이 그들에게 세계가 세계경제에서 아주 중요한 인도를 1930년대 중반 이탈리아의 북아프리카 침공 시의 경우처럼 오랫동안 응징할 수 없을 것이라고 믿을 만한 자신감을 부여했기 때문이다.[228]

핵 보유 강대국 클럽에 참여하려는 인도의 야심은 중국 및 파키스탄과의 가능한 갈등에 관한 전략적 관심에 그 토대를 두고 있다. 그러나 보다 정치적으로 말해서 인도는 국가의 명예, 국제적 위상과 뿌리 깊은 자존심을 위한 일반적 목적도 갖고 있다. 인도는 자국의 주변에서 중국과 러시아처럼 헤게모니를 추구한다. 자국의 변방에서 네팔. 스리랑카 및 인도양의 주요 섬들에서 다른 강대국들, 특히 중국

227 힌두교적 견해에 관해서는 다음을 참조. D. Mackenzie Brown, "Hindu and Western Realism: A Study of Contrasts," in Joel Larus, ed., *Comparative World Politics: Readings in Western and Premodern Non-Western International Relations,* Belmont, California: Wadsworth Publishing, 1965, pp. 266-270; Roger Boeshe, *The First Great Political Realist: Kautilya and His ASTHASHASTRA,* Lanham, Maryland: Lexington Books, 2002.]

228 Robert Kagan, *op. cit.*, p. 42.

이 이들 작은 국가들과 관계를 수립하는 것을 배제하는 반면에 그들에 대한 지배적 영향력 행사를 추구한다. 특히 인도양의 방대한 연안에서 인도는 유리한 힘의 균형을 추구하고 중국이 이득을 얻지 못하게 하려고 한다. 세계에서 전반적으로 인도는 지구적 힘의 균형 속에서 라자 모한(C. Raja Mohan)이 표현한 대로 소위 하나의 "그네 국가"(swing state)의 역할을 모색했다.[229] 보다 전통적인 용어로 표현한다면 인도는 현 단극적 국제체제하에서 자국의 한계를 올바로 자각하지 못한 채 국제정치에서 하나의 "균형 자"가 되길 갈망했다. 그러나 현 시점에서 인도의 그런 야심적 목적에 대한 최대의 장애물은 중국이다. 양국 간에는 오랫동안 타결되지 않은 국경분쟁이 있고 또 파키스탄에 대한 중국의 지원은 인도인들을 아직도 짜증나게 하고 있다. 그러나 최근에 강대국들의 투쟁은 새로운 형식을 취하기도 했다. 인도양 지역에서 중국의 성장하는 해군력 팽창이 인도인들로 하여금 신경을 쓰게 하고 있고 또 인도인들은 미얀마, 방글라데시, 스리랑카, 몰디브(Moldives), 세이셸(Seychelles), 모리셔스(Mauritius) 및 마다가스카르(Madagascar)와 같은 지역 국가들과 중국의 점증하는 군사적 및 해상 연계에 관해 불평하고 있다.[230] 양국 간의 전쟁은 그동안 그랬던 것처럼 쉽게 발발할 것 같지는 않지만 그들의 지정학적 경쟁이 국제정치의 힘의 분포관계를 재형성하고 있다.

1648년 이후 모든 근대 국제정치에서처럼 강대국들은 자국의

229 C. Raja Mohan, "India and the Balance of Power," *Foreign Affairs*, vol. 85, No. 4 (September/October), pp. 17-18.

230 Robert Kagan, *op. cit.*, p. 43.

이익을 보호하고 또 자신들의 야심을 보호하기 위해서 공식 및 비공식적 동맹을 통해 결합을 형성해 왔다. 중국은 파키스탄과의 동맹을 유지했다. 그에 대한 대응으로 인도는 냉전종식과 함께 소련이라는 동맹국이 사라진 이후 일본 및 미국과 밀접한 관계를 발전시키고 있다. 2005년 중국이 최초의 동아시아 정상회의에서 인도를 배제하려고 했을 때 일본이 인도의 편을 들었다. 파키스탄이 지역협력을 위한 남아시아협회(South Asian Association for Regional Cooperation)에서 중국에게 옵저버(observer) 지위를 제안하자 인도는 중국의 영향력에 대응하기 위해 일본, 한국, 그리고 미국을 끌어들였다.[231] 일본은 투자와 개발원조를 인도가 원하는 방향으로 조정하고 또 특히 인도양에서 군사적 협력을 수행하면서 인도를 아시아에서 자국의 전략적 파트너를 만들었다.[232] 2007년엔 대규모의 해양 훈련이 벵골만(Bay of Bengal)에서 실시되었는데 이 훈련은 인도, 일본, 호주, 싱가포르, 그리고 무엇보다도 2개의 항공모함전단을 가진 미국의 참가를 포함했다. 지리적 위치가 동북아에서 남아시아에 이르는 중국의 변방을 따라 뻗어 있는 국가들이 이런 식으로 함께 모인 것은 역사상 처음 있는 일이었다. 중국은 각 국가들에게 정식으로 항의했지만 그 훈련은 어느 강대국을 봉쇄하려는 것이 아니라는 답을 정식으로 들었을 뿐이다.[233] 그럼에도 불구하고 그 군사훈련은 멀지 않은 장래에 다가올 사태의 전조를 상징한다고 해도 결코 과언이 아닐 것이다.

231 C. Raja Mohan, *op. cit.*, p. 30.

232 *Ibid.*

233 *Ibid.*

미국은 많은 사람들에게 냉전종식과 특히 9·11테러 이후 완전히 새로운 헤게모니 국가로 종종 인식되었다. 그러나 미국에게 소위 부시 독트린(Bush Doctrine)은 미국 외교정책에서 결코 새로운 혁명이 아니다. 9·11은 미국외교정책의 전환이 아니라 과거의 전례를 상기시켰다. 부시 대통령은 9·11의 결과로 과거 어느 대통령도 그럴 수 없었던 것처럼 미국의 지속적인 문화적이고 이념적인 지상명령을 회피할 수 없었다. 즉 부시 정부도 과거 전임자들의 외교정책을 계승했다. 그의 후임자들도 마찬가지일 것이다.[234] 사람들이 부시 독트린에 관해서 말할 때 그들은 일반적으로 3가지 원칙들을 말한다. 즉 예방적인 군사적 조치, 민주주의의 고양, 그리고 유엔 안보리 같은 국제제도의 승인이나 미국 동맹국들의 합의된 승인도 없이 행동하려는 미국의 의향을 의미하는 일방주의적인 미국의 외교가 그것들이다.

예방적 조치에 대한 개념은 미국외교정책에서 별로 새로운 것이 아니다. 그런 조치를 사전에 발표한다는 것은 거의 불가능할 것이다. 예방전쟁에 반대하는 전통적인 법률적 주장은 그것의 개발이 비밀이고 또 경고 없이 재앙적 결과를 낳으면서 기습적으로 사용될지도 모르는 대량파괴무기가 제기하는 위험이 있을 때에는 달리 보인다. 그런 환경 속에서 예방적 조치는 정당할 뿐만 아니라 유엔안보리

---

234 Timothy J. Linchy and Robert S. Singh, *After Bush: The Case for Continuity in American Foreign Policy,* Cambridge: Cambridge University Press, 2008, p. 297; Robert G. Kaufman, *In Defense of the Bush Doctrine,* Lexington, Kentucky: The University Press of Kentucky, 2007; John W. Dietrich, ed., *The George W. Bush Foreign Policy Reader: Presidential Speeches with Commentary*, Armonk, New York: M.E. Sharpe, 2005.

의 승인이 없는 일방적 행동도 그럴 것이다. 강제조치에 대한 유엔 회원국 다수의 거부가 그것을 효과적으로 사용할 수 있는 어느 회원국에 의한 무력사용을 배제할 좋은 이유는 아니었다.[235]

정권교체를 통한 민주주의의 고양에 관해서는 지난 반세기 동안에 이란과 과테말라에서 아이젠하워(Eisenhower) 행정부 시절 미 정보국이 사주한 쿠데타에서부터 케네디 정부가 수행하려 했던 피델 카스트로(Fidel Castro) 정권의 계획된 전복, 조지 부시(George H. W. Bush) 행정부의 파나마 침공, 그리고 아이티와 보스니아에서 클린턴 정부의 조치들에 이르기까지 세계의 여러 곳에서 정권교체의 공작을 시도하지 않았던 미국의 행정부는 단 한 번도 없었다. 그리고 만일 우리가 일방주의란 말로 유엔안보리의 불승인이나 북대서양기구 동맹국들에 의한 불승인 혹은 미주기구나 다른 어떤 국제제도에 의한 불승인에 의해 미국이 제약 받지 않으려는 것을 의미한다면 스스로 그런 제약을 허용한 과거의 어느 미국 대통령도 찾아내기가 불가능하다. 최근의 행정부들만 되돌아 보아도 그런 미국 행정부는 없다. 레이건 대통령은 산디니스타(Sandinista)에 대한 비밀 전쟁을 위해서나 앙골라와 아프가니스탄에서 게릴라들을 무장시키기 위해서 어떤 국제적 승인도 추구하지 않았으며 또한 그레나다(Grenada)의 침공을 위해 유엔이나 미주기구의 어떤 승인도 추진하지 않았다. 부시 행정부는 유엔의 승인 없이 파나마를 침공했으며 또한 안보리에서 설사 러시아

235 Michael Walzer, "The Hard Question: Lone Langer," *New Republic,* April 27, 1988, pp. 10-11; Michael Walzer, *Arguing about War*, New Haven: Yale University Press, 2004.

가 거부권을 행사했었을지라도 이라크와의 전쟁을 감행했었을 것이다. 클린턴 행정부도 유엔안보리의 상임이사국들의 반대를 무릅쓰고 이라크를 폭격했으며 또한 유엔의 승인 없이 코소보에서 전쟁에 들어갔다.

냉전이 종식되었을 때 미국은 자신의 방식을 부드럽게 하고, 국제적 힘에 대한 장악을 완화하며, 확장된 지국적 개입으로부터 철수하고, 그리하여 세계에서 보다 수동적이고 자제하는 존재감이 될 것으로 기대되었다. 그러나 미국은 오히려 전진해 나아갔다. 부시와 클린턴 행정부하에서 미국은 동맹들을 확장했고 또 강화했다. 1989년 이전에는 대부분의 미국인들이 존재하는지조차 알지 못했던 중앙아시아와 코카서스 같은 곳에서 영향력을 행사하기 시작했다. 미국의 힘이 진공상태를 채우고 또 가능한 곳에서는 미국이 선호하는 일종의 민주주의와 자유시장 그리고 자본주의적 질서를 수립하고자 했다.[236] 이런 팽창주의적 외교정책은 미국 외교정책의 전통과 일치했다. 미국인들의 애국심의 본질인 미국인들의 자아감은 그들 국가의 역사적인 지구적 중대성에 대한 신념과 어쩔 수 없이 연계되었다. 지구적 전략의 문제로 그들은 서반구에서 성공적으로 지배했었던 것처럼 타국과의 관계에서 힘의 균형보다는 힘에 의한 제압을 선호했다. 그러므로 미국인들은 제압하는 것을 고집했고 또 만일 가능하다면 동아시아, 중동, 그리고 이제는 점점 중앙아시아에서 지역적 제압을 확장하려고 한다.

미국인들의 독특한 패러독스는 대부분의 미국인들이 자신들

236 Robert Kagan, *op. cit.*, p. 49.

의 기본적인 안전과 경제적 안녕을 넘는 어떤 국가적 야심을 갖고 있다고 스스로 믿지 않는 데 있다. 더구나 그들은 자신들이 지구적 헤게모니를 추구하고 있다고는 전혀 믿지 않는다. 대중들의 상상 속에선, 비록 엘리트 외교집단을 계산에 넣는다고 할지라도, 미국은 다음 범법자들 집단이 마을에 침입할 때까지 자신들의 일에나 신경 쓰는 그런 기껏해야 "마지못해 하는 보안관"(Reluctant Sheriff) 정도로 간주되고 있다.[237] 그리고 이런 이미지는 미국인들이 좋아하는 서부영화들의 가장 공통적 주제를 반영한다. 그것은 마치 미국이 현재의 역사적으로 전례 없는 지구적 헤게모니의 정점에 어찌어찌하여 우연히 도달했으며 따라서 자신들은 세계의 헤게모니 국가로서 국제체제 속에서의 지위와 역할을 바라기는커녕 즐기지 않는 것처럼 보인다.[238]

세계를 자신들의 가치와 선호에 맞게 형성해 나아가는 데 있어서 미국인들은 타국들로 하여금 때론 강성 힘으로 그리고 때로는 연성 힘으로 그들의 의지를 굽히도록 강제해 왔다. 자결권을 소중히 여기는 국가가 비록 아무리 좋은 명분하에서일지라도 타국들에게서 바로 그 권리를 박탈하는 데에는 마음이 편치 않을 것이다. 그러나 이것은 오직 미국에게만 특이하게 해당되는 경우가 아니다. 그것은 고대 그리스 세계에서 민주주의 아테네의 페리클레스(Pericles)에게도 문제였다. 라인홀트 니버(Reinhold Niebuhr)가 일찍이 지적했듯이, 덕스럽다는 것이 죄가 없다는 것은 아니다.[239] 미국인들은 특정된 성격의 세계

---

237 Richard N. Haas, *The Reluctant Sheriff: The United States After the End of the Cold War,* New York: The Council on Foreign Relations, 1997.

238 Robert Kagan, *op. cit.*, p. 52.

239 Reinhold Niebuhr, *The Irony of American History,* Chicago: University of

에 대한 자신들의 요구와 그런 세계를 자신들이 타인들에게 부과할 때 생명의 비용뿐만 아니라 재정적, 도덕적 비용을 회피하려는 염원을 조화시키려는 길을 끊임없이 모색했다. 그와 동시에 그들은 미국이 우드로 윌슨(Woodrow Wilson)에 의해 구상된 그런 종류의 국제질서, 즉 민주주의적 원칙들을 지키고 또 도덕과 정의를 방어하는 법과 제도의 세계를 수립하는 데 도울 수 있다고 믿는다.[240] 그러므로 대부분의 미국인들에게 만일 미국의 힘이 사용되어야 한다면 그것은 국제공동체에 봉사하는 필요 불가결한 국가로서 하는 일일 것이다.

그러나 현재의 단극적 국제체제하에서일지라도 어떤 자신감을 가지고 "국제공동체"에 관해서 말하기는 어렵다. 국제공동체란 말은 행위의 국제적 규범, 즉 국제적 "도덕성" 아니 심지어 국제적 "양심"에 대한 합의를 시사한다. 그런 공동체의 개념이 1990년대에 잠시 확립되었는데 그때 일반적 가정은 서방 자유주의로 러시아와 중국의 이동이 하나의 지구적 공통성을 낳고 있다는 것이었다. 그러나 1990년대 말에 국제공동체가 보편적이고 공통적인 이해에 대한 굳건한 기반을 결여하고 있다는 사실이 분명해졌다. 이것은 코소보에 대한 전쟁에서 가장 솔직하게 노정되었는데 이 전쟁은 자유주의적 서방 국가들을 러시아, 중국 및 다른 비 유럽국가들로부터 분열시켰다. 그것은 또한 다르푸르(Darfur), 이란과 오늘의 미얀마의 문제들에서 분명하다. 그리고 국제공동체의 허망함을 노출하는 많은 국제적 문제들과

Chicago Press, 1985(1952), p. 5 & 23.

240 Joan Hoff, *A Faustian Foreign Policy from Woodrow Wilson to George W. Bush: Dreams of Perfectibility*, Cambridge: Cambridge University Press, 2008.

사건들이 시간이 감에 따라 확산될 것이다.

서방 민주주의 국가들의 정치지도자들은 러시아와 중국이 국제적 자유민주주의 질서에 통합될 것이라고 변함없이 말하고 있다. 그러나 러시아와 중국의 지도자들은 경계한다. 독재체제국가들은 축소된 주권과 "국제적 보호"의 새 원칙들을 수용하기보다는 국가주권에 최고의 가치를 부여하고 그래서 자신들의 독재체제를 외부의 영향으로부터 보호할 수 있는 국제질서를 고양시키고 있다. 그리고 그들은 어느 정도 성공하고 있는 것처럼 보인다. 국제사회에서 전체주의적 독재체제들이 몰락한 이후 비 전체주의적 독재체제가 복귀하고 있다. 이 두 거대한 독재국가들의 부상이 가져오는 일반적인 효과로 인해서 세계의 어떤 곳에서는 독재체제가 확산될 가능성을 높일지도 모른다. 이것은 러시아와 중국이 독재체제의 전도사들이라든가 혹은 범세계적 전제주의 혁명에 착수하기를 원하기 때문이 아니다. 이것은 되돌아온 냉전이 아니다. 오히려 그것은 되돌아온 19세기 같다. 강대국 독재체제들은 미국과 기타 자유주의 국가들에 의해 포위상태에 빠진 국가들에게 지지와 우호를 어쩔 수 없이 제안할 것이다. 현 독재자들과 미래의 독재자들은 강력한 동맹국들과 후원자들을 다시 발견할 수 있으리라는 것을 알게 될 것이다.[241]

독재체제를 민주주의 바다 속의 하나의 외로운 섬처럼 간주하고 또 독재체제가 국제적 호소력을 갖고 있지 않다고 믿는 것은 실수

241 Robert Kagan, "End of Dreams, Return od History," in Melvyn P. Leffler and Jeffrey W. Legro, eds., *To lead the World: American Strategy after the Bush Doctrine,* Oxford: Oxford University Press, 2008, p. 48.

가 될 것이다. 몇 십 년에 걸친 눈부신 경제성장의 덕택으로 중국은 점증하는 개방 경제와 폐쇄적 정치체제를 결합하는 성공적 독재체제의 한 모델을 제공하고 있다. 그것은 정치적 자유화의 길을 가지 않으면서도 부와 안정을 창조하는 방법에 대한 하나의 청사진이 될 수 있다. 소위 "주권 민주주의"(sovereign democracy)의 러시아식 모델도 중앙아시아에겐 매력적이다. 양곤, 평양, 카르툼(Khartoum) 및 테헤란에 있는 독재적 지배자들은 적대적 국제사회에서 자신들의 보호자란 오직 베이징과 모스크바에서만 찾을 수 있다는 것을 잘 알고 있다. 민주주의와 전제주의 사이의 커다란 분열 속에서 독재자들은 공통의 이익과 국제질서에 관한 공통의 견해를 공유하고 있다. 그러므로 민주주의와 독재체제 간의 지구적 경쟁이 점점 21세기 국제정치의 지배적 특징이 될 것이다. 그러나 이것은 미국과 유럽 국가들이 러시아와 중국을 어떻게 가장 잘 다루어 나갈 것인가에 대해 합의할 것이라는 것을 반드시 의미하지는 않는다.

중국은 유럽의 일상적 관심의 저 밖에 있다. 따라서 유럽인들은 미국인들이나 일본인들 그리고 인도인들보다 더 많이 중국의 부상을 수용하는 경향이 있다. 유럽인들은 보다 대결적인 미국의 접근방법 보다 냉전시대에 그랬던 것처럼 수용적 동방지향정책을 추구하려 들지 모른다. 그러나 독재자들의 축과 민주주의의 클럽 간의 지구적 분할은 현재 국제체제에 광범위한 함의를 갖게 될 것이다. 핵 비확산체제는 강대국들 간 이익의 충돌로 계속해서 침해당할 것이며, 또 서로 다른 정치체제 문제가 다른 국가들의 핵무기 보유를 막는 데 공동의 이익이 될 수도 있는 것을 압도할 것이다. 러시아와 중국은 이란에 간섭하지 않은 반면에 미국은 중국과의 전략적 경쟁에서 인도의 지원을 끌어내기 위해 인도의 핵무장에 간섭하지 않았다.

이러한 국제적 현상의 모든 것은 유엔에 대한 중요한 함의를 갖는다. 유엔 안보리에 관해서 말한다면 그것은 양극적 국제체제의 냉전시대 혼수상태에서 잠시 깨어났다가 과거의 거의 마비상태로 다시 전락하고 있다. 프랑스의 기민한 외교와 중국의 전술적 신중함이 때때로 유엔 안보리가 이란, 북한, 수단 그리고 미얀마 등을 제재하고 응징하는 문제들을 포함하여 대부분의 국제적 문제들에 대해서 회원국들 간 명백하게 분열되어 있다는 사실을 모호하게 만들었다. 이것은 시간이 가면서 깊어질 틈이다. 뿐만 아니라 어느 포럼에서나 국제적 합의를 이루려는 어떤 노력도 자유민주주의체제와 독재정권 간의 넓어지는 간격으로 인해서 더욱더 어려워질 것이다. 보다 민족주의적 두 개의 강대국이 동시에 독재체제라는 사실은 주로 역사적 우연적에 지나지 않을지도 모른다. 그러나 이 우연적 사실은 거대한 지정학적 중대성은 말할 필요도 없고 미국에게 중요한 부정적 영향을 미치게 될 것이다. 이런 환경하에서 안보리 상임이사국들의 새로운 협력체제를 기대한다는 것은 성공할 것 같지 않다. 19세기 초 유럽협조체제는 공통의 도덕과 정치적 정통성에 대한 공유된 원칙의 우산하에서 운영되었다. 그러나 오늘날에는 유엔헌장이라는 거의 "신성한 문건들"에도 불구하고 안보리의 상임이사국들 사이에 공유된 공통의 도덕과 정치적 원칙들에 대한 느낌이 별로 없다. 오히려 정반대로 그들 사이엔 사라지지 않는 상호불신과 점증하는 적대감이 존재한다. 그들 간엔 어떤 협력도 일시적일 것이며, 궁극적으로는 첫발의 대포

알 하나에도 쉽게 무너질 일종의 모래성 같은 것이 될 것이다. 유엔이 창설된 이후 국제분쟁의 해결에 있어서 유엔의 역할에 관한 역사적으로 빈약한 기록이 바로 그런 기대를 분명하게 입증해 주고 있다고 해도 과언이 아닐 것이다.

제11장

유엔 사무총장의 정치적 자원과 다양한 기능

유엔 사무총장의 경우를 포함하여 정치적 리더십을 생각하면 위대한 사회학자 막스 베버(Max Weber)가 "소명으로서의 정치"란 제목으로 했던 1919년의 강연을 떠올리게 된다. 이제 하나의 고전이 된 그의 주장에 의하면 정치적 지배의 정당성, 즉 정치적 권위는 세 가지의 토대 위에 서 있다.[242] 첫째는 오랜 전통에 입각한 것이다. "영원한 과거"에 기인하는 권위로서 이것은 어떤 관습이 아득히 먼 옛날부터 통용되어 이것을 계속 유지하려는 태도가 습관화되어 신성시되는 경우이다. 오래된 가부장제도나 가산영주나 군주가 행하는 전통적 지배가 그것에 해당한다. 둘째는 어떤 개인의 비상한 천부적 자질에 기인하는 권위로서 그 개인의 계시나 영웅적 행위, 또는 기타 지도자적 자질에 대한 오직 인격적인 권위와 믿음에 기초하는 지배로서 "카리스마"[243]적 지배라고 부르는 것이다. 종교적 예언가나 위대한 정치적 선

---

242 Max Weber, *The Vocation Lectures: Science As a Vocation, Politics As a Vocation*, Indianapolis, Indiana: Hackett Pubblishing Co., 2004, pp. 34-35.

243 카리스마(Charisma)는 원래 그리스어로 "신의 은총"이란 의미의 Kharisma에서 유래한 말로 간단히 정의하기 어렵다. 타인들의 열정적 헌신을 불러내는 개

동가의 지배가 그것에 해당된다. 셋째는 "합법성"에 입각한 권위가 있다. 이것은 법치에 대한 신념과 합리적 규칙에 의거한 객관적 권위에 입각한 지배로서 이에 대한 복종은 법규가 명령하는 의무의 이행이라는 형태로 이루어지는 것이다. 이 세 가지는 순수한 이상형이며 이 세 가지 권위가 절절히 어우러져야만 진정한 권위가 제대로 행사될 수 있는 것이다.

그러나 법의 지배가 확립되고 제도화되어 하나의 전통으로 굳어지지 않은 비민주적 사회에서 법의 지배란 항상 힘있는 카리스마적 인물들에 의해 도전받기 마련이다. 국제사회가 바로 그런 곳이다. 국제법이 확립되고 제도화되지 못한 비민주적 국제사회에서 합법성에만 입각한 권위는 늘 취약하다. 국제사회는 언제나 힘센 강대국들이 주도하는 강대국체제이다.[244] 그런 국제사회 속에서 유엔과 사무총장은 전통에 입각한 권위나 카리스마적 권위를 행사할 수 없다. 그리고 그의 합법적 권한은 취약할 수밖에 없다. 그렇다고 해서 국제정치의 현실적 제약, 다시 말해서 국제체제의 구조적 성격의 제약 속에서 유엔헌장이 공식적으로 부여한 제한된 법적 권한으로만 유엔 사무총장의 리더십의 범위를 국한시킬 필요는 없다. 그의 리더십의 행사범위를 이해하기 위해서는 그가 동원할 수 있는 자원과 다양한 기능에 대한 조사가 추가로 요구된다. 유엔 사무총장이 피할 수 없는 제약과 직

인적 힘으로 보면 무난할 것이다. Kenji Yoshino, *A Thousand Times More Fair: What Shakespeare's Plays Teach Us about Justice*, New York: HarperCollins Publishers, 2011, p. 133.

244 강성학, 《인간신과 평화의 바벨탑—국제정치의 원칙과 평화를 위한 세계헌정질서의 모색》, 고려대학교출판부, 2006, 특히 제6, 17, 18, 19장을 참조.

면하는 제한적 권한에도 불구하고 사무총장직의 매우 독특한 직책이 제공하는 자원과 기능은 실제로 상당히 다양하다.

아마도 우선 무엇보다도 사무총장이 행사할 수 있는 가장 중요한 자산은 바로 그의 국제적 중립성(neutrality)일 것이다.[245] 그리고 바로 그런 중립성이라는 자산으로 인해 그는 국제사회에서 서로 치열하게 경쟁을 벌이거나 심지어 한참 전쟁 중인 국가들에게조차 일단은 수용되는 인물이다. 국제연맹의 창설 이래 국제사회의 구성원들은 사무국이나 사무총장이 어떤 주어진 국가 간 갈등이나 분쟁에서 보통 어느 한쪽 편을 들지 않는다는 것을 일반적으로 확신해 왔다. 따라서 국가대표들은 사무총장의 조언을 기꺼이 추구했고 또 협상회의에서 그를 거부감 없이 포함시켰다. 국가들은 때때로 그의 요청에 기꺼이 양보했고 또 그가 우호적 혹은 적어도 적대적이지 않다는 단순한 이유 때문에 쟁점에 대한 그의 생각을 채택했다. 또한 국가들은 사무총장직을 통해 자신들의 입장을 정당화하려고 노력했다. 왜냐하면 국제문제에서 지도적인 중립적 인물에 의한 수용은 자국 입장의 순수성과 옳음에 대한 특별한 승인의 성격을 갖기 때문이다.

그렇다고 해서 중립성이 두 적대국가들 사이에서 단순히 어딘가 중간적 입장을 항상 의미하지는 않았다.[246] 사무총장이 당사국들의 아주 협소하게 정의된 정치적 혹은 군사적 이익의 중간에 서기보다는 유엔헌장의 원칙들 위에 섬으로써 분쟁에서 중립적 입장을 유

245 Oran Young, *The Intermediaries: Third Parties in International Crises*, Princeton: Princeton University Press, 1967.

246 Arthur W. Rovine, *op. cit.*, p. 416.

지하는 것이 가능하기 때문이다. 그러나 헌장의 원칙들이 이쪽 아니면 저쪽을 지지할 수 있고 또 당연히 원하는 결과를 부여하도록 언제나 해석될 수도 있다. 경쟁국들이 약소국들이고 또한 강대국 이익이 관련되지 않는 경우라면 사무총장은 자신의 입장을 분명하게 헌장의 중립적 규정들 위에 두기가 훨씬 쉬울 것이다. 이것은 어느 한쪽 편을 드는 것으로 보이지 않으면서 그렇게 하는 하나의 테크닉이며 이것은 일반적으로 국제사회에 의해서 수락될 수 있는 것으로 간주되었다.

그러나 아주 사소한 문제에서조차 노골적으로 한쪽 편을 드는 것은 사무총장이 스스로 지지를 받기 위해 의지해야 할 강대국들을 적대시하게 될 것이다. 왜냐하면 전례의 가치가 상당하기 때문이다. 사무총장이 제아무리 자기 직책의 권한을 발전시키기 위해서라해도 그의 그런 행동은 아직도 수용될 만한 행위의 경계선 밖이다. 또한 전 국제사회가 어느 한 강대국이나 소수의 국가들에게 대항하는 입장에 사실상 동의한다면 그의 중립성이 약화될 것이다. 만일 사무총장 자신이 초강대국의 입장에 동의한다면 중립성을 포기하기가 더 쉬울 것이다. 때로는 하나의 강대국이 관련된 경우라 할지라도 분명하게 한쪽을 선호하는 헌장의 원칙들을 위해서 절대적 중립성을 포기할 것이다. 이것은 한국전에서 트리그브 리 사무총장이 취한 행동이 바로 그런 경우였다. 만일 쟁점이 아주 중요하다면 그런 행동은 사무총장의 효율성의 종말을 의미할 것이다. 왜냐하면 그 강대국은 그에 대한 보복으로 사무총장에 대한 자국의 지지를 철회할 것이기 때문이다. 뿐만 아니라 유엔의 구조에 아주 중요한 문제들에서 사무총장은 보통 강경한 입장을 취할 것이다. 이것의 한 본보기는 회원의 보편성 문제로 이것은 당시 사무총장들로 하여금 미국의 비위를 거스르면서까지 공산 중국의 대표권을 밀어붙이게 했던 경우이다. 함마숄드 사무총장은 자기 직책의 순수성을 유지하기 위해 소련의 삼두체제 계획과 싸웠으며 그가 소련의 지지를 이미 상실하지 않았었다 할지라도 그렇게 했을 것이다. 왜냐하면 이것은 중립성이 자신에게 아무런 의미가 없었을 것이고 또 사무총장직에 파괴적인 분쟁이었기 때문이다.

그러나 이런 위험성에도 불구하고 사무총장의 관습적 중립성은 1920년 국제연맹의 창설 이래 굉장히 중요한 사무총장의 자산이었다. 물론 중립적 입장만으론 국제정치에서 영향력의 원천으로서 불충분하다.[247] 어떤 주어진 갈등에서 중립적일 수 있는 정부나 개인적 인물들은 많지만 그러나 그들은 사무총장의 권위를 보유하지 못한다. 따라서 사무총장직의 여러 가지 다른 자원들과 함께 연계된 중립성은 아주 중요하다. 왜냐하면 국제사회에서 핵심적 행위자들에게 수용될 수 있다는 것은 정치적 역할을 위한 초석이기 때문이다. 사무총장이 활용할 수 있는 핵심적 자원들 가운데 하나는 정치적 정보로서 이것은 회원국들의 정책에 대한 정보의 형식을 띤다. 사무총장은 국제적 흥정과 외교적 논쟁을 주재한다. 상당한 정도의 공정성과 독립성을 가정할 때 그는 회원국들의 정치적 견해, 제기하는 주장과 반론, 그리고 제안된 행동의 과정과 일어날 대응에 관련하여 중요한 데이터를 얻을 수 있는 아주 유리한 위치에 있다. 정보자원은 사무총장

247 *Ibid.*, p. 418.

의 개인적 특성은 물론이고 데이터를 수집하고 평가하는 사무국의 지원시설의 기능이다.

사무총장 개인적 측면에서 드러몬드와 함마숄드가 가장 풍부한 정보를 갖고 있었다. 사무총장이 회원국들의 정치와 정책에 대해 정통했던 것이 아마도 드러몬드의 본질적 장점이었으며 그것이 그의 정치적 영향력에 크게 기여했음은 물론이다. 함마숄드는 이런 드러몬드의 방식을 충실히 따랐다. 함마숄드는 유엔이 직면하고 있는 모든 문제들을 진실로 확실하게 장악했으며 그 결과 그는 자신의 8년간의 재임기간 동안에 창조적이고 또 중요한 외교를 수행할 수 있었다.[248] 유엔 사무국의 지원시설은 전적으로 사무총장의 이점이었다. 통신시설의 엄청난 향상은 말할 필요도 없고, 사무국의 많은 관리들은 데이터의 수집과 평가를 훨씬 더 효율적이고 신속하게 수행해 주었다. 또한 뉴욕에 소재하는 많은 회원국들의 상주 대사관들도 역시 정보수집능력에 추가되었다. 왜냐하면 그들은 자국 정부와의 연락을 비교적 효율적으로 만들었으며 사무국의 최고 수준의 구조에서 강대국들의 국가적 대표성에 아주 본질적인 보완을 제공했다. 그럼에도 불구하고 정보자원에서 가장 심각한 결함은 보다 중요한 회원국들에 의한 군사적이고 전략적인 계획에 관한 데이터가 거의 전적으로 부재하다는 사실이다. 그리하여 평화유지군과 관련된 자료를 축적하는 비교적 공허한 노력을 넘어서는, 위기를 위한 비상계획이 전무한 상태이다.

어쩌면 사무총장의 자산 중에서 최대의 변수는 주로 자신의 상상력과 지성에 입각하여 영향력을 행사하는 외교적 기술과 능력이

248 *Ibid.*, p. 421.

다. 그리고 그 능력이라는 것은 치명적 국가이익이라고 부를 만한 것이 걸려 있어 타협할 수 없는 입장일 경우라 할지라도 관련 당사국들에게 수용될 만한 제안과 시의적절한 조언을 제공할 능력을 포함한다. 타이밍, 제안작성기술, 상상력 넘치는 가용 데이터의 사용, 그리고 좋은 개인적 관계를 형성하고 유지하는 능력 등이 아마도 핵심적 요소들일 것이다. 가장 깊은 의미에서 외교적 탁월성이 미래의 사무총장직 발전에 가장 중대한 자산이 될 것이다.

국제정치에서 사무총장의 계속되는 기능수행을 가정한다면 그의 다른 대부분의 자원들은 국제체제의 일부로 수락되었으며 또한 준 독립적 존재의 지위를 성취했지만 그러나 외교적 성과는 어느 정도 개인적 속성에 달려 있다.[249] 아주 상이한 제도 속에서 그리고 아주 다른 지원체제를 갖고 있었지만 드러몬드와 함마숄드는 주로 자신들의 외교적 기술에 힘입어 다른 사무총장들보다 더 많은 것들을 성취했었다. 따라서 교훈은 분명하다. 여전히 해소되어야 할 핵심적 문제들 중의 하나는 특히 갈등상황에서 사무총장이 발휘할 재량권 정도와 영향력이다.

점점 더 중요해지는 자원은 사무총장에게 부여되는 위신(prestige)과 존중이다. 사무총장에게 중요한 점은 그가 국가지도자들에 의해서 국제외교체제의 당연한 일부로 수락된다는 사실이다. 이것은 오늘

---

249 Robert W. Cox and Harold K. Jacobson, and et. al, *The Anatomy of Influence: Decision Making in International Organization*, New Haven and London, Yale University Press, 1974, pp. 20-21; Harold K. Jacobson, *Network of Interdependence: International Organizations and the Global Political System, New* York, Alfred A. Knopf, 1979, pp. 124-125.

날 국제정치에서 약소국들에게 의해 훨씬 더 그렇게 인정되고 있다. 그것은 약소국들이 강대국들보다 더 유엔을 호의적으로 지원하기 때문만이 아니라 국제기구들이 비교적 약소국가들 간의 분쟁에 심각하게 관여할 가능성이 더 크기 때문이다. 강대국들 간이나 강대국이 관련된 분쟁에서 유엔의 역할은 미미했다. 그럼에도 불구하고 비교적 심각한 갈등문제의 경우에도 사무총장은 그가 유엔을 상징적으로 대변하고 평화적 분쟁해결에 관한 국제사회의 관심 때문만이 아니라 그가 제시할 수도 있는 유용한 조언 때문에 포함되었다. 사무총장에게 부여되는 위신과 존중이 크면 클수록 그가 분쟁의 해결에 중요한 기여를 할 수 있다고 국가 지도자들은 가정하기가 그만큼 더 용이할 것이다.

이 문제와 밀접하게 관련된 요인은 유엔의 초점으로서 그리하여 국제정치의 중심적 인물들 중의 한 사람으로서 사무총장의 제도적 지위이다.[250] 오늘날 유엔 사무총장은 유엔을 상징하고 유엔 대변인의 역할을 수행하고 또 국제정치에서 유엔의 이익과 개입의 옹호자로서 봉사한다. 오늘날 유엔 사무총장과 그의 막료들은 총회나 안보리의 평화유지 지시사항들을 효과적으로 집행하기 위해 긴요한 자원들을 신속하게 동원할 지위에 있는 유일한 국제관리들이다. 사무총장의 핵심적 위치는 국가대표자들에게 관련된 정보를 획득할 절호의 기회를 제공하고 그리하여 사무총장으로 하여금 조언자나 중재자로서의 역할을 수행할 수 있게 해준다. 국가들은 적대국으로부터가 아니라 중립적 국제공무원으로부터 국가의 체면을 유지시켜 주며, 받

250 Arthur W. Rovine, *op. cit.*, p. 426.

아들일 수 있는 권고안을 위해 그에게 의지할 수 있을 것이다. 그리고 물론 사무총장의 제도적 지위는 특히 여러 상주 대표부를 통해 회원국들과의 연락을 비교적 용이하게 취할 수 있게 해준다. 국제사회의 중심에 있는 사무총장의 위치는 그의 임의적 재량권 발전의 면에서 핵심적 자산이었다. 왜냐하면 유엔의 정치기관들이 유엔의 집행부에 어떤 권한을 위임한다면 아주 자연스럽게 사무총장이 한 걸음 더 나아가는 책무를 지니게 되기 때문이다.

사무총장이 실질적으로 주도하는 사무국 내의 자원에 관해서 말한다면 중요한 첫 번째 항목으로 상임 직원들과 특수한 문제를 위해 활용되는 외부 전문가들을 포함하여 유능한 인사들의 가용성이다. 이것은 사무국의 고위 혹은 정책결정 수준에서 매우 중요하다. 사무총장의 결심은 당연히 그의 가장 가까운 보좌진의 능력에 의해, 특히 위협받거나 실재의 국가 간 갈등이 긴급한 경우에, 크게 영향을 받는다. 사무총장의 가장 가까운 보좌관들은 폭넓은 정치적 책무를 갖고 있다. 그들은 연설문, 보고서, 서류, 연례보고서, 그리고 사무총장의 모든 소통을 준비하고 또 협상과 야전병력의 설치와 관리를 돕는다. 실제로 사무국의 고위 인사들은 사무총장과 거의 같은 일련의 기능을 수행한다. 다만 그들 대부분의 기능이 대중적 입장이 아니라 그들의 수장인 사무총장의 일상적 업무와 관련된 시각으로 수행될 뿐이다. 초대 트리그브 리 사무총장은 그의 가장 가까운 보좌관들의 조언에 크게 의존했었다. 함마숄드 사무총장은 확장되는 사무국과 여러 부서의 관리에 보다 많은 전문성의 필요성을 인정하여 자신의 일종의 "내각"의 크기를 배가시켰다.[251] 동시에 그는 특별한 정치적 문제를 담당할 두 명의 사무차장직을 신설했다. 자신의 임기가 끝날 때까지 함마숄드는 외교 및 정치적 과제를 담당하는 다섯 명의 사무차장보들을 포함할 새로운 최고위 구조를 정식으로 제안했다. 그는 또한 외부 인사들을 광범위하게 활용했다.

유엔 사무국은 최고위 관리들의 능력의 면에서 여러 가지 이유들로 인해 분명한 어려움을 갖고 있었다. 헌장의 요구와는 달리 기술적 능력보다 더 우선권을 갖는 넓은 지리적 안배의 요구가 때로는 담당할 직책에 적절한 훈련과 배경이 없는 인사들을 배치하는 결과를 가져왔다. 어떤 국가들의 자국 출신 인사들에 대한 단기근무정책의 고집도 영향을 미쳤다. 이것이 자국 공무원의 훈련과 국제제도에 대한 경험의 관점에서 분명한 이점이 있지만 그것은 전체적으로 사무국 직원들의 지식과 경험의 공동축적에는 별로 보탬이 되지 않았다. 그러나 무엇보다도 가장 중요한 것은 많은 유엔의 핵심적 회원국들이 자국의 가장 고도로 숙련된 관리들을 유엔에 파견하지 않으려는 성향이었다. 그동안 상당한 변화가 있었음에도 불구하고 심각한 인사상의 문제는 고위 관리들이 유엔 사무국에 진출하기 이전에 받은 훈련의 성격과 그들이 제공할 전문성이다. 군사적 및 전략적 지식과 비상계획 수립능력은 오늘날에도 널리 공유된 사무국의 자원이 아니다. 따라서 유엔이 함마숄드의 "예방외교"의 수단으로서 평화유지작전을 비교적 대규모로 활용하기 시작한 1960년대 중반 이후 이 문제는 악화되었다고 보아야 할 것이다.

유엔의 개입을 포함하여 정치적 과업에 있어서 사무총장이 적

251 Arthur W. Rovine, *op. cit.*, p. 437.

합하게 가용할 수 있는 물리적 자원은 심각하게 제한되고 있다. 장비와 물질의 측면에서 한 작전에서 다른 작전으로 이동시킬 수 있는 소수의 시설들을 제외하고는 아무것도 없다. 그 결과 본질적 공급, 특히 대규모의 수송장비를 제공하는 일은 비교적 소수의 회원국들에게 전적으로 의존하고 있다. 그럼에도 불구하고 사무총장의 소중한 가시적인 자원들 중의 하나로 소통시설(communications facilities)에 마땅한 비중을 부여하는 것이 중요하다. 유엔은 뉴욕에 있는 여러 국가들의 대표부나 그들의 본국 정부들을 통해 해외 대표부 및 회원국들과 내부적으로 효율적인 소통을 수행하기 위해 그 자체의 라디오, 텔레비전, 전신, 전화, 신문과 문서 담당부서들을 갖추고 있다. 사무총장은 이 모든 것들을 이용할 수 있으며 게다가 정규 상업적 소통채널들도 이용할 수 있다. 유엔 자체의 이런 자원들만으론 심각한 위기 시엔 부족할 수도 있겠지만 그것들은 대규모 평화유지군을 포함한 대부분의 유엔 작전에 일반적으로 충분히 잘 작동하고 있다.

요컨대 사무총장의 권위와 권한의 자원들에 대한 분석은 국제정치에서 그가 행사하는 그나마의 영향력을 가능하게 해주는 여러 가지 비가시적인 항목들에 집중할 수밖에 없을 것이다. 가용할 자산들의 추상적이고 실질적이지는 못한 성질을 고려할 때 분명히 성공적인 사무총장은 그러한 비가시적인 대부분의 자산들을 최대한 이용할 수 있어야만 할 것이다. 어떤 것들은 자신의 즉각적인 통제권을 넘겠지만 그런 행동 자체가 인상적인 외교적 재능을 필요로 한다고 보아야 할 것이다.[252]

252 *Ibid.*, p. 439.

유엔 사무총장의 리더십은 헌장에서 규정된 법적 권한과 앞서 논의한 다양한 자원들을 활용하여 구사된다. 사무총장은 실로 다양한 업무를 수행하는데 그것들을 기능적인 관점에서 대체로 외교적 기능과 갈등의 관리 기능 및 통합기능 등 세 가지로 분류할 수 있겠다.[253]

첫째, 사무총장의 외교적 기능(Diplomatic function)을 논의할 때 무엇보다도 우선적인 기능은 소통기능이다. 단지 정치만을 다루는 것이 아니라 경제와 사회발전 그리고 국제법의 발전 등을 다룬다. 그것은 유엔의 일반적 정치과정에 중요하다. 바로 여기서 사무총장의 가장 중요한 과제들 중의 하나가 소통기능이다. 사무총장이 언제나 접근할 수 있는 정치적 정보와 데이터, 유엔체제의 정점에 있는 그의 구조적 지위를 고려할 때 사무총장은 유엔의 회원국이든 비회원국이든 어느 국가들과도 그들이 관심을 갖고 있는 문제들에 대해서 소통할 수 있는 아주 유리한 위치에 있다. 뿐만 아니라 사무총장은 스스로 먼저 특수한 사실들이나 문제들 및 대응들에 관한 왜곡되지 않은 정보와 비교적 이해관계와 무관한 해석을 소통할 수 있는 지위에 있다. 그런 소통의 공정성은 그렇지 않으면 불신할 국가들에게 수용성의 관점에서 자연스럽게 큰 의미를 갖게 될 것이다. 그리고 이것은 심각한 국제적 위기 상황의 경우에 대단히 큰 중요성을 갖는다. 또한 사무총장은 소위 "중재"의 역할을 통해 타 국가들 간의 직접소통을 촉진시킬 수도 있을 것이다.

두 번째 사무총장의 외교적 기능은 사무총장직과 보통 연관

253 *Ibid.*, p. 441.

되지는 않는 과제지만 그럼에도 불구하고 매우 중요한 것으로 이익의 표출과 집합(articulation and aggregation)으로 특징되는 기능일 것이다.[254] 사무총장은 특히 사적인 협상이나 공개적 포럼과 유엔에서 많은 회원국들이 발표한 이익이나 주장과 일치하는 특수한 프로그램, 아이디어, 구조 및 과정을 열심히 밀고 나간다. 물론 이런 것들이 반드시 핵심적 국가 행위자들에 의해 반드시 그렇지는 않다고 할지라도 아주 흔하게 다수의 국가들에 의해서 수용된다. 사무총장은 빈국들의 보다 급속한 경제발전의 필요성에 관해서 그리고 보다 많은 원조를 제공할 부국들의 의무에 관해서조차 어렵지 않게 말하고 글로 쓸 수 있다. 평화유지의 영역에서도 사무총장은 유엔역할의 강화를 위해 빈번히 주장했다. 만일 사무총장이 정치적 조치에 대한 요구를 주창한다면 그는 정치적 이익표출의 기능을 수행하고 있는 것이다.

또한 사무총장은 국가 행위자들이 행한 다양하고 모순적인 주장들을 집합하는 데에서도 중요한 역할을 수행한다. 여기에서 제일차적인 기능적 채널은 분명히 총회와 이사회들에서 중요 집단투표의 집합들이지만 집합과정에 본질인 흥정과 타협에서 사무총장직은 핵심적이었다. 사무총장의 많은 성명서, 연설과 보고서들은 모순적인 주장들과 반박 주장들의 응집이다. 따라서 그것들은 수용될 만한 정책수립의 정확한 시사와 바로미터로서 소중하다. 그리고 바로 이런 의미에서 사무총장이 흥정과정을 반영하고 형성하는 데 도움을 주는 것이다. 여기서도 소통역할이 매우 중요하다. 왜냐하면 사무총장이 회원국가들의 이익이 표현될 수 있고 또 종종 표현되는 일종의 통로

254 *Ibid.*, p. 442.

나 조정자로서 작용하기 때문이다. 사무총장은 회원국들의 대표자들과 외교사절들에게 어떤 요구가 수용 가능하며 또 어떤 수정과 적응과 타협들이 합의에 도달하기 위해 이루어져야 하는가를 알려줄 준비가 갖추어져 있다. 총회와 기타 유엔의 정치기관들에서 얼굴을 마주한 흥정이 이익의 집합을 위해 필요한 중심적 과정이지만 그것도 사무총장의 아주 든든한 지원하에서 이루어지는 것이다.

사무총장의 이익 표출 및 집합 기능과 밀접하게 관련된 것으로 그의 정당화(legitimization) 역할이 있다.[255] 이것은 일찍이 이니스 클로드(Inis Claude)가 지적했던 것으로, 국제연맹과 유엔은 오랫동안 어느 한 국가나 복수의 국가들이 요구하는 특수한 조치, 프로그램, 아이디어나 요구에 대해 국제적 승인이나 불승인을 위해 활용되었다.[256] 유엔은 심지어 1948년에 대한민국, 1949년 이스라엘, 혹은 1950년대와 1960년대에 수많은 아프리카 국가들에 대한 "국가의 지위"에 정통성을 부여하는 데 이용되었다.[257] 그리고 이런 과정에서 유엔 사무총장은 중요한 역할을 수행했다. 유엔 사무총장의 지위는 그가 승인이나 불승인을 부여하는 것이 회원국들에게 중요하게 되었다. 그것이 정치문제이든 경제발전 혹은 인권이나 국제법의 문제이든 간에 사무총장에 의한 정책의 긍정적 표현은 국제사회에서 지배적인 감정의 표현으로 그리하여 옳음과 정당함의 분위기를 자아내는 언급으로 보통 간주될 수 있다. 사무총장의 표현된 의견이 어떤 주어진 문제

255 *Ibid.*, p. 445.

256 Inis Claude, J., *The Changing United Nations*, New York: Random House, 1967, pp. 73-103.

257 Arthur W. Rovine, *op. cit.*, p. 445.

에 대해 합의를 이룩하는 데 도움이 될 수도 있으며 또한 총회나 안보리에서 토론과정의 결과물을 형성하는 데 도움을 줄 수 있을 것이다. 중요한 일반적 개념을 정당화하는 사무총장의 역할에는 수많은 본보기들이 있다. 식민주의의 부당성, 부국들로부터 보다 많은 경제개발 원조의 필요성, 인종차별이나 분리독립의 정당화될 수 없는 성격 등이 그것들이며 그 가운데 어떤 쟁점에 관해서는 주요 국가들과의 갈등도 있었다. 전쟁과 평화라는 심각하게 중요한 영역에서도 정당화 과정의 몇 가지 예들이 있었다. 대단히 중요한 것으로는 트리그브 리 사무총장에 의한 공산 중국의 유엔 대표권의 지지와 1950년 북한의 침략에 대한 미국의 대응을 그가 지지했던 것들이다.

그런 기능을 수행하는 방법의 측면에서 사무총장은 자연스럽게 자신에게 열려 있는 대중적 매체, 특히 기자회견이나 공개강연, 특별 보고서와 연례보고서 등에 의지할 수 있다. 사무총장은 보통 말썽을 일으킬 문제에 대해 공개적 의견을 개진하는 일이 별로 없다. 그것은 그가 국제사회에서 다수의 지지를 확신할 경우에만 그렇게 한다. 이것은 그가 회원국들에 대한 수용성을 유지하려 할 때 본질적으로 중요하다. 만일 어떤 강대국이 동의하지 않는 경우에 보다 신중한 길은 국제사회로부터 압도적인 지지가 있지 않는 한 공약이나 언급을 피하는 것이다.

지금까지 논의한 소통, 이익표출과 집약 그리고 정당화라는 사무총장의 외교적 기능과 과제는 모두 함께 묶어서 사무총장의 소위 규칙제정(rule-making) 기능이라고 집약할 수 있다.[258] 유엔의 정치적

258 Arthur W. Rovine, *op. cit.*, p. 447.

기관들에 의해서 채택된 많은 결의안들을 작성하는 과정에서 사무총장의 역할은 권고안과 국제법의 형식화에 기여하고 있다. 정치적 문제에서 사무총장의 규칙제정 과제는 평화유지작전의 수립과 유지에서 가장 가시적이었다. 왜냐하면 사무국이 평화유지작전의 관리를 주도했기 때문이다.

둘째, 사무총장의 갈등관리(conflict management) 기능은 분쟁의 평화적 해결에 아주 긴요한 정치적 과제에 관한 것이다. 앞서 논의한 외교적 역할을 넘어 갈등관리기능은 특히 국가 간 분쟁의 해결과 관련된 여러 가지 추가적인 외교적 과제들을 포함한다. 이것은 참가, 중재, 조정 및 수용(accomodation)을 말하며 이런 과제들은 자원의 동원, 정책기획, 야전작전과 끼어들기(interposition)와 같은 갈등관리하에서 수행되는 독립적 행정기능과 구별될 수 있다.

1. 우선 국제적 흥정과정에서 사무총장의 참가(participation)는 모든 진지한 협상자리에 사무총장이 단지 참가한다는 것 그 자체가 유용성을 갖기 때문에 하나의 세심한 기능으로 포함된다. 협상자들은 중립적 제삼자인 사무총장의 참가 속에서 보다 책임 있고 이성적으로 행동할 동기일 뿐만 아니라 어느 정도 국제사회의 기대를 의식해야만 한다. 당사자들은 사무총장이 제공하는 어떤 정보와 제안도 중요하게 생각할 것이다. 그리고 그들은 데이터와 정책처방을 위한 자신들의 국가적 자원에 자연히 크게 의지하겠지만 중심적 위치의 유엔 사무국이 하나의 유용한 보완으로 봉사할 수

있을 것이다. 협상에 사무총장의 참가가 협상국가들에 의해 보다 이성적이고 융통성 있는 행위를 가져왔다는 것을 과시할 확실한 방법은 없지만 적어도 사무총장은 당사국들에게 체면을 세워 주는 유용성을 감지할 것이다. 사무총장이 몸소 참가하는 일의 기능적 유용성은 예방외교의 면에서 아주 높다. 왜냐하면 어떤 강대국에 의한 위협적 개입보다도 중립적 사무총장에 의해서만 성공적으로 유엔의 적극적 역할을 불러일으킬 수 있을 것이기 때문이다. 만일 사무총장이 신속하고 강력하게 일반적 불개입의 선호를 공식화해 나갈 수 있다면 그는 평화적 해결을 더욱 어렵게 할 강대국의 개입을 방지하는 데 성공할 수 있을 것이다.[259]

2. 사무총장의 가장 잘 알려진 갈등관리 기능들 중의 또 다른 하나는 중재(mediation)이다. 이 기능은 1920년 국제연맹의 창설 이래 거의 모든 사무총장들이 수행한 과제이다. 이 역할은 사무총장의 모든 외교적 기능과 밀접하게 관련되어 있으며 위에서 논의한 참가의 기능과 여러 가지 가능성을 공유한다. 그러나 중재는 참가에서 한 걸음 더 나아가 사적이든 공개적이든 그리고 일반적이든 구체적이든 간에 사무총장이 당사국들에게 행하는 내용과 절차에 관해 적극적인 권고를 내포한다. 그런 권고들은 이익표출과 집합에 기여하고 또 특수한 개념이나 규칙의 정당화를 의도하겠지만 그러나 모든 중재 노력의 제1차적 노력은 가능하면 양측에

259 *Ibid.*, p. 451.

이득이 되고 또 상황이 허용하는 한 균등한 이익이 되는 평화적 해결에 도달하도록 돕는 것이다. 중재는 보통 참가의 역할에서 언급한 여러 과제의 혼합을 포함하지만 아주 종종 중재는 어느 한쪽 당사국이나 그 이상의 당사국들을 위한 어떤 체면을 세워 주는(face-saving) 측면과 관련된다.[260] 왜냐하면 1962년 쿠바 미사일 위기 같은 고도로 심각한 갈등의 경우에서조차 적대국보다는 중립적인 사무총장의 권고를 수락하는 것이 보통 더 수월하기 때문이다. 공식 회담에 사무총장이 참가하도록 초청하는 것을 포함하는 아주 공식적인 아니면 사무총장과 국가 대표자들 간의 비공식적 논의에 그칠 수도 있다. 성공적 중재노력은 앞서 논의한 대부분의 자원들을 포함하지만 그러나 독립성, 충분하고 정확한 정보, 그리고 사무총장으로 하여금 노련함과 적절한 타이밍 및 충분한 자원으로 제안들을 형성해 가도록 할 만한 상상력 있는 능력이 특히 요구된다. 사무총장의 중재 기능은 야전에서 수행하는 평화유지활동이 관여하는 장기적 갈등의 경우에서 아주 긴요하다. 중재기능은 사무총장에게 그가 병력의 지휘권을 유지하는 한 비교적 권위적이고 영향력 있는 역할을 부여하기 쉽다. 왜냐하면 그는 보통 병력의 이동과 활동에 어느 정도의 재량권을 갖고 있으며 바로 이것이 그가 제시하는 제안들의 설득력을 높여 줄 것이기 때문이다.

260 *Ibid.*, p. 452.

3. 조정(arbitration)의 기능은 해결 조건들의 법적 구속력을 의미하기 때문에 사무총장에게 부여되는 경우가 대단히 드물다. 왜냐하면 국가들이 정치적으로 중요한 쟁점들을 조정절차에 결코 위임하려 들지 않기 때문이다. 협소하게 정의되고 엄밀한 법적 문제나 비교적 중요하지 않은 쟁점들의 경우에 국가들은 손실을 감내할 용의가 더 클 것이고 조정이나 사법적 해결이 가능할 것이지만 그런 환경에서 적절한 영역은 관습적으로 재판소나 복수의 조정자들로 구성되는 패널이 되었다. 본질적으로 우 탄트 사무총장에 의해서 조정된 말레이시아(Malaysia)의 분쟁을 제외하고 사무총장에게 실제로 조정이 위임된 경우는 없었다.[261] 그럼에도 불구하고 그 가능성을 배제해선 안 될 것이다. 왜냐하면 국제적 조정의 경험에서 볼 때 최종적인 결과는 거의 언제나 각 당사국들에게 그들이 원하는 무언가를 주는 타협의 형식으로 이루어지기 때문이다. 더구나 그 절차들은 재판소의 공개적이고 공식적인 과정이나 공식적으로 구성된 중재 패널들이 제시하는 것보다 더 융통성이 있다. 왜냐하면 사무총장을 통해 추진함으로써 조용하게 또 최종적 해결을 형성하는데 당사자들로부터 협조를 받아 조정과정을 마련하는 것이 가능하기 때문이다.
4. 수용(accommodation) 기능의 가장 중대한 측면들 중의 하나는 국제연맹과 유엔의 역사를 통해 사무총장과 국제평화기

261 *Ibid.*, p. 453.

구의 중요한 역할인 "체면 세워 주기"라고 특징 지울 수 있을 것이다.[262] 체면 세우기는 이따금 자국의 정치적 지위를 심각하게 약화시키지 않고 우아하게 후퇴하는 것이 필요한 국가들에게 바람직하다. 사무총장이나 그의 대표들은 국가적 긍지와 위신의 고려가 크게 압박하는 그런 갈등상황에서 특별히 유용했다. 예를 들어 1956년 수에즈 위기 후 함마숄드 사무총장의 노력 가운데 상당한 부분은 주로 그가 제공한 도움으로 마련된 유엔의 끼어들기를 통해 영국, 프랑스 및 이스라엘 병력의 철수를 촉진시키는 것이었다. 유엔비상군(UNEF) 작전은 부분적으로 점령국가들의 체면을 세우는 장치로 마련되었다. 1962년 쿠바 미사일 위기 시에 흐루시초프(Khrushchev) 소련 수상도 미국과의 대결에서 후퇴하는 수단으로 당시 우 탄트 유엔 사무총장의 호소에 긍정적으로 반응했었다. 이따금 국가들은 별다른 대안이 없기 때문에 사무총장에게 도움을 요청하기도 할 것이다. 예를 들어, 중국에게 포로가 된 미국의 조종사들의 석방을 모색하도록 미국은 1954년 함마숄드 사무총장에게 요청했었다. 때론 어느 한 국가가 혼자서는 성공적으로 다루기에 너무 어려운 문제들도 있다. 그리하여 영국은 1947년 팔레스타인 위임통치문제(Palestine Mandate issue)를 유엔에 넘겼고

262 일찍이 근대 국제정치학의 아버지인 한스 모겐소(Hans J. Morgenthau)는 이 수용(accommodation)을 국제평화로 가는 중요한 방법들 중의 하나로 간주했었다. 그의 대표 저서인 *Politics among Nations: The Struggle for Power and Peace*, 5th ed., revised, New York: Alfred A. Knopf, 제10장 참조.

그 결과 이스라엘이라는 신생국가를 정당화하는 데 트리그브 리 사무총장의 탁월한 역할이 있었다. 수용은 평화유지작전에서도 역시 중요했다. 아마도 이것의 현저한 본보기는 당사국들이 의도적으로 막연하게 남겨 놓은 결의안을 해석하는 데 있어서 함마숄드가 행한 콩고(Congo)의 경우일 것이다. 그는 그런 위임된 권한이 마음에 들지 않았지만 그 일을 거부하지 않았다. 그리하여 사태가 한쪽이나 그 이상의 당사자들에게 불만스럽게 진행되는 것처럼 보일 때 그는 의식적으로 자신이 비난의 목표물이 되었다. 여기서 수용은 당사국 자신들이 짊어지려 하지 않는 짐을 떠맡고 만일 사태가 잘못되면 책임의 짐을 지는 형식이 되었다.[263]

갈등관리의 분류 안에서 사무총장의 독립적 행정기능(independent executive functions)은 유엔의 관찰과 평화유지군의 임무를 수립하고 지도하는 맥락에서 중요하다. 여기서 독립적 기능은 유엔의 관찰과 평화유지군을 위한 자원들의 동원을 포함한다. 행정적이고 정치적인 결정과 관련된 계획은 아주 신속하게 그리고 비교적 심각한 갈등의 압력하에서 달성되어야만 한다. 사무총장은 병력부대를 파견해 줄 용의가 있는 국가들과의 합의를 협상해야만 하는 반면에 동시에 그는 자신의 제안이 병력이 파견되는 대상 국가에게 수락되는지 여부를 확실히 해야만 한다. 사무총장은 평화유지군의 임무와 그것이 기초하는 일반원칙들을 상세히 명시화해야만 하고 또 조직구성과 직

263 Arthur W. Rovine, *op. cit.*, p. 455.

원문제, 재정, 야전의 병력들을 위한 적절한 공급과 물자들의 분배를 감독해야만 한다. 당연히 그는 당사국들에 의해 지원을 받지만 때때로 그들의 정치적 조언과 요구에 의해 제한받는다. 그러나 동원작업의 아주 상당한 부분은 사무총장과 그의 막료들의 독립적인 행정권을 통해서 이루어진다. 야전 병력을 설치하는 사무총장의 권한은 당연히 관련 국가들의 특수한 요구와 병력을 창설하는 원래의 정치적 결정을 뒷받침하는 일반적 정책개념들에 의해서 제한받는다. 그렇지만 우선 사무총장이 병력부대를 창설한다. 그의 견해는 최초의 성명이 바로 그의 것이기 때문에 영향력이 클 수밖에 없으며 그 밖의 모든 것들은 수정안의 형식을 취할 것이다. 병력의 규모, 구성, 기능, 구조, 지휘, 물자 및 지도원칙들은 주로 사무총장의 몫이며 국제사회는 특수한 항목이 불만스러울 경우에만 반응할 것이다. 사무총장의 재량권은 그만큼 큰 것이다.[264]

유엔의 관찰이나 평화유지임무를 위한 사무총장의 정책기획(policy planning) 기능은 그런 병력을 위한 자원을 동원하는 데 있어서 그의 역할의 자연스런 확장이라 하겠다. 따라서 사무총장은 권위 있는 정책계획과 병력의 통제에서 절대적으로 중요하다. 만일 국제사회에 첨예한 분열이 있다면 그는 오히려 자신에게 위임된 그런 권한을 갖게 될 수 있을 것이며, 위기의 순간에 야전에서 사무총장의 대표자들은 승인이나 지침이 없이도 중대한 결정을 내릴 수밖에 없을 것이다. 그러나 그를 지도하는 비교적 직선적이고 구체적인 기준으로 보아도 궁극적인 해석은 사무총장과 야전 사령관들에 의해서 이루어져

264 Arthur W. Rovine, *op. cit.*, p. 456.

야만 한다. 사무총장이 최종적 권위로 남는 이상 문제가 어려우면 어려울수록 사무총장의 영향력은 그만큼 더 커질 것이다. 유엔의 헌장이 현재 상태로 유지되는 한 사무총장과 사무국만이 야전 병력의 일상적 지휘를 할 수 있기 때문이다. 사무총장에 의해 수행되는 정책기획 역할은 비상시나 여론이 분열되었을 때뿐만 아니라 정상적 임무 수행과정에서도 수행된다. 야전 병력을 위한 정책결정 과정에서 그의 개입은 그의 여러 가지 다른 외교적 및 갈등관리 기능들을 통해서 이루어진다. 그의 사무실을 통해 야전에서 오는 정보는 종종 구체적 유엔 문제에서 가장 철저하고 또 정확하다. 그리고 바로 이것으로 인해 그는 정책 수립을 위한 평가에서 그를 아주 영향력 있게 해준다. 병력 이동과 활동 그리고 주어진 지역에서 일반적 역할에 관한 그의 권고안들은 안보리나 총회가 어떤 구체적 행동방향이나 작전을 위한 일반적 틀을 세우도록 설득하는 데 효과적이다.

야전작전(field operation)이라는 역할은 소규모의 국제병력이 수행하는 여러 가지 과업들을 포함한다. 이 국제병력은 사무총장에 의해 갈등관리를 위한 여러 가지 임무를 승인받고 또 그에게 보고한다. 사실확인(fact-finding)은 그것이 사무총장의 개인적 대표자이든 아니면 공식적 관찰단이든 혹은 대규모의 평화유지군이든 간에 모든 유엔 주둔의 핵심적 기능 가운데 하나이다. 자료수집과 처리는 항상 사무총장 업무의 중요한 일부였다. 사무총장의 야전작전은 국제적 임무에 주어진 조사, 확인 및 감독과 관련된다. 관찰자들은 정전이나 휴전의 형태로 적대행위의 중단을 확인하고 또 분계선을 정찰하도록 요청받을 수 있다. 정치적 과제들은 민주적 선거의 확인, 영토의 이전 그리고 특정된 지역의 감독까지도 포함한다. 끝으로 사무총장의 갈등관리 기능은 가장 추상적인 수준에서 소위 끼어들기(interposition)[265]라고 부르는 것을 포함하는데 이것은 갈등 당사국들 사이에 중립적 제삼자가 끼어들어 평화적 해결을 시도하는 일이다. 이것은 국제연맹 창설 이래 사무총장이 수행할 일의 심장이요 또 진정한 의미였다. 사무총장의 끼어들기 역할은 아주 심각한 국제적 위기에서 실질적 가치가 있을 것 같지는 않지만 별로 심각하지 않는 여러 갈등에서는 도움이 되었다. 사무총장이 어떤 주어진 경우에 무슨 영향을 미칠 수 있든 간에 가장 근본적인 의미에서 사무총장은 갈등 당사자들을 분리시키고 양측의 주장들 사이에서 어딘가 중립적 입장의 채택을 통해서 평화적으로 갈등을 해결하는 것을 목표로 삼고 있다. 이것은 집단안전보장제도에 대한 최초의 기대와는 별 관계가 없지만 유엔의 능력에 훨씬 속하는 것이다.

셋째, 유엔 사무총장의 국제적 통합기능(integration function)은 1970년 아서 로빈(Arthur Rovine)이 처음 논의한 이후 아무도 다룬 적이 없는 기능이다. 치열한 냉전의 시대에 유엔 자체가 국제적 분쟁해결에 크게 기여하지 못하는 시대적 상황 속에서 유엔 사무총장에게 그런 기능을 기대한다는 것은 사실상 불가능했기에 이 기능에 관한 담론의 부재는 충분히 이해할 만한 일이다. 냉전이 종식된 21세기의 전 지구적 정치와 소위 글로벌 거버넌스(global governance)로 나아가는 오늘날 그런 기대는 이제 결코 단순한 환상만은 아닐 것이다. 아서 로빈에 의하면 국제정치의 영역에서 국제적 통합기능은 사무총장

265 *Ibid.*, p. 458.

의 과업들 중에서 최종적이고 어쩌면 가장 근본적인 것이다.[266] 근본적인 의미에서 1920년에 창설된 범세계적 국제기구는 국제사회를 하나의 세계국가로 강화시킬 목적이 아니라 국제적 갈등의 평화적 해결을 요구하는 그런 차원의 세계질서와 통합을 위한 국제적 배경에서 보다 실질적 수준의 통합을 달성하는 데 헌신했다. 범세계적 국제제도들은 칼 도이치(Karl Deutsch)가 일찍이 "다원적 안보 공동체"(a pluralistic security community)로 명명한 것을[267] 전 지구적으로 창조하기 위해 투쟁해 왔다고 해도 과언이 아닐 것이다. 지금까지 사무총장들이 어떤 중요한 통합적 영향력을 미쳤는가에 대한 질문에 어떤 정확성을 가지고 답하기는 현재로서 불가능하다. 그럼에도 불구하고 그들의 활동이 국제적 통합과 본질적인 관련 변수들 중 어떤 것들과 관련되었으며 그것들의 측정이 현재 이루어질 수 없다고 할지라도 통합과 관련된 활동들의 논의는 사무총장직의 이해에 필요하다고 말할 수 있을 것이다. 국가 간 갈등의 평화적 해결이 유엔의 일차적 목적이라는 사실은 아직도 요원한 국가들 간의 통합의 문턱에 다다르는 것이 유엔활동을 지도하는 궁극적인 목적임을 의미한다고 해도 과언이 아닐 것이기 때문이다. 이점에서 유엔 사무총장도 어떤 통합기능을 수행하고 있다고 말할 수 있을 것이다.

첫째, 통합기능과 관련된 핵심적 변수들 가운데 하나는 가치들의 양립성이다. 특히 평화적 변화의 메커니즘을 이용하기보다도 국

---

266 *Ibid.*, p. 459.

267 Karl W. Deutsch, et. al.. *Political Community and North Atlantic Area*, Princeton: Princeton University Press, 1957, 1957, p. 6 ff.

가의 폭력에 의존하려는 성향과 가장 직접적인 관련을 그런 주요 가치들의 양립성을 말한다. 사적으로 그리고 공적으로 사무총장은 국제법과 국제기구의 규범들을 준수하려는 성향을 창조하고 또 평화, 독립 및 경제와 사회적 변화, 그리고 인권에 관한 공동 가치들의 풀(pool)을 창조하려고 열심히 노력했다.[268] 그의 공적 성명들은 자연히 일반 대중을 향했으며 그의 사적 업무는 여러 종류의 정책결정자들과 엘리트들을 향했다. 따라서 사무총장의 교육적 역할의 공통적 흔적은 사무총장직의 전 역사를 통해 추적될 수 있을 것이다. 광범위한 가치공유의 면에서 발전은 비록 압도적이지는 않지만 그럼에도 불구하고 1970년대에 식민주의 문제, 부의 재분배, 인권 및 심지어 평화적 변화의 규범에 대한 사고의 보다 큰 양립성이 있었다. 이것의 얼마나 많은 부분이 사무총장의 활동을 포함하여 국제제도들에 기인하는지를 말하기는 불가능하다. 그러나 어느 정도의 영향에 대해서는 몇 가지 직접적이고 또 일반적인 표시들이 있다. 예를 들어 함마숄드 사무총장은 정치지도자들 사이에서 "예방외교"의 개념을 정당화했다.[269] 분명히 갈등관리에서 어떤 과제의 수행을 위해 사무총장에 대한 거듭된 의존은 사무총장 자신에 의해 진작되고 또 어느 정도 발전된 게임의 규범과 규칙의 인정과 관련된다. 최소한 사무총장은 국제적 합의를 증가시키고 또 평화적 해결에 기여할 일단의 공유된 가치들을 정치 지도자들과 엘리트들 사이에서 수립하려고 적극적으로 노력하는 소수의 그런 사람들에 속한다.[270]

268 Arthur W. Rovine, *op. cit.*, p. 460.

269 *Ibid.*.

둘째, 공유된 주요 가치들의 변수와 밀접하게 관련된 것으로 반응성(responsiveness)의 개념과 행위의 예측성이 있다.[271] 국가들은 서로 간에 신임과 신뢰가 있는 경우에 분쟁을 평화적으로 해결하려는 성향이 높다. 만일 국가들이 타국들의 필요성과 요구에 반응을 보여주고 또 행위를 예측할 상호 간의 능력을 수립하는 데 충분하리만큼 빈번히 그렇게 한다면 그러면 통합적 과정이 보다 더 작동하기 쉬울 것이다. 반응성과 예측성은 핵심적 변수들이다. 사무총장이 여기에 어느 정도 효과를 미치는 것처럼 보인다. 왜냐하면 그의 외교적 및 갈등관리 역할들이 국가들 사이에서 타국들의 요구에 대한 지식과 이해를 촉진시키는 데 중요했으며 이것만으로도 반응성을 촉진하는 성향이 있기 때문이다.

셋째, 또 다른 변수로는 국제적 엘리트들의 확장 그리고 국제기구의 경우엔 전 세계적으로 정치엘리트들의 충원과 사회화의 수단을 통한 성장을 들 수 있다.[272] 사무국 운영의 행정적 책임을 통해서 사무총장은 유엔의 보다 명시적인 통합을 지향하는 데 기여한다. 유엔 사무국은 오랜동안 많은 국가들, 특히 아프리카 및 아시아의 여러 신생국가들에 온 외교관들의 적극적 훈련소였다. 유엔에서 근무를 통한 사회화는 국제사회의 많은 빈국들에게 정치 엘리트 구조의 확장을 도왔다. 왜냐하면 빈번하게 사무국에서의 임용이 가용한 최고의 훈련에 속하기 때문이다. 통합의 잠재력의 면에서 그것은 여러 핵

270 *Ibid.*, p. 461.

271 *Ibid.*

272 *Ibid.*, p. 462.

심적 분야에서 상호적 가치들에 대한 헌신을 강화하는 추가적 이점도 갖고 있다. 자연히 유엔 사무총장은 이런 면에서 회원국들의 압도적인 수적 비중을 반영하여 주로 유럽인들이 사무국을 주도했던 국제연맹의 사무총장보다 훨씬 더 영향력을 미쳤다. 유엔 그 자체만큼이나 유엔 사무국은 전 국제사회를 대표하며 따라서 엘리트 구조의 확장을 가져오는 사회화와 충원에 훨씬 더 적합하다. 종종 기술적 능력과 전문성이 희생되는 경우에조차도 광범위한 지리적 안배에 대한 사무총장의 지속적 강조와 사무국을 통한 사회화와 충원은 대부분의 발전도상 국가들에서 정치적 엘리트들의 확장을 영구화할 것으로 보인다.

넷째, 통합과정에서 중대한 변수들 중의 하나는 국제무역, 자본의 흐름, 소통, 사람들의 이동, 그리고 이 모든 것들의 질서 있는 흐름을 관리하는 제도들의 창조를 포함하여 정치적 단위들을 통과하는 거래의 폭과 율(rate)이다. 여기에서 사무총장의 일은 무역장벽의 발전적 약화와 궁극적인 소멸, 증가된 유동성과 자본의 흐름을 촉구하는 공적 및 사적 성명들을 통해 수행하는 주로 교육적이고 또 설득하는 일이다. 국제연맹과 유엔은 경제, 사회 및 기술적 문제들에 헌신하는 특수 기관들을 통해서 광범위한 기능적 이익들의 발전을 향상시키는 데에도 기여했다. 이런 데에서 사무총장의 효율성은 지금까지 빈약하기 그지없었지만 그러나 만일 국제사회가 행여 통합의 문턱으로 접근하려고 한다면 확장된 거래를 추구하는 데 있어서 사무총장의 업무수행이 잠재적 중요성을 가질 수도 있을 것이다.[273]

273 *Ibid.*, p. 463.

다섯째, 사무총장의 활동과 관련된 마지막 변수는 그의 통치 효율성과 유엔의 맥락에서 국제제도들에 의한 과제들의 확장이다.[274] 확장하는 통치적 구조는 통합적 패턴의 시사이며 동시에 기여자 이다. 물론 국제적 차원에서 제도들이 질서를 유지하고 권력과 부의 분배를 목적으로 발전되고 있지는 않다. 기대와 기획은 훨씬 낮은 수준이며 보다 많은 협력적 관계의 수립과 국가들의 정부와 국제제도들 간의 보다 더 많은 연계는 여전히 희망사항이다. 이런 의미에서 사무총장의 일은 중요하다. 왜냐하면 사무총장의 과제는 국가적 과정과 국제적 과정들 간의 보다 중요한 연계를 수립하는 데 기여한 대규모의 평화유지 기능들을 포함하고 있기 때문이다. 이것은 국가의 정부들이 유엔을 중립적 제3자적 중재자로서 활용케 하는 성향을 창조하는 면에서 어느 정도 효과를 갖는다. 여기서 사용하는 "통치적 효율성"이라는 용어는 보통 국가적 차원에서 사용한 것과 아주 다르지만 그러나 통합적 과정을 형성하는 데 있어서 절대적으로 긴요한 권력과 영향력의 방향으로 한 걸음을 내딛는 것이다.[275]

요컨대 사무총장은 유엔 그 자체의 과제들과 분쟁의 평화적 해결 능력을 확장하는 데 기여했다. 국제적 갈등 해결을 위한 사무총장의 활동이 꾸준히 향상된 것은 아니다. 평화적 해결의 일반적 패턴에 의해서 표시되는 통합의 문턱은 아직도 요원하다. 그러나 국제연맹과 유엔의 1세기에 걸친 긴 역사의 관점에서 볼 때 전반적인 추세는 아주 느리고 또 결코 직선적이지는 않지만 사무총장직의 기능

274 *Ibid.*

275 *Ibid.*

적 확장의 방향으로 나아가고 있는 것처럼 보인다고 해도 무방할 것이다.

제12장

결론을 대신하여: 유엔 사무총장과 평화의 리더십

유엔 사무총장은 "평화신"이 되도록 기대되었지만 역사상 누구도 그렇게 될 수 없었다. 마키아벨리를 원용하여 말한다면 "무장하지 않은 예언자"(an unarmed prophet)와 같았다. 그는 모세처럼 무장한 예언자나 셰익스피어의 프로스페로(Prospero) 같은 전능한 마술사도 아니었다. 그는 평화의 불을 인류에게 선물할 수 있는 프로메테우스나 지구의 평화를 떠받치는 아틀라스도 아니었다. 그에게는 국제평화와 안정을 위협하는 침략자들에 대항할 "아킬레스의 방패"(Shield of Achilles)가 없으며, 동시에 그런 국가를 응징할 제우스의 "불벼락"도 갖고 있지 않았다. 그는 유엔헌장이 규정한 그대로 "수석 행정관"일 뿐 그 이상도 그 이하도 아니었다. 유엔 사무총장은 국가의 최고 지도자처럼 최고위 정책결정자가 결코 아니다. 유엔정치에서 힘의 중심부는 사무총장이 아니라 안전보장이사회이다. 그럼에도 불구하고 유엔 사무총장은 인류의 평화에 대한 염원을 상징하는 유일무이한 "평화의 신"같은 세계적 지도자로 여전히 간주되곤 한다.

앨버트 슈바이처(Albert Schweitzer) 박사에 의하면 지도자는 하나의 모델을 갖고 있어야만 한다. 마하트마 간디(Mahatma Gandhi)는 자신이 "하나의 살아 있는 본보기"(a living example)이라고 말하곤 했다고 하지만 역사는 수많은 모델들로 가득하다. 그러나 비교적 역사가 짧은 유엔 사무총장직에는 여러 가지 다양하고 흥미로운 모델들이 별로 없다. 거기에는 본서에서 비교적 집중적으로 다룬 에릭 드러몬드로 대표되는 "관리자형 모델"과 다그 함마숄드가 상징하는 "비전가형"의 두 개의 뚜렷한 모델이 있을 뿐이라고 해도 과언이 아니다. 지도자에게 모델이 필요한 것은 건전한 판단을 하기 위해서는 일종의 준거 기준(frame of reference)이 필요하기 때문이다. 서양과 아랍과 인도의 세계에선 하느님(God)에서 그런 준거 기준을 찾는 것이 전통적 관례였다. 중국과 몽고에선 하늘(Heaven)에서, 반면에 옛 일본에서는 신의 후예로 가정되는 천황(Emperor)에서 그것을 구했다. 그러나 근대사회에서 지도자는 스스로 자신의 준거 기준을 세워야만 한다. 마가렛 대처(Margaret Thatcher) 전 영국수상은 "난 항상 역사의 심판관 앞에 선다"고 말했지만 그녀가 정말로 일관되게 그렇게 했는지는 의심스럽다. 그러나 어떤 경우에도 그런 준거 기준은 지도자에게 필요 불가결한 것이다.[276]

최근의 리더십연구 분야에서 리더십의 새로운 패러다임이 광범위한 관심을 끌었다. 우리 시대 리더십 연구의 대표적인 학자 가운데 한 사람으로 우리 시대의 가장 보편적인 염원 중의 하나가 압도적

276 이 사항은 일본 와세다대학교의 히로미츠 가다오카(Hiromitsu Kataoka) 명예교수가 2013년 1월 18일 리더십에 관한 저자와의 대화 중에 지적했었던 것이다.

이고 창조적인 리더십에 대한 갈망이라고 지적한 사람인 제임스 맥그리거 번즈(James MacGregor Burns)는 일찍이 사회적 교환관계에 통용되던 "거래적 리더십"(transactional leadership)과 놀라운 대조를 이루는 "전환적 리더십"(transformational leadership)이라는 새로운 유형의 리더십을 제안하고 개념화했다.[277] 전환적 지도자란 다른 사람들로 하여금 자신들이 원래 의도했던 것보다 더 많이 그리고 종종 그들이 가능하다고 생각하는 것보다 훨씬 더 많은 것을 하도록 동기를 부여하고 또 고무하는 사람이다. 그런 지도자들은 보다 도전적인 기대를 정하고 전형적으로 보다 높은 업적을 달성한다는 것이다.[278] 이런 점에서 전환적 리더십은 소위 카리스마적 리더십과 많은 공통점을 갖고 있지만 그러나 카리스마는 전환적 리더십의 일부에 지나지 않는다. 카리스마적 리더십에 관한 막스 베버(Max Weber)의 개념은 상당히 제한적이다. 카리스마적 리더십에 관한 보다 현대적 개념은 더 넓은 조망을 취하고 그래서 전환적 리더십과 많은 공통점을 갖고 있다.[279]

20세기 초에 막스 베버는 카리스마를 완전히 새로운 정향을 만들어 낼 능력이 있는 "가장 위대한 혁명적 힘"으로 서술했으며, 추종자들은 이런 능력을 통해 거의 마술적, 초자연적 혹은 초인적 특성과 힘을 가진 것으로 인식된 지도자들에게 자신들의 개인적인 헌신

277 James MacGregor Burns, *Leadership*, New York: Harper & Row, 1978, pp. 1-4, and *Transformational Leadership: A New Pursuit of Happiness,* New York: Grove Press, pp. 22-27.

278 Bernard M. Bass and Ronald E. Riggio, *Transformational Leadership*, 2nd ed., Mahwah, NJ: Lawrence Erlbaum Associates, 2006, p. 4.

279 *Ibid.*, p. 5

을 완전히 제공한다는 것이다.[280] 더 좋든 더 나쁘든 간에 카리스마적 리더십은 항구적 지배체제 속에서도 발생하지만 난세에 특히 요구된다. 카리스마적 리더십은 비상시기에 가장 빈번하게 발생하고 요구되지만 그것은 집단적 흥분과 관련되며 이것을 통해 대중들이 어떤 특별한 경험에 반응하고 또 바로 그 때문에 한 사람의 영웅적 지도자에게 복종한다. 그러므로 카리스마적 지도자는 언제나 "문제의 뿌리"까지 다가감으로써 기존의 실천에 도전하는 혁명가적 급진주의자이다.[281] 에릭 에릭슨(Erik Erikson)은 사회적 구조와 개인적 자아를 지탱해 준 옛 가치들이 붕괴하는 공포와 위기 시에 사람들은 카리스마에 대한 갈망에 젖게 된다고 인정했다.[282] 여기에서 제임스 번즈는 어려운 문제를 제기한다. 즉 어떻게 그런 리더십이 합리적이고 계획된 전환적 변화, 다시 말해 거대한 대중이 소중히 생각하는 진정하고, 포괄적이며 또 지속적인 변화를 달성할 수 있느냐는 것이다. 그런 리더십을 실제 세계의 관점에서 어떻게 분석하고 또 평가한다는 말인가? 그리고 또 어떻게 마음과 정신의 갈망에 대한 일련의 애매한 심리적 욕구의 충족의 관점에서 정의된 지도자들을 시험할 수 있는가?[283]

카리스마적 리더십에서 추종자들은 매우 충성스럽고 복종적

280 Max Weber, *The Theory of Social and Economic Organization,* trans. By A.M. Henderson and Talcott Parsons, New York: Oxford University Press, 1947, pp. 363, 359 & 358.

281 Reinhard Bendix, *Max Weber: An Intellectual Portrait,* London: Methuen, 1966(1959), p. 300.

282 James MacGregor Burns, *Transformational Leadership*, New York: Grove Press, 2003, p. 26.

283 *Ibid.*, pp. 26-27.

이어서 자신들의 심리적 갈망을 충족시키기 위해 지도자들에게 영향을 미치는 것이 별로 없다. 지도자와 추종자들 사이에 아무런 창조적인 상호작용도 없다. 기껏해야 카리스마란 혼란스럽고 비민주적 유형의 리더십이다. 그러나 최악의 경우에 그것은 폭군체제의 한 유형이다.[284] 카리스마적 스타일을 가진 행정수반들은 회원국가들에 의해 일반적으로 저항을 받을 것이고 국제기구에선 조용한 외교와 합의 구축 노력을 손상시킬 수 있다. 카리스마적 스타일은 제2차 세계대전 후 시기의 국제기구들에서 유행하지 않은 것 같다.[285] 그런 카리스마적 리더십은 유엔 사무총장에게 안전하게 기대될 수 없다. 유엔의 헌장뿐만 아니라 실제 권한을 가진 안보리의 상임이사국들도 사무총장의 그런 리더십을 결코 용납하지 않을 것이다. 그것은 기본적으로 성격상 정부 간 기구인 유엔에서 불가능하다. 사무총장은 아무런 독자적인 정치적 권위를 갖고 있지 않고 독립적 효과도 거의 없다. 최상으로 말해서 그리고 유엔헌장이 가정하고 있듯이 사무총장은 회원국가들의 정부들이 스스로 성공할 수 있는 결정에 도달할 수 있도록 최대한 도울 수 있을 뿐이다. 이런 상황에서 우리가 유엔 사무총장에게서 어떤 종류의 전환적 리더십을 현실적으로 내다볼 수 있겠는가?

유엔 사무총장에 관한 최근의 한 연구에서 켄트 킬레(Kent Kille)는 사무총장의 리더십에 관한 3가지의 이상형(ideal types)을 제시했다. 첫째는 다그 함마숄드 같은 비전추구자형, 둘째는 쿠르트 발트

---

284 *Ibid.*, p. 27.

285 Robert W. Cox, "The Executive Head: An Essay on Leadership in International Organization,"*International Organization*, Vol. 23, No. 2 (Spring 1969), p. 210.

하임 같은 관리자형, 그리고 셋째는 코피 아난 같은 전략가형이 그것들이다.[286] 관리자들은 거북한 편드는 자들이고, 비전추구자들은 거북한 도전자들이며, 전략가들은 거북한 조정자들이다. 관리자들이 가장 영향력이 적을 것이다. 그들의 스타일은 회원국들의 염원을 존중하는 경향이 있다. 관리자형 사무총장들의 노력은 회원국들이 원하는 것 이상을 가져오지 못하기 때문에 유엔을 평화의 유린을 다루는 데 있어서 확장된 역할로 이끄는 지도자를 갈망하는 사람들의 희망을 충족시키지 못할 것이다. 반대로 비전추구형은 국제적 영역에서 중요한 영향력을 추구한다. 비전추구자들은 제약에 도전하게 하는 스타일이다. 그리하여 그들은 그런 접근방법이 어떤 회원국들 측의 비타협적 자세를 극복하는 데 필요할지도 모르기 때문에 주제넘은 상황에도 불구하고 가장 많이 영향을 미칠 수 있다. 그러나 중요한 역할을 수행하려는 그들의 열정이 자신들의 몰락을 가져올 수도 있다. 비전추구자들의 접근방법이 회원국들이 사무총장에게 원하는 것과 맞지 않을 때 그들은 자신들의 노력을 좌절시킬 정치적 저항을 직면하기 쉽다. 비전추구형 사무총장에 의한 노력에도 불구하고 영향력의 수준은 오히려 쉽게 감소할 것이고 시간이 감에 따라 사무총장직의 유용성이 손상받을 수 있다.[287]

전략적 사무총장이 요구되는 이유는 그런 형의 지도자가 관리자들과 비전추구자들이 직면하는 난관을 피할 수 있을 것으로 생

286 Kent J. Kille, *From Manager to Visionary: The Secretary-General of the United Nations,* New York: Palgrave Macmillan, 2006.

287 *Ibid.*, pp. 239-240.

각되기 때문이다. 상황에 민감하면서도 주도적인 보다 균형된 접근법을 추구함으로써 전략가들이 지구적 문제에 꾸준한 영향력을 유지할 수 있을 것이기 때문이다.[288] 그들은 언제 그리고 어디에서 영향력 있는 사무총장으로서 행동할 것인지를 알아내는 데 능할 것이지만 그러나 그들은 문제의 영역이 어떻게 다루어져야 하는가에 대해 스스로 안내하기 위해서 상황적 장애를 뚫고 나아가지는 않을 것이다. 그리하여 주어진 환경이 적극적인 사무총장을 달가워하지 않을 때 그들의 단기적인 직접적 영향은 감소할지도 모르지만 그러나 그들은 장기적 영향에 계속해서 초점을 맞출 것이고 또 문제들을 다루어 나아가는 데 점차로 자신들을 끼워 넣을 것이다.[289] 그러나 저자인 켄트 킬레 자신도 인정하고 있듯이 맥락적 제약의 전환이 전략적 사무총장의 이점을 빼앗아갈지도 모른다. 다른 말로 바꾸어 말한다면, 전략적 접근법이 모든 상황에서 사무총장직을 위한 만병통치적 해답은 아니다. 모종의 난관들이 이 접근방법의 핵심인 균형을 유지하는 전략가의 능력을 손상시킬 수 있을 것이다.[290] 뿐만 아니라, 전략가들은 거북한 조정자로서 행동하도록 가정되고 있지만 그러나 만일 제약들이 조정될 수 없는 경우에 그들은, 예를 들어, 국제체제의 구조적 제약과 같은 강력한 제약을 직면했을 때 곧 마비되고 말 것이다. 그럼에도 불구하고 전략가형의 리더십이 관리자형이나 비전추구자형보다는 전환적 리더십과 더 많은 공통점을 갖고 있다. 그러나 그들이 서로 같은

288 *Ibid.*, p. 240.

289 *Ibid.*

290 *Ibid.*

것은 아니다. 왜냐하면 전환적 리더십은 전략가의 "마키아벨리식의 기회주의"를 초월하기 때문이다. 그것은 어쩌면 "쇠파리"라고 자칭했던 소크라테스의 지성적 힘이 요구된다고 말할 수 있을 것이다.

전환적 리더십은 상황을 올바로 진단하고 거기에 대처하는 데 필요한 행동절차를 마련해야 한다. 그러고 나서 회원국, 특히 안보리 상임이사국들로 하여금 유엔헌장에 의해 약속한 국제평화와 안전을 유지하기 위해 구체적 공동조치를 취하도록 해야만 한다. 사무총장의 그런 리더십은 유엔에 압도적이고 공통적 비전을 도입할 수 있는 하나의 "촉매제"로 작용할 수 있을 것이다. 여기서 "촉매제"의 역할을 소크라테스의 "쇠파리"의 역할로 바꾸어 불러도 좋을 것이다. 그리고 쇠파리가 유엔에 도입할 그런 압도적이고 공통적 비전은 사회에 의해 중요하다고 간주되는 어떤 일단의 현상에 관해 원인과 결과의 연계에 대해 일반적으로 수락되는 이해, 즉 이른바 "합의된 지식"(consensual knowledge)을 의미한다.[291] 상황의 원인들에 관한 그런 공동의 이해는 해결에 관한 공유된 이해를 촉진시키기 쉽다. 그리고 그것은 해결을 실현하는 데 필요한 정책 가이드라인과 지원의 규정에 대한 회원국들의 헌신의 토대로서 추구되어야만 하는 그런 공유된 이해이다. 이렇게 볼 때 아이디어가 곧 힘, 혹은 연성 힘이라 하겠다. 아이디어로 무장한 쇠파리의 역할이 바로 소크라테스의 유일한 힘이었다. 그리고 이 힘이 바로 유엔 사무총장에게 크게 요구되는 힘이라 하겠다. 왜냐

291 Ernst B. Haas, *When Knowledge is Power: Three Models of Change in International Organizations,* Berkeley, CA: University of California Press, 1990, pp. 20-23.

하면 사무총장이 구사할 수 있는 유일한 힘은 설득의 힘이기 때문이다.[292] 아이디어는 필요할 때 언제나 있다.[293] 비록 사무총장의 지도하에 강력한 아이디어가 출현한다고 할지라도 아이디어의 힘만으로 필요한 전환에 대한 정치적 저항을 극복하는 데 충분하지 않을 것이다. 뿐만 아니라, 전 세계적으로 정부관리들의 쓰레기통들 속엔 이미 좋은 아이디어들이 가득하다는 것 또한 사실이다.

설득할 수 있는 힘뿐만 아니라 유엔 사무총장은 유엔이 어떻게 자신들의 국가이익에 봉사할 수 있는가에 관해 정부들의 인식을 깨우치는 다른 방법들을 필요로 한다. 그리고 이런 방법적 전술은 분명히 대결적인 것일 수 없다.[294] 전환적 리더십은 이러한 의미에서 플라톤이 빈번히 "쇠파리"라고 불렀던 소크라테스의 이미지인 "쇠파리-지도자"(gadfly-leader)의 역할을 수행할 수 있어야 한다. 쇠파리-지도자의 일은 국제평화와 안전에 대한 국제적 위협의 어떤 그리고 모든 문제들에 대해 이미 정답을 알고 있는 "교사-지도자"(teacher-leader)의 일과 명백하게 구별된다.[295] 유엔 사무총장은 국제평화와 안

292 Lawrence S. Finkelstein, "The Coordinative Power of the UN Secretary-General," in Benjamin Rivlin and Leon Gordenker, eds., *The Challenging Role of the UN Secretary-General: Making "the Most Impossible Job in the World" Possible,* Westport, Connecticut: Praeger, 1993, p. 73.

293 Gareth Evans, "Forward," in Ramesh Thaker, Andrew F. Cooper, and John English, eds., *International Commissions and the Power of Ideas*, Tokyo: United nations University Press, 2005, p. xi.

294 Lawrence S. Finkelstein, *op. cit.*, p. 74.

295 Leonard Grob, "Leadership: the Socratic Model," in Barbara Kellerman, ed., *Leadership: Multidisciplinary Perspectives,* Englewood Cliffs, NJ: Prentice-Hall, 1984, p. 373.

전의 유지를 위해 유엔 회원국들, 특히 안보리의 상임이사국들로부터 해답을 끌어내는 소크라테스 같아야 할 것이다. 소크라테스는 스스로 나태한 사람들을 그들의 선잠에서 깨우는 쇠파리로 자처했을 뿐만 아니라 동시에 그런 잠 깨움이 정확하게 모든 배움의 탄생이라고 알고 있는 "산파"로 자처했다.[296] 다음과 같이 말하면서:

> 나는 지금까지 스스로 지혜를 낳을 수 없는 산파와 같다. 흔한 방법이 내 방법이다. 나는 묻는다. 나는 스스로 내 자신에게 지혜가 없기 때문에 아무 것도 빛을 보게 할 수 없다. 이유는 이렇다: 하늘은 나를 하나의 산파로 국한시키고 내가 지식을 낳는 것을 금지시켰다.[297]

소크라테스식 리더십은 유엔의 전설적 사무총장이었던 다그 함마숄드가 1953년 5월 4일 룬드대학교(Lund University)에서 행한 연설에서 아래와 같이 지적했듯이 단순히 질문을 계속해 대는 것을 의미할 수도 있다. "유럽의 문화적 전통에서 가장 영향력 있는 지도자들은 소크라테스나 나자렛에서 온 목수의 아들처럼 질문을 하는 사람들이었다는 것을 마음 속에 간직하지 않는다면 내가 우월한 힘 대신에 올 수 있는 것을 지적해 왔던 단어인 리더십은 위험스러운 용어이다."[298] 이런 의미에서 자기 자신에 관한 소크라테스의 묘사는 유엔

296 다그 함마숄드에 의하면, 산파술은 사무총장이 행운이 있을 때 시도하는 것이었다. Sven Stolpe, *Dag Hammarskjold: A Spiritual Portrait,* New York: Charles Scribners's Sons, 1965, p. 83.

297 Plato, *Theaeteus,* 150-c.

298 Manuel Frohlich, *op. cit.*, p. 225에서 재인용.(원래 출처: Andrew Cordier and Wilder Foote, eds., *Public Papers of the Secretaries-General of the United*

사무총장을 위해 아래와 같은 방식으로 바꿔 쓸 수 있을 것이다.

> 나는 지금까지 유엔에서 내 스스로 결정을 낼 수 없는 산파와 같았다. 내가 쓸 수 있는 방법으로 나는 유엔의 회원국들에 질문을 한다. 그러나 내겐 정치적 권한이 없기 때문에 내가 결정할 수 있는 것은 아무것도 없다. 그 이유는 이렇다: 유엔헌장은 내가 산파로 봉사하도록 제약하지만 결정을 내리는 것을 금지하고 있다.

리더십에 대한 그런 소크라테스의 이미지는 유엔 사무총장이 유엔 내에서는 말할 필요도 없고 국제사회를 전환시키는 데 수행할 수 있는 가장 적절하고 현실적인 역할을 위한 지침으로 잘 사용될 수 있을 것이다. 현 정보화 시대의 산파로서 유엔 사무총장은 또한 정책을 성공적 행동으로 전환시키기 위해 대중들의 이해와 지지가 있으려면 소통과 교육 그리고 설득에 엄청난 노력을 경주해야만 한다. 그는 세계의 모든 국가들에서 자신의 잠재적 지지자들에게 직접 호소함으로써 대중적 지지를 건축할 수도 있을 것이다. 그런 시도가 바람직한 산파술의 성공을 촉진시키기 위해서는 사무총장이 수석행정관리라는 관리자형 리더십을 능가해야만 한다. 유엔 사무총장은 유엔 내에서 보다 구체적인 목적들, 우선순위, 프로그램들 그리고 행동계획들을 제시해야 할 뿐만 아니라 그와 동시에 그것들을 지구적 국제사회에 효과적으로 투사해야만 할 것이다. 그러기 위해 유엔 사무총

Nations: Volumes II-V: Dag Hammarskjold 1953-1961, New York and London: Columbia University Press, 1972-1975, Vol. IV, p. 592.)

장이 로렌스 핑켈슈타인(Lawrence Finkelstein)이 지적했던 것처럼, 텔레비전 스타의 매력과 여러 개의 유엔 언어를 구사하는 윈스턴 처칠의 수사학적 기교, 그리고 지구적 여론조성 임무를 요구하는 그런 에너지를 갖고 있다면 그러한 리더십은 결코 유엔에 해를 끼치지 않을 것이다.[299]

299 Lawrence S. Finkelstein, *op. cit.*, p. 76.

제13장

에필로그: 글로벌 거버넌스 메커니즘의 발전경향과 유엔의 역할*

평화는 오직 진실의 조사 위에 세워질 수 있다.
—다그 함마숄드의 유엔총회 연설(1960년 10월 3일) 중에서

플라톤의 공화국을 기다리지 마라! 그보다는 작은 발전에 만족하고 그 작은 발전의 결과물은 전혀 작지 않다는 사실을 기억하라!
—마르쿠스 아우렐리우스 〈명상록〉 중에서

1. 프롤로그

"글로벌 거버넌스"(global governance)는 21세기 국제관계에 있어서 이제 일상적 용어가 되었다. 이 용어에 대한 관심과 꽤 갑작스러운 인기의 원인은 세 가지 새로운 현상으로부터 찾아볼 수 있다고 말할 수 있다. 그중 첫 번째는 냉전의 종식이다. 냉전의 종식은 유엔하의 국제제도가 국제평화와 안전을 보장하기 위한 국가 간 관계 조정을 위해 더 중추적인 역할을 할 것이라는 기대감을 증폭시켰다. 두 번째 현상은

* 본 장은 2012년 12월 20-21일 중국 베이징의 중국인민외교학회의 대회의실에서 "글로벌 거버넌스와 유엔에서의 동아시아 협력"이라는 주제하에 개최된 제12차 동아시아 유엔연구세미나에서 발표된 영어 논문을 번역한 것임.

세계화와 "세계성"(globality)이라는 오늘날 만연한 새로운 개념들의 부상이다. 어떤 이들에게는 세계화는 그 자체로 글로벌 거버넌스의 증거로 다가올 수도 있다. 그것이 국가들로 하여금 글로벌 시장의 경쟁적 수요에 순응하게 만든다면 말이다. 세 번째 현상은 인류가 직면하고 있는 여러 문제들을 해결하기 위해 세계적인 공조를 필요로 한다는 인식의 부각이라고 할 수 있다.

하지만 글로벌 거버넌스의 개념은 오늘날 도전을 받고 있다. 사람들은 글로벌 거버넌스를 정의하고 평가하는 이론적 틀에 따라 다르게 해석한다. 더 중요한 점은 이 개념이 정치적으로 도전받고 있다는 사실이다. 글로벌 거버넌스는 국제문제에서 권위의 소재, 세계제도의 책임성 그리고 국제정의의 성격에 관한 근본적인 문제에 대한 매우 정치적인 개념이다. 좌익에 속한 많은 사람들은 글로벌 거버넌스가 빈곤하고 약한 국가들의 희생을 바탕으로 하여 부유하고 국력이 강한 자본주의 국가들의 이익과 가치관을 대변할 것이라 생각하며 회의감을 가지고 있다. 한편 일부 보수주의자들은 글로벌 거버넌스가 국가의 주권성을 침해하며 세계정부로 향한 하나의 단계라고 주장한다. 그러나, 이러한 일이 가까운 미래에 일어날 것이라는 생각은 지나치게 과장된 것이다. 따라서 가까운 미래에 글로벌 거버넌스는 다가올 세계정부보다는 국제문제의 세계적 조정이라는 개념으로 이해되어야 할 것이다. 국가 간 관계에서 세계적 조정의 문제로서의 글로벌 거버넌스에 관한 이슈는 항상 존재해 왔다. 이 장에서 우리는 유엔의 역할을 염두에 두고 첫 번째 현상, 즉 글로벌 거버넌스 발전경향 내 국제안전보장과 평화의 분야의 제도적인 측면을 다루고자 한다.

2. "글로벌 거버넌스"의 겹핍된 제도적 형태

19세기가 되어서야, 강대국들은 나폴레옹 후 협정들을 유지하기 위해 "공조 체제"(Concert System)을 구성했다. 그러나 이것은 협의의 기구일 뿐, 국내문제의 개입에 관한 문제에 있어서는 분열이 존재했다. 제1차 세계대전 후, 정치인과 시민들은 주권민족국가를 뛰어넘는 것에 대해 생각하기 시작했다. 당시 제1차 세계대전의 전승국들에 의해 세워진 국제연맹은 연맹규약의 반전 조항과 평화적 변경에 관한 조항 때문에 매우 큰 진보로 여겨졌다. 그러나 엄격한 의미에서 국제연맹은 국가의, 국가에 의한, 국가를 위한 국제기구였다. 주요 국가의 의지에 국제연맹의 강제적 힘의 행사가 달려 있었고, 베르사유조약 후 정착된 영토적 현상유지와의 밀접한 관계는 연맹규약의 평화적 변경에 관한 조항의 적용을 사실상 불가능하게 만들었다. 1945년 유엔의 설계는 제2차 세계대전이 남긴 문제를 다루기보다는 국제연맹의 이러한 두 번째 실패원인을 해결하려는 것처럼 보였다. 유엔 안전보장이사회에게는 국제연맹이사회보다 훨씬 강력한 권한이 주어졌다. 그러나 이로부터 2년이 지나지 않아 냉전이 시작되었고, 강대국들이 지도력을 제공하지 못하게 됨에 따라 안전보장이사회가 지닌 권한들은 서류상에만 남게 되었다.

다시 한 번 말하지만 유엔 집단안전보장의 개념이 가진 약점은 국가 간 관계의 논리와 함께 공존할 수 없다는 데 있다. 국가들에게는 우방이 있고 적대국도 있다. 국가들은 적대국이 그 누구의 정치적, 영토적 고결성을 침해하지 않았더라도 그들과 싸우는 경향이 있다. 동시에, 모든 국가들은 동맹국이 타국의 정치적, 영토적 고결성 침범하더라도 그들을 보호하려는 경향이 있다. 국제정치는 확고한 이익과 협력에 관한 것이다. 그런데, 집단안전보장은 국가들로 하여금 이것들 위에 추상적인 원칙을 올려놓도록 요구한다.

냉전의 종식과 함께, 유엔에 대한 희망, 특히 집단안전보장의 개념이 다시금 부상했다. 베를린 장벽이 무너졌던 이 시기에 수많은 유엔 애호가들과 자유주의 제도주의자들이 가졌던 흥분의 정도를 그대로 묘사하기란 어려운 일이다. 글로벌 거버넌스의 추상적인 관점에서 보자면 사담 후세인의 쿠웨이트 침공과 점령조차 하나의 우연적 예외일 뿐이었다. 1990년 이라크의 쿠웨이트 침공은 너무나 자명한 유엔헌장의 위반이었고 명백한 국제평화와 안전의 침해였기 때문에 모두가 반대할 만한 것이었다. 그러나 1990년대의 유고슬라비아 내전이나 르완다 학살은 강대국들이 서로 다른 국익을 추구하고 있고 때때로 전혀 무관심하다는 사실을 혹독하게 상기시켜 주었다. 더 나아가, 단순한 냉전이 종식이 유엔의 집단안전보장체제 집단행동과 무임승차의 문제를 해결하지 못했다는 것을 여실히 보여 주었다.

냉전종식 후 두 가지 문제가 떠올랐다. 국가 간 분쟁의 경우에 있어서는 유엔헌장의 창시자들이 바라던 바와 같이 헌장의 새로운 황금시대에 대한 희망이 생겼다. 사실, 1991년 걸프전쟁은 침략자 사담 후세인에 대해 집단안전보장체제가 작동한 거의 유일한 빛나는 순간이었다. 집단안전보장체제는 안전보장이사회가 쿠웨이트의 독립재건을 위한 무력사용을 승인하고 미국이 이끄는 "유지국연합" (coalition of the willing)이 이라크가 후퇴하게 만들었다는 점에 있어서는 성공했다. 하지만 그것은 유엔이라는 껍데기 아래 미국 중심의 군사작전이었고, 승리 직후 연합은 분해되었다. 이로써 다시 한 번 전통적인 국가들의 계산은 집단안전보장의 의무가 아닌 차가운 국익에 근거한다는 것을 재확인할 수 있었다. 소련의 붕괴 이후, 중국의 전통적 외교의 추구와 미국의 예방전쟁적 성향은 이란과 북한의 핵확산 문제에서 보다시피 집단안전보장의 잠재성을 제한하고 있다. 이로써, 1990년 전 국제연맹과 유엔의 교훈들 위에 한 가지 더 새로운 교훈이 추가되었다. 즉, 단극체제의 세계에서 국제조직은 오직 현재 유일한 초강대국의 감독 아래서만 기능을 할 수 있다는 것이다.[300]

두 번째 문제는 국제평화에 있어 지난 10여 년간 집단안전보장체제를 거의 능가해 왔던 것이다. 그것은 바로 국가들의 국내분쟁 내 무력사용을 제한하고 정적 또는 소수민족의 인권을 심각하게 유린하는 주권국가에 대해 집단무력간섭을 정당화하는 "새로운" 법의 확대에 관한 문제이다. 그동안 안전보장이사회는 정부의 국내적 무력사용이 지역과 세계의 안전에 위협이 된다고 여겨지는 경우에 유엔헌장 제7장에 계속하여 의존해 왔다. 하지만 그 목적은 더 이상 신성동맹(Holy Alliance)의 경우와 같이 국가 간 관계의 현상유지가 아니다. 새로운 인도주의적 간섭은 유고슬라비아나 동티모르의 경우처럼 민족자결주의의 원칙에 근거하여 새로운 국가를 형성함으로써 현 상태를 바꿀 수도 있다. 무엇이 외부로부터의 정당한 간섭을 유발할 만한 인권침해에 해당하는지에 관한 비공식적 또는 공식적 합의가 존재하지 않다. 이 때문에, 국가의 폭력적 수단의 사용에 대한 제한의 확대

300 Stanley Hoffmann, *Chaos and Violence*, Lanham, Maryland: Rowman & Littlefield, 2006, p. 44.

는 국제평화의 침해와 침략행위에 관한 유엔헌장의 관념보다 더 주관적 해석의 여지가 크다. 많은 국가들이 국내문제 간섭을 강하게 반대하고 있어, 이 문제는 여전히 큰 논쟁으로 남아 있고 확립된 국제법의 원칙이 아닌 관습법에 따르고 있다. 더욱이, 인도주의적 간섭의 경우에 있어 집단안전보장활동을 정당화시키는 유엔의 역할은 국가 간 분쟁의 경우에 문제를 야기했던 같은 질문에 도달하게 된다. 즉, 유엔 안전보장이사회가 거부권 행사에 의해 마비되는 경우에는 어떻게 할 것인가에 관한 문제다.

우드로 윌슨 대통령 이후 거의 한 세기가 지난 현재, 집단안전보장의 난제는 여전히 그대로 존재하고 있다. 합법적인 다자적 무력사용의 원인이 증가하고 유엔 사무총장이 주권 보호를 주장하는 국가들의 비판에도 불구하고 이러한 확대를 옹호하고 있다. 한편, 국가들이 여전히 옳은 것보다는 그들만의 이익을 보호하고 증진시키려는 욕구가 더 크기 때문에, 유엔을 통해 집단안전보장을 적용할 수 있는 가능성은 여전히 제한적이라고 할 수 있다. 이러한 경우에 직면할 때마다, 정의를 원하는 국가들은 아무것도 하지 않거나, 유엔 밖에서 "유지연합"을 구성하거나 또는 일방적 행동을 취하도록 강요될 것이다.

3. 유엔 체제, 글로벌 거버넌스의 유일한 메커니즘인가?

유엔이 지속되어 온 이유는 그것이 실제로 약속된 국제평화와 안전을 제공했기 때문이 아니다. 유엔은 그 공식절차가 안전보장이사회 영구상임이사국을 포함한 다양한 당사자에게 이익을 제공했기 때문에 지금까지 생존할 수 있었다. 구체적으로, 유엔은 안보문제를 논할 만한 글로벌 포럼과 논의의 근본적인 틀을 제공함으로써 당사자들에게 유용하게 쓰인다. 이는 논의에 참가할 수 있는 다른 국가들에게도 마찬가지로 그리고 때때로 더욱 중요하다. 그들의 외교적 개입이 항상 영향을 미치지 못해도 말이다.

이러한 논의들은 다자 포럼에서 공적으로 이루어지는 것이 바람직하다. 하지만 안보문제에 대한 논쟁은 실질적으로 집단안전보장을 제공하는 것과는 별개의 문제다. 평화유지임무 및 관련 활동을 제외하더라도 유엔은 전 세계적으로 집단안전보장에 있어서 심각한 마비상태에 놓여 있다.

그렇다면 왜 유엔은 냉전종식 이후 지금까지 다른 모습으로 변화하거나 또는 사라져 버리지 않은 것인가? 그 답은 미국에게 있다. 우리 모두는 스스로의 한계를 정해 놓고 현재 상대적인 하강 상태에 있는 미국이 초강대국(더 정확하게 말하자면, 패권국)이라는 것을 안다. 그러나 유엔체제의 옹호자들 사이에는 미국을 유엔 집단안전보장체제 내의 단순한 주요 행위자로 보는 잘못된 경향이 존재한다. 유엔을 중세 기독교 세계에서 교황청과 같은 정당하고 합법적인 국제권위로 본다면, 미국은 고대 로마 황제의 그것과 같은 국제평화의 유지를 위한 초유의 능력의 소유자라고 할 수 있다. 이 능력은 정당성의 원천인 유엔 집단안전보장체제 내에서 또한 도전할 자가 없다. 따라서, 국가간 외교의 역할은 미국과 유엔체제 안에서의 미국의 능력을 끌어들이는 것에 있다고 할 수 있다. 비록 이따금 국제법을 위반하고 무시하지만 미국은 여전히 집단안전보장 체제의 주요 역할을 맡고 있다. 그러나, 이러한 견해는 유엔 집단안전보장체제가 사실은 단일체가 아니라는 사실과 미국이 이라크전쟁에서 보았다시피 집단안전보장체제 속에서 움직이지 않는다는 점을 숨기고 있다.

유엔체제의 지속성은 미국을 단일한 세계안보체제 내의 단순한 일개 지배적 행위자로 간주해서는 결코 이해할 수 없는 그 어떤 것에 달려 있다. 냉전종식 후 국제상위정치의 진면목은 이와는 매우 다르며, 두 개의 세계안보체제로 이루어져 있다. 하나는 유엔 집단안전보장체제이고 다른 하나는 미국의 패권안보체제이다. 국제 거버넌스 또는 전쟁의 부재는 국가들 사이의 군사력의 균등이나 국가 또는 국가들의 연합에 의한 무력사용금지의 결과가 될 수 없다. 이와 반대로, 국제 거버넌스는 이들 국가들 중 한 국가의 월등한 힘의 우위로부터 나온다고 할 수 있다. 힘의 우위는 불만족 국가들이 현 상태를 바꿔 보려는 노력을 포기하고 패권국이 약소국을 흡수하려고 하지 않을 때 존재한다. 이 경우에, 패권국은 패권을 남용하지 않고 주권국가의 외형적 독립성을 존중하며 제국이 되기를 열망하지 않는다.[301] 이것은 완전히 새로운 국제안보체제는 아니다. 북미에서 미국에 의한 패권적 평화는 미국과 역내 국가들 사이에 존재하는 힘의 불균형의 오랜 결과이다. 미국의 패권은 미주기구(Organization of American States)가 국가들 사이의 공개적인 전쟁(open war)을 금지한 이래 라틴아메리카에서 지속되어 온 평화에 기여해 왔다. 동아시아에서는 2000여 년 전

301 Raymond Aron, *Peace and War: A Theory of International Relations*, New Brunswick, New York: Transaction Publishers, 2003 (Originally published in 1966 by Doubleday & Company), p. 152.

중국에 의해 성립된 제국적 통일성이 수차례의 분열과 재건, 내전과 평화(시민적 그리고 제국적)의 시대를 거치며 지속되었다. 대외관계에 있어, 중국의 제국들은 만리장성 뒤에서 방어적 자세를 취하거나 또는 충동적으로 확장을 하곤 했다. 몽고와 만주족에게 정복되기도 했지만 중국은 19세기 전까지는 동등한 국가들 사이의 국제관계에 결코 편입되지 않았다. 이 시기까지 동아시아는 중국의 패권에 의해 "통치"되었던 것이다.

냉전이 끝난 이후, 유엔체제와 미국체제는 이따금 연합해서 동시에 작동하고 있다.[302] 유엔체제는 약하고 미국체제는 강하다. 이 점을 기억할 때, 미국은 세계안보체제 내의 단순한 지배적 또는 최강의 역할자가 아니다. 미국의 패권은 유엔체제 내 지배적 국가의 역할과 함께 국제평화와 안전의 완전히 새로운 시스템을 제공하고 있다. 이 시스템은 유엔이 제공하는 것과는 다른 세계 공공재를 가져다주고 있다.

지구의 상당한 면적에 암시적으로 또는 명시적으로 안전보장을 부여하려는 미국의 의지는 유엔 집단안전보장 그 자체의 의미, 필요성 그리고 질을 바꾼다. 유럽, 아시아, 라틴 아메리카 그리고 중동의 대부분의 국가들은 유엔 안보체제의 능력을 시험해 보기를 원하지 않는다. 이들은 사실상 미국에 의존하면서 유엔체제에 대하여는 마음에 없는 '립서비스'를 하고 있는 것이다. 이것은 물론 전혀 놀랄 만한 일이 아니며, 미국의 세계안보정책과 대부분 국가들의 근본적인

302 Kenneth Anderson, *Living with the UN: American Responsibilities and International Order*, Stanford, California: Hoover Institution Press, 2012, p. 99.

외교정책의 뿌리였다. 그들이 적이던 동지이던 간에 말이다. 이 국가들이 미국의 패권을 받아들이는 이유 중 하나는 안보비용을 미국에게 전가하려는 합리적 욕구 때문이다. 하지만 이미 많은 비용을 부담하고 있는 미국은 미국 나름대로 스스로의 국익을 확보할 합리적 이유가 있다.

미국에 의한 안전보장은 물론 집단안전보장 체제가 아니다. 나토(NATO)와 연관된 집단안전보장 계획도 아니다(나토는 엄격한 의미에서 대조적인 의미의 집단방어체제이다). 그러나 역설적이게도 미국의 안전보장은 집단행동 실패의 위험성을 갖지 않는다는 이유로 거의 집단안전보장체제와 같이 작동한다. 이 때문에 전 세계 사람들은 미국의 안전보장을 신뢰한다. 그들의 이익이 미국의 이익과 충분히 일치하는 한, 그들은 미국이 그들의 이익에 상당히 부합하는 방향으로 행동할 것을 확신할 수 있기 때문이다.

그러나 지구상에는 유엔체제를 전적으로 신뢰해야 하는 사람들도 존재한다. 그것은 그들의 선택도 아니고 때때로 그들의 이익에도 일치하지 않는다. 미국의 안전보장이 미치는 범위가 넓기는 하지만 모든 곳에까지 미치지는 못한다(예를 들어, 다르푸르와 같은 아프리카의 많은 지역). 최고점에 이른 미국 역시 모든 이를 위해 전 세계적으로 군사력을 투사할 수는 없었다. 점점 더 많은 신흥강대국이 등장하는 오늘날 부상하는 다극체제의 세계에서는 더욱더 어려워질 것이다. 패권국으로서의 미국의 힘은 원조, 경제정책, 무역 장려정책과 같은 수단을 통해, 지역 내 안보를 증진시키기 위해 하나의 대의, 정권, 정책 등을 지원하기 위해 사용될 수 있다.[303] 그러나 동시에 미국의 힘에도 많은 한계가 따른다. 미국의 국익에도 한계가 존재한다. 상황의 악화(실패한 국가가 테러리스트의 본거지가 되는 경우를 포함)가 직접적인 안보 위협이 되지 않기 때문에, 미국이 어떤 경우에도 관여할 필요가 없는 곳들이 많다. 그럼에도 불구하고, 1946년 당시 국무부 차관보이던 딘 애치슨은 다음과 같이 말했다. "이란은 미국보다 강하지 않다. 그리고 지난 분석에 따르면, 유엔은 미국보다 강하지 않았다."[304]

따라서 우리는 국가 간 침략행위에 대한 저항이 미국이 스스로 움직이거나 동맹국들로 하여금 반응하도록 하려는 의지에 달려 있는 미래를 고려해야 한다. 미국의 지도자가 사활적 국익이 걸려 있지 않은 타국의 국내 분쟁에 무력개입을 하지 않기로 결정하는 경우에 국가 간 침략행위에 대한 집단적 저항이 현실화되지 않은 미래 또한 고려해야 한다. 이러한 상황은 승리의 기준이 애매모호하거나 미국을 제외한 국가들이 군을 파견할 능력이나 의지가 부족한 경우가 될 것이다. 이것은 결코 밝은 미래가 아니지만, 유엔이 원래의 의미 또는 확장된 의미에 있어 우세하기를 바라는 유엔 애호가들 또한 현실에 직면해야 할 것이다. 지금은 그 어느 때보다도 유엔의 집단안전보장체제가 집단안전보장체제의 안보 제공국들이 보듯이 상호이익 또는 이타주의에 근거하는 체제가 아니라는 사실을 주지해야 할 때이다. 유엔 집단안전보장은 안보제공자국들이 하나의 관대한 행위로서 안보를 제공할 의사가 있을 때만 작동할 수 있는 옵션의 하나로 이해

303 소프트파워(또는, 스마트파워)의 옹호자들은 존재하지 않는 소프트파워에 의존하거나 그것을 하드파워의 지렛대가 아닌 대체물로 생각하는 경향이 있다.

304 Anthony Gaglione, *The United Nations under Trygve Lie, 1945-1953*, Lanham, Maryland: The Scarecrow Press, 2001, p. 46 재인용.

되어야 한다. 그것은 상호성이 완전히 결여된 것이며 따라서 예측성과 안정성 또한 부재한다.

4. 효율적인 글로벌 거버넌스가 존재하기에는 너무나 복잡한 세계?

오늘날 국제관계의 복잡성은 공평하고 효율적인 글로벌 거버넌스를 그 어느 때보다 요구하지만 동시에 이를 어렵게 만들기도 한다. 세계화에 얼마나 노출되어 있던 간에 국가들 위에 상위권력은 없다. 글로벌 리바이어던(Global Leviathan)과 가치와 분쟁해결 절차에 대한 글로벌 합의의 부재는 국제관계가 루소(Jean Jacques Rousseau)가 말하는 "자연상태"(state of nature)에 여전히 놓여 있다는 것을 보여 준다. 물론 분쟁이 일시적으로 멈추기도 하고, 세계에 비교적 평화로운 지역도 존재하기는 하지만 말이다.

그러나 이것은 세계를 덜 혼란스럽고, 덜 폭력적이고, 덜 복잡한 세계로 만들기 위한 진보가 없었다는 것을 의미하지는 않는다. 논쟁의 여지가 있기는 하지만, 두 갈래의 진보가 존재했다. 우리는 인종적 이유로 비롯된 대량학살에 대한 수차례의 인도주의적 간섭을 목격했고 이를 새로운 형태의 국제형사제도(international criminal justice)가 뒤따랐다. 그러나 국가주권의 옹호자들은 인권의 세계화와 국내분쟁의 세계화의 추세에 대해 저항해 왔다. 이 두 갈래의 길에 있어, 르완다의 경우와 같은 성공의 순간들만큼이나 미국의 국제형사재판소 불참과 같은 좌절의 순간들도 있었다. 대량살상무기에 관한 중요한 문제는 여전히 많은 허점들과 약한 구속력을 가지고 있는 법적 의무들로 구성되어 있다. 전통적인 국가들의 압력과 유인책도 종종 실패하곤 한다. 국내 또는 국제분쟁을 해결하기 위한 평화유지의 수단과 유엔과 지역기구에 의존하는 평화유지는 재정적으로나 군사적인 면에서 볼 때 너무나 불충분하다.

마치 국제평화와 안전의 문제가 전혀 복잡해지지 않은 것처럼, 전혀 새로운 유형의 현상이 등장했다. 군사력과 정복의 역할이 훨씬 덜 중요하고 행위자에 국가 외에 국경을 넘나드는 시장이 포함되는 글로벌 사회가 바로 그것이다. 이러한 세계에서 행위자는 전문정부부서의 연합뿐만 아니라 수백만의 개인투자자, 수천 개의 비정부기구(NGO) 그리고 다국적기업들을 포함한다. 정보기술(IT)과 통신수단의 발전은 국가 사이의 문제에서 군사력의 재분배만큼이나 큰 영향을 미친다. 그러나 여기서도 불협화음은 그치지 않는다. 부유층은 빈곤층을 어떻게 도울지에 대해 합의를 도출하지 못한다—또는 돕기를 원하지 않는다. 빈곤층은 겉만 번지르르한 의존과 비참한 자급자족적 독립 중 하나를 선택해야 한다. 전문가들도 또한 서로 다른 세계개발의 공식을 쏟아 내고 있다. 환경보호의 가치는 현대화의 요구와 충돌하고, 노동자들의 권익은 기업의 이윤과 상충한다. 자유시장의 지지자들은 자본주의의 양극화를 강조하는 자들과 부딪히고, 국경 간 노동력 이동의 자유는 상품과 서비스 무역에 훨씬 못 미친다.

거버넌스는 글로벌 사회의 조각보 이불(crazy quilt)과 같다. 그것은 분열화되어 있고 동시에 불완전하다. 전문화된 기구들로 나뉘어져 있고 이들은 각자의 수행능력을 가지고 서로 모순되는 정책들을 추진하고 있다. 환경, 인구, 여성과 같은 이슈영역 내 현존하는 세계제도는 토크쇼에 지나지 않는다. 거버넌스는 이익단체와 몇몇 강대국의 시장의 규제화에 대한 우려와 자유시장의 방해물을 모두 제거하려는 의지에 부딪혀 불완전하다.

21세기 직후, 글로벌 사회는 한 현상에 의해 그 미래가 어두워졌다. 그것은 바로 테러리즘이다. 테러리즘은 새로운 기술수단, 세계경제의 열린 국경, 다양한 정보와 오보의 수단을 이용한다. 이는 대규모의 폭력이 더 이상 국가의 전유물이 아님을 보여 준다. 이러한 새로운 형태의 폭력은 국가사회와 글로벌사회의 행위자들 간의 혼합상태로부터 야기되었다. 알 카에다와 같은 테러조직들은 그들을 적극적으로 지원하고나 용인하는 국가들에 의존한다. 이러한 초국가적 테러리즘은 근본적인 딜레마를 만들어 냈다. 아프가니스탄 전쟁에서 보았다시피, 테러리스트와 같은 사적 행위자로부터 공격을 받을 시에 국가는 테러조직의 안식처를 제거하고 그들을 지원한 국가들에 보복을 하려고 할 것이다. 따라서 공격을 받은 국가의 국가이익은 테러지원국가에 대한 군사공격 또는 타국 정부들의 테러조직에 대한 압박을 요구할 것이다. 두 선택 모두 현실주의의 주 개념인 국가주권에 대해 물음표를 던진다. 따라서, 한스 모겐소(Hans J. Morgenthau)와 레몽 아롱(Raymond Aron)의 전통적 현실주의 세계는 국가들 사이에는 여전히 실존하지만, 그 윤곽이 점점 희미해지고 있다. 동시에 테러리즘의 위협에 마주할 때 어려운 선택권만을 제공한다.

게다가, 강대국 간 경쟁과 이를 이용하는 상대적 약소국들의 능력은 결코 사라지지 않았다. 국가 간 전쟁이 덜 발생했다면, 그들 내부의 전쟁은 오히려 증가해 왔다. 또한, 국가외교정책은 지정학정 요인뿐만 아니라 국내정치에 의해서도 형성되어 왔다. 비민주주의 정치체제에서조차 외국인혐오경향, 경제적 불만족 그리고 초국가적 인종 및 종교연대는 정책결정을 훨씬 더 복잡하고 예측 불가능하게 만들 수 있다. 많은 국가들은 서로 경쟁관계에 놓여 있는 정부부처 간 상호작용 문제 또한 직면한다. 헤겔의 역사는 아직 끝나지 않았거나, 다시 우리 곁으로 돌아왔다.

이러한 모든 문제점들과 한계들은 현 글로벌 거버넌스의 메커니즘에 대한 다양한 맹비난을 자아냈다. 국가사회에서의 주요 불평은 강대국에 의해 유엔에 부과된 제약들, 그중 특히 거부권에 관한 것이다. 안전보장이사회에 군사적 수행능력을 부여하는 유엔헌장 제7장의 조항들은 한 번도 채택되지 않았다. 인도적 간섭을 가능하게 하는 충분조건 또는 필수조건에 관한 규약은 만들어지지도 않았다. 무엇이 대량살상을 의미하는가에 관한 이견은 여전히 존재한다. 미국은 안보문제에 있어 유엔의 승인 없이도 행동을 취할 권리를 강하게 주장한다. 그리고 때때로 우방의 도움 없이도 일방적 제재를 가하기도 했다. 최근에는 군비통제분야에서 유엔을 배제하기도 했다.

경제적 그리고 사회적 거버넌스 제도들은 국가들로 하여금 시장경제의 이념에 순응하게 하고 국제통화기금(IMF)에 복종하게 함으로써 주권을 약화시키는 동시에 비민주적이라고 비난을 받아 왔다. 많은 국제기구들은 미국의 이익을 대변한다고 비난받고 빈곤국가와 위기를 겪고 있는 국가를 희생시키고, 환경과 인권문제를 경시하며, 비밀주의를 고수한다고 비난받기도 한다. 다국적 기업들은 거버넌스 권력을 강탈한다고 공격받는다. 이들의 자원관리나 상품, 은행업, 보험업 등 많은 영역에서의 글로벌화는 점점 심화되고 있다. 또한 정부관료와의 연결고리는 다국적기업들을 점점 더 강하게 만들고 저임금 국가로 생산라인을 이동하는 능력은 바닥으로의 경쟁(race to the bottom)을 가속화하고 있다. 그들은 축소되고 있는 국가와 약한 공공국제제도 사이의 빈틈을 파고 들어가 자리를 잡고 있다. 이것은 분명 글로벌 사회를 위한 좋은 그림이 아니지만, 소위 글로벌리스트들은 현실을 바로 직시해야 할 것이다. 부정과 안주는 진보적 변화의 가장 대표적인 두 적이다.

5. 결론: 국제연맹으로의 복귀?

유엔은 영원히 존재할 것이고 어디로도 사라지지 않을 것이다. 그러나 유엔 거버넌스는 여전히 미래의 꿈일 뿐이다. 유엔에 관한 많은 저술들이 글로벌 거버넌스를 향한 발걸음이라고 평가하는 요소들도 새로이 부상하는 경쟁적 다극체제 내에서 때때로 도전받고 후퇴하기도 한다. 몇몇 유엔 애호가들의 애틋한 꿈이 현실에 맞지 않는다고 해서 아예 희망이 없는 것은 아니다. 나의 주장은 유엔과 유엔 지지자들이 유엔이 오늘날 할 수 있는 제한된 직무에 충실해야 한다는 것이다. 유엔의 영광을 위한 과도한 기대들은 모두 버려야 한다. 유엔이 글로벌 균형자가 될 수 있다거나 유엔이 도덕적, 정치적 또는 법적 자물쇠를 가지고 있어 이기적이고 편협한 주권국가에 반해 자비로운 평등성과 만인의 이익의 독점체가 될 수 있다는 사치스러운 허영심도 버려야 할 것이다. 오늘날 묘목과 같은 유엔은 시간이 아무리 지나도 글로벌 거버넌스의 영광스러운 나무 또한 되지 못할 것이다. 이 미운 오리새끼에게 백조의 미래란 없다. 그러나, 많은 자유주의 글로벌리스트들은 순진하게도 세계정부 없이 관리되는 "글로벌 커뮤니티"를 위한 야생적이고 위험하며 무정부적인 글로벌한 자연상태를 꿈꾸고 있다. 우리는 다음과 같은 경고를 기억해야 할 것이다. "유엔은 '인류를 위한 글로벌 거버넌스'라는 매혹적이지만 추상적인 미명 아래 국제연맹의 유령에 시달리고 있다." 모두가 경계해야 할 일이다.

보론

한국의 유엔정책: 무책이 상책?*

> 한국은 앞으로도 유엔헌장의 정신을 되새기면서 변화하는 시대의 유엔이 더욱 크게 발전할 수 있도록 적극 협력해 나갈 것입니다.
> —2011년 9월 21일 이명박 대통령 제 66차 유엔 총회 기조연설 중에서

서론: 유엔 가입 전과 후

조지 버나드 쇼(George Bernard Shaw)는 "인생에는 두 가지 비극이 있다. 그중 한 가지는 마음 속 열망을 잃는 것이고 나머지 한 가지는 그 열망을 다시 얻는 것이다"라고 말한 적이 있다. 얼마간의 융통성을 발휘해 그의 명언을 한국에 적용해 보면, 한국의 유엔 정책이 여기에 딱 들어맞을 것이다. 한국은 유엔 회원국이 되겠다는 오랜 마음 속 열망을 1991년에야 실현할 수 있었지만 그와 동시에 이루어진 북한의 유엔 가입으로 인해 유엔이 남한 정부 탄생의 "산파" 역할뿐만 아니라 국제 사회에서 이 새로운 국가의 탄생을 합법화해, 1973년까지 남한 정부가 유지해 온 한반도 유일의 합법정부라는 아이콘을 탄생시키는

* 본 장은 2011년 12월 16일부터 17일까지 일본 오사카 대학에서 "동아시아 세계화 및 지역 거버넌스"라는 주제로 열린 "제11차 유엔 연구에 대한 동아시아 세미나"에서 발표했던 논문으로, 일본 국제연합학회 편, 〈일본과 국연: 다원적 초점의 재고〉, 2012년 6월, pp. 113-129에 수록된 영어 논문을 번역한 것임.

"사제"의 역할을 담당한 후 줄곧 유엔을 통해 모든 한국인들의 염원이 담긴 단일 국가를 구성하겠다는 또 다른 열망을 잃어버렸다.[1] 올해는 한국의 유엔 회원국 가입 20주년이 되는 뜻깊은 해이지만 한국의 평화통일이라는 엄청난 과제가 유엔의 역량에 달려 있다고 생각하거나 기대하는 사람은 찾아볼 수 없다. 유엔 회원국이 된 후 한국의 유엔 정책이라는 것은 무엇인가? 아니, 다시 말해, 오늘날 한국의 유엔 정책이라는 것이 존재하기는 하는가?

현재 한국의 유엔 정책?

한국 정부는 20년 전 유엔 회원국이 된 후 유엔 활동을 지원하기 위해 최선의 노력을 다해 왔으며 괄목할 만한 성과를 이루었다고 주장한다.[2] 첫째, 한국은 유엔의 주요 직책을 역임할 정도로 눈부신 성장을 이루었다. 한국은 가입 후 5년 만인 1996년부터 1997년까지 일 년간 유엔 안전보장이사회에서 활동했다. 2001년에는 유엔 총회 의장을, 2006년에는 제8대 유엔 사무총장을 배출했으며, 현재 반기문 유엔 사무총장은 2011년 재선에 성공해 유엔 사무총장직을 역임하고

1 자세한 내용은 Sung-Hack Kang, "The Special Relationship between South Korea and the United Nations: Metamorphosis from a Beneficiary into a Benefactor and Vice Versa," *International Peacekeeping: the Yearbook of International Peace Operations*, Vol. 11 (2007), pp. 152-202 참조. 본 논문은 1945년부터 2006년까지의 역사적인 기간을 다룬다. 본 논문은 Sung-Hack Kang, *Korea's Foreign Policy Dilemmas: Defining State Security and the Goal of National Unification*, Britain, Folkestone: Global Oriental/Brill, 2011의 제 14장으로 다시 출간되었다.

2 2011년 10월 24일 제 66차 유엔의 날 기념 오찬에서의 박석환 외교통상부 제1차관의 기조연설.

있다. 둘째, 한국은 개발, 인권, 환경, 군비 축소, 핵 확산 방지에 이르기까지 다양한 글로벌 이슈를 논의하는 데 적극적으로 참여해 왔다. 그러나 유엔에서 주요 직책을 몇 번 역임하고 모든 유엔 회의에 성실하게 참여했다는 단순한 사실이 유엔이 추구하는 국제 평화 및 안보에 중요한 기여를 한 것이라고 주장하는 데는 동의할 수 없다.

외교통상부에 따르면, 주요 유엔 이슈에 대한 한국의 현 정책은 다음과 같다.[3]

첫째, 국제 평화 및 안보와 관련하여 한국은 국제 평화 및 안보 그리고 국제 사회의 안녕을 위해 마땅한 기여를 할 의지가 있으며, 준비도 되어 있다. 이러한 맥락에서 한국 정부는 2012년 제 67차 유엔 총회에서 열릴 2013-2014년 안전보장이사회 비상임이사국 선거에 출마했다. 한국은 보병대 및 의료지원단 등을 파병함으로써 유엔의 평화 유지 활동에도 적극적으로 참여해 왔다. 한국은 2010년 11월 현재 11가지 임무에 총 642명을 파병해 파병 군인 수에서 32위를 기록하고 있다. 이뿐만 아니라 한국은 핵확산금지조약(NPT), 화학무기금지조약(CWC), 생물무기금지협약(BWC), 포괄적 핵실험금지조약(CTBT)을 포함한 모든 주요 국제 협약에 가입했으며, 이를 충실하게 준수하고 있다.

둘째, 개발과 관련하여 한국은 새천년 개발 목표를 구현하기 위한 개발 협력 정책에서 종합적이고 포괄적인 접근방식을 통해 여덟 가지 새천년 개발 목표에 대한 모든 요구사항을 고려한다. 또한 한국은 UN 기후변화협약, 생물다양성협약, 오존층 파괴물질에 대한 몬트

3 http://un.mofat.go.kr/eng/am/un/help/print/index4.jsp

리올 의정서와 같은 주요 환경 협약 및 의정서를 준수한다.

셋째, 인권과 관련하여 한국은 인권에 관한 모든 주요 협약의 당사자이며, 1993년부터 2006년까지 인권위원회에서 활동했다. 인권이사회(HRC) 설립 멤버로서 인권 이사회가 즉각적이고 효율적인 방식으로 인권 문제에 대응할 수 있는 공정하고 효과적인 기관으로 거듭나도록 노력을 다하고 있다[4].

넷째, 한국은 2013년부터 2014년까지 유엔 안전보장이사회 비상임이사국으로 선출되기 위해 노력하고 있다.

사실 이러한 정책은 네 번째 정책을 제외하고는 한국 정부의 매우 "추상적인" 진술에 불과하다. 그러나 유엔에서 한국이 담당해온 진정한 의미의 역할이라는 관점에서 이러한 정책들을 살펴보면, 한국이 이러한 유엔 주요 이슈에 있어서 적극적인 당사자 또는 효과적인 참여자의 역할을 했다고 말하기는 어렵다. 오히려 한국은 대개의 경우, 수동적인 당사자이거나 때때로 유엔 평화 유지 활동과 인권 문제와 관련하여 매우 비적극적인 참여자에 불과했다. 한국은 전 세계 최악의 인권 유린국으로 알려진 북한의 심기를 건드리지 않기 위해 유엔 체제 내 인권 문제에 있어서는 회피자 역할을 하기도 했다.

이뿐만 아니라 한국은 유엔 가입 후 한민족에게 가장 중요한 문제인 한반도 통일 문제를 유엔 어젠다로 상정하려는 노력을 하고 있지 않다. 가장 시급한 문제인 북한 핵개발 및 보유조차도 한국의 유

---

4 이와 더불어, 한국 정부가 R2P를 신중하게 지원하고 있다고 말할 수 있다. South Korea, Statement at the GA debate on the Responsibility to Protect, 23rd July, available at http://www.responsibilitytoprotect.org/korea ENG,pdf 참조.

엔 정책에 포함되지 않는다. 한국의 유엔 정책에서 이러한 문제가 포함되어 있지 않은 것은 이러한 문제가 유엔의 능력 범위를 벗어난다는 한국의 믿음뿐만 아니라 "국제 정치적 신중함"이라는 아름다운 표어 아래 드러나는 정치 지도자들의 소심한 태도 때문이다. 한국은 자국의 목소리에 귀 기울이게 할 수 있는 영향력이 충분하지 않다는 사실을 너무나 잘 알고 있다.

유엔 정치에서 한국이 할 수 있는 역할은 무엇인가?

유엔에서 영향력은 다양한 방식으로 행사할 수 있지만, 그중 네 가지 방식이 가장 중요하다.[5] 각각의 결정 과정에 있어 일부 회원국 또는 회원국 그룹은 반드시 이니셔티브를 상정해야 하고 그에 따라 발기인이 된다. 진정한 의미의 발기인이 항상 형식적인 발기인을 말하는 것은 아니다. 일부 회원국들은 커뮤니케이션 라인에 있어서의 전략적인 위치나 광범위한 정치적 자원을 통제하고 있기 때문에 이니셔티브를 차단할 수 있는 권력을 가지고 있고 그에 따라 거부권 행사자가 된다. 알려진 혹은 추측된 관점이 자원이나 공식적인 권한 보유 또는 다른 이유들로 인해 고려되어야만 하는 회원국들도 일부 존재한다. 이러한 회원국들은 통제자라고 부를 수 있다. 마지막으로 일부 회원국들은 회원국들 간의 합의를 이끌어 내는 역할을 한다. 이러한 국가들을 중개자라고 부를 수 있다. 일부 회원국들은 네 가지 모든 방식으로 영

5 Robert W. Cox and Harold K. Jacobson, *The Anatomy of Influence: Decision Making in International Organization*, New Haven and London: Yale University Press, 1974, pp. 12-14.

향력을 행사하지만 일부 다른 회원국들은 그 어떠한 방식으로도 영향력을 행사할 수 없다. 국가들에 의한, 국가들을 위한, 국가들로 구성된 유엔에서 일부 회원국들이 다른 회원국들에 비해 더 많은 영향력을 행사하는 것은 분명한 사실이다. 유엔은 기껏해야 글로벌 거버넌스를 위해 "느슨하게 발전하는" 국제적인 정치 체제에 불과할 뿐, 책임을 지는 세계 정부가 아니다.

유엔 정치의 특징을 고려해 보면, 한국이 할 수 있는 최선의 역할은 유엔 어젠다 설정에 참여하는 발기인의 역할이다. 유엔의 글로벌 어젠다는 개별 회원국들의 중복되는 어젠다로 구성되어 있다. 모든 회원국들에게 가장 어려운 외교 정책 과제 중 하나가 다른 회원국들의 어젠다를 확인하고 자국 어젠다의 타당성과 유엔의 이슈 우선순위를 설득시키는 일이다. 이러한 과제는 자국이 선호하는 제안을 다른 회원국들이 받아들이도록 하는 데 있어 논리적으로 앞서며 필수조건이다. 이러한 방식으로 글로벌 어젠다가 생겨나고 그 모양새를 갖추게 된다. 안전보장이사회 상임이사국 5개국을 포함하여 높은 지위의 회원국들은 글로벌 어젠다에 거의 즉각적으로 접근할 수 있다. 이러한 회원국들은 다른 회원국들로부터의 관심뿐만 아니라 그들의 행위가 가지는 파급력 덕분에 무엇을 하던 "세계적인 뉴스거리"가 되기 때문에 세계 언론매체에 대체로 쉽게 접근할 수 있다. 또한 이러한 회원국들은 방금 언급한 요소뿐만 아니라 유엔 활동에 필요한 재정적 자원 및 기타 자원을 통제할 수 있기 때문에 유엔에 쉽게 접근할 수 있다.

높은 지위의 회원국들이 글로벌 어젠다 결정에 있어 결정적인 역할을 하고 그들이 선호하는 바가 제안 수락 여부에 있어 중차대한 영향을 미치기 때문에 한국을 비롯한 대부분 회원국가들의 주요 과제는 이슈의 중요성을 환기시켜 이러한 회원국들의 관심을 끌고 그에 따라 행동하도록 설득하는 것이다. 그러나 이러한 회원국들의 관심을 끌고 그에 따라 행동하도록 하는 것은 결코 쉬운 일이 아니다. 높은 지위의 회원국들은 현상유지 국가로서의 경향을 보이며 소위 "평지풍파를 일으키는" 이슈는 거부하거나 무시한다. 일반적으로 현상 유지 국가들은 현 체제를 바꾸려는 현상 타파 국가들에 비해 구조적 이점을 누린다. 현상 유지 국가들은 통제자 또는 거부권 행사자로 행동하는 경향이 있다. 현재 상태에 만족하는 국가들이 글로벌 어젠다로의 포함을 거부하기 때문에 많은 이슈들이 글로벌 어젠다의 위치까지 도달할 수 없다. 현상 유지 국가들은 소위 "안전한" 이슈로 어젠다를 제한하고자 한다. 한반도 통일이나 북한의 핵무기와 같은 문제들은 지금까지도 상임이사국 5개국을 포함하여 유엔 회원국들에게 매우 민감하고 또 "난감한 문제"이다.

한국이 발의한 어젠다에 대한 최근의 유엔 조치는 유엔의 능력 부족이라는 한계를 잘 보여 준다. 46명의 한국인 선원이 사망한 2010년 3월 25일 천안함에 대한 북한의 갑작스런 공격 후,[6] 유엔 안전보장이사회에서 할 수 있는 일이라고는 유엔 의장성명서를 발표하는 것뿐이었다. "안보리는 2010년 3월 26일 한국 해군함정 천안함의 침

6 천안함 침몰이 1953년 정전협정 이후 북한의 첫 번째 무장 도발은 아니다. 한국에 대한 북한의 지속적인 무력 사용에 대한 내용은 Narushige Michishista, *North Korea's Military-Diplomatic Campaigns, 1966-2008*, London and New York: Routledge, 2010 참조.

몰과 이에 따른 비극적인 46명의 인명 손실을 초래한 공격을 개탄한다. 안보리는 이러한 사건이 역내 및 역외 지역의 평화와 안전을 위태롭게 하는 것이라고 규정한다. 안보리는 북한이 천안함 침몰의 책임이 있다는 결론을 내린 한국 주도하의 5개국이 참여한 '민·군합동조사단'의 조사결과에 비추어, 깊은 우려를 표명한다. 안보리는 이번 사건과 관련이 없다고 하는 북한의 반응, 그리고 여타 관련 국가들의 반응에 유의한다. 결론적으로 안보리는 천안함 침몰을 초래한 공격을 규탄한다. 안보리는 모든 유엔 회원국들이 유엔헌장의 목표와 원칙을 지지하는 것이 중요함을 재확인한다."[7] 사실상, 유엔 안전보장이사회에서 비난한 것은 공격을 한 국가가 아니라 공격 그 자체이다. 다시 말하면, 유엔은 목표 없이 허공에 총을 쏜 것이다. 진정한 목표인 북한은 천안함 침몰에 대한 유엔 성명서를 환영했다. 북한은 천안함 침몰에 대해서는 비난하지만 북한을 직접적으로 비난하지 않은 유엔 안전보장이사회의 성명서를 "승리"로 묘사했다.[8] 이것이 유엔 정치에서 어젠다 발기인으로서의 한국과 유엔의 모습이다. 연평도 포격 사건 때에도 별반 다르지 않았다. 연평도 사건 때에는 안전보장이사회에서 의장성명서조차도 발표하지 않았다. 한국에게는 발기인으로서 역할조차도 만족은커녕 그 영향력도 거의 없다.

북핵문제와 유엔

2003년 1월 10일 북한은 핵확산금지조약에서 탈퇴했다. 6자회담이 8

7 Security Council, SC/9975, 9 July 2010.

8 BBC News Asia-Pacific 9 July 2010 Last Updated at 19:54 GMT.

월 27일 베이징에서 시작되었다. 북한이 핵 무기 프로그램을 포기하고 핵확산금지조약에 다시 가입하는 조건으로 북한을 제외한 5개국이 대규모로 에너지를 지원하고 북한의 주권을 존중하겠다는 약속을 한 "공동 성명서"에 6개국 모두 서명하고 2005년 9월 19일에 발표했다. 2006년 10월 9일 북한은 첫 번째 지하 핵실험을 감행함으로써 핵 무장국이 되었다. 이에 대해 유엔 안전보장이사회는 13 대 0으로 유엔 안전보장이사회 결의안 1718호를 채택해 핵실험을 비판하고 사치품뿐만 아니라 북한에 대규모 무기, 핵기술, 관련 훈련 제공을 금지하는 제재조치를 취했으며, 모든 국가에 북한 화물에 대한 조사를 포함하여 협조해 줄 것을 요청했다. 그러나 이것이 유엔에서 취한 조치의 전부이다. 그 후 후속조치라 할 만한 것이 없었다. 아무런 진전 없이 거의 3년의 세월이 지났고 북한은 2009년 5월 25일 두 번째 핵실험을 감행했다. 안전보장이사회는 6월 12일 만장일치로 유엔 안전보장이사회 결의안 1874호와 북한에 대한 전반적인 무기 금수 조치를 채택했다. 결의안 1874호는 결의안 1718호보다 강력하며, 모든 유엔 회원국에 의심되는 북한 화물선이 공해에서의 조사를 거부하는 경우, 북한 선박을 나포해 근처 항구에서 조사를 실시할 것을 요청했다. 그러나 본 결의안은 무력 사용을 배제한 유엔헌장 제7조 41항[9]에 따라 채택되었기 때문에 북한의 핵실험과 탄도 미사일 실험 후 채택된

9 제41조: 안전보장이사회는 그의 결정을 집행하기 위하여 병력의 사용을 수반하지 아니하는 어떠한 조치를 취하여야 할 것인지를 결정할 수 있으며, 또한 국제연합 회원국에 대하여 그러한 조치를 적용하도록 요청할 수 있다. 이 조치는 경제관계 및 철도, 항해, 항공, 우편, 전신, 무선통신 및 다른 교통통신수단의 전부 또는 일부의 중단과 외교 관계의 단절을 포함할 수 있다.

이전의 결의안들처럼 강제 집행을 위한 권한이 없었다. 중국은 이러한 결의안 대부분을 묵살했다. 중국은 결의안 1874호에서 요구하는 재정적 제재조치, 북한 화물선에 대한 강제 조사, 무기 금수 조치 시행에 있어 미온적인 태도를 보였다. 유엔 논의에서 중국은 이러한 결의안에 보다 단호한 어조의 "결정한다"보다는 회원국들에게 "요청한다"는 용어를 사용해야 한다고 주장했다.[10] 중국은 과거에 그랬던 것처럼 "요청한다"를 법적 구속력이 없는 것으로 해석했다. 이와 더불어 중국 외교부 대변인은 국제적인 제재조치가 북한 주민들의 안녕과 북한의 일상적인 무역 및 경제활동에 영향을 미쳐서는 안 된다는 점을 강조했으며, 이는 북한에 제재 조치를 취하려는 유엔의 시도를 자유롭게 해석하고 있음을 보여 준다.[11] 유엔 안전보장이사회에서 중국이 명백하게 거부권 행사자의 역할을 하지는 않았지만 유엔 결의안 시행에 있어 회피자나 스포일러[12]의 역할을 담당해 국제 사회에서 본 결의안의 의미를 퇴색시켰다.[13] 중국의 이러한 행동에 고무된 북한은 유엔

---

10 *The Korea Herald,* 30 June 2009.

11 *Ibid.*

12 이와 관련된 개념은 Randall Schweller, "Emerging Powers in an Age of Disorder," *Global Governance*, Vol. 17, No. 3 (July- Sept.), 2011, pp. 285-297; David A. Lake, "International Economic Structure and American Foreign Economic Policy, 1887-1934," *World Politics*, Vol. 35, No. 4 (July 1983), p. 521 참조.

13 빌 클린턴 대통령 및 조지 W. 부시 대통령 임기 동안 긍정적인 제재 조치를 포함한 북한에 대한 모든 제재 조치는 효과를 발휘하지 못했다. Brendan Taylor, American Sanctions in the Asia-Pacific, London and New York: Routledge, 2010, pp. 67-74 & 103-110, 각각. 이 문제와 관련한 중국의 중요한 역할은 Jinhwan Oh and Jiyong Rhu, "The Effectiveness of Economic Sanctions on North Korea: China's Vital Role," *The Korean Journal of Defense Analysis*," Vol. 23, No. 1

결의안 1874호에 대해 6월 23일 북한이 핵무기를 포기하는 일은 절대 없을 것이라는 선언으로 대응했다. 중국이 태도 변화를 보이지 않는 한, 북핵 문제는 유엔의 역량을 넘어서는 문제이다.[14] 어쨌든 북한은 지금까지 유엔 제재조치를 두려워하지 않았다. 게다가 북한 비핵화에 실패한 6자 회담도 유엔 밖에서 추진되었다.

"한반도 통일"이 유엔에서 중요한 어젠다로 부상할 수 있는가?

한국에게 있어 한반도 통일은 가장 중요한 국가 문제이다. 한반도 통일에 대한 전 국민의 내재적인 열망과 남한과 북한 사이의 이념적인 차이 때문에 한반도는 세계에서 가장 불안정하고 위험한 곳 중 하나이다. 이러한 맥락에서 한국은 삼국이 각각 나머지 두 나라를 희생시켜 통일을 이루고자 했던 삼국시대로 돌아간 듯하다. 역사는 매우 비슷한 상황에서 매우 비슷한 방식으로 반복된다. 한국을 식민지배하던 일본군의 항복을 받아내기 위해 절차상의 편의로 탄생한 인위적인 분단은 수많은 국가들을 끌어들인 한국전쟁 발발의 원인이 되었으며, 또 다른 전쟁의 발발 원인이 될 수 있는 위험은 여전히 남아 있다. 종교, 문화, 정치에 상관없이 세계는 여전히 이념에 사로잡혀 있고, 이러한 이념적 갈등은 한반도에서 가장 심각하다. 이러한 이념적

(March, 2011), pp. 117-131 참조.

14 많은 사람들이 아직도 북한에 대한 최선의 정책은 6자 회담과 유엔 안전보장이사회를 통한 평화로운 북핵 문제 해결이라는 규범적인 주장을 하고 있다. 이러한 맥락의 최근의 주장은 Doug J. Kim, "The North Korean Nuclear Issue and the United Nations," *The Korean Journal of Defense Analysis*, Vol. 23, No. 2 (June 2011), pp. 289-302 참조.

갈등에서 벗어나는 것은 결코 쉬운 일이 아니다. 그러나 이념적 갈등에서 벗어나지 못한다면, 통일은 불가능하다. 게다가 베트남의 통일은 말할 것도 없고 20세기 마지막 십 년 동안 이루어진 독일의 통일도 예멘의 통합도 유엔을 통한 것이 아니었다.

"부상하는 중국"은 한반도에 중요한 영향을 미칠 것이다. 국내문제로 골머리를 앓고 있는 중국은 현재 한국에 대해 미온적인 태도를 보이고 있지만 이러한 국제적인 태도가 얼마나 계속될 것인지는 최근 몇 년 사이에 "부상하는 중국"이라는 제목 아래 수많은 국제 학술회의에서 모든 사람들이 답하고자 하는 문제이다. 역사에 따르면, 중국이 강해지고 힘을 축적하면 한반도는 중국의 "헤게모니적" 압력에서 벗어날 수 없을 것이다.

한반도의 미래에 중요한 영향을 미치는 또 다른 요소는 일본이다. 현재로서는 미국의 뒤를 이어 부차적인 역할만을 맡고 있지만 일본은 세계 경제적 관점에서 이미 강대국이다. 일본이 한반도 통일에 대해 현재의 "다소 무관심한" 태도를 얼마나 유지할지는 알 수 없다. 한반도의 상황이 "극적으로" 변화한다면, 일본은 과거에 그랬던 것처럼 즉각적으로 대응해야 할 것이다. 일본은 유엔 안전보장이사회의 상임이사국은 아니지만, 중국, 러시아, 미국은 거부권을 행사할 수 있는 상임이사국이다. 각기 다른 한반도의 지정학적 이해관계를 고려할 때 한반도 통일에 대해 합의를 이룬다는 것은 거의 불가능하다. 따라서 한반도 통일 문제는 과거 오랜 시간 그랬던 것처럼 이러한 회원국들로 인해 유엔에서 중요한 어젠다로 채택될 수 없을 것이다.

아직도 윌슨 대통령의 유령에 사로잡혀 있지 않은가?

볼테르(Voltaire)는 "과거 신성로마제국이라 불렸고 지금도 스스로를 신성로마제국이라 부르는 이 집합체는 신성하지 않으며, 로마도 왕국도 아니다. 그저 로마의 유령이다"라고 말해 신성로마제국을 비웃었다. 이와 마찬가지도 국제연합, 유엔도 연합되어 있지 않다. 유엔은 제1차 세계대전의 비극을 통해 탄생한 국제연맹의 진정한 설립자인, 우드로 윌슨(Woodrow Wilson)[15] 대통령의 유령일 뿐이다.

국제 연맹의 완전한 실패에도 불구하고 국가 주권의 "웨스트팔리아 체제"를 대체한 집단안보체제가 유엔헌장에 따라 샌프란시스코에서 재탄생했다. 일본, 이탈리아, 독일 침략의 1930년대가 재연되는 것을 예방하는 데 혈안이 된 유엔헌장 입안자들은 윌슨주의의 원칙을 재천명했을 뿐만 아니라 안전보장이사회가 집단 안보 활동을 계획하고 실행할 수 있는 고유한 권한을 가지며, 유엔헌장 제7장의 강제조항 적용을 요청할 수 있는 유일한 합법적인 기관임을 분명히 했다. 제7장은 세계가 안전보장이사회의 거부권을 가진 미국과 소련이 이끄는 두 개의 진영으로 나누어지는 냉전을 예상하지 못했다. 이는 두 강대국이 공통의 침략자에 대해서 협력하는 예외적인 경우를 제외하고는 안전보장이사회의 무능력을 의미했다. 양국 중 한 국가가 침략국가가 된다면, 집단안보체제는 작동할 수 없다.

안전보장이사회의 기능 마비를 제도적으로 보완하기 위해 권한을 안전보장이사회에서 총회로 양도하는 것을 목표로 하는 1950년

15 Robert S. McNamara and James Blight, *Wilson's Ghost*, New York: Public Affairs, 2003.

평화를 위한 단결 결의안은 일종의 눈속임이었다.[16] 어떠한 경우에도 총회는 명령을 내릴 수 없다. 냉전 외의 폭력 사태가 발생하는 경우, 제7장을 근거로 조치를 취하지 않는다는 암묵적인 합의가 이루어졌다. 집단 안보가 아니라 제6장에 따른 분쟁의 평화적 해결로 처리되었다.[17] 안전보장이사회에서의 교착 상태 덕분에 국제평화 및 안보를 유지하기 위한 가장 눈에 띄는 조치인 유엔 평화유지활동이 탄생했다.

우드로 윌슨 후 거의 한 세기가 지난 지금도 집단 안보 문제는 여전히 해결되지 않았다. 무력에 의존할 수 있는 다국적이고 합법적인 대의는 외부 침략에서 국가 내 학살 행위까지 그 범위가 확대되었지만 올바른 일을 한다는 것에 대한 국가들의 관심이 자국의 이익을 촉진하고 보호하겠다는 열망보다 훨씬 더 작기 때문에 대의가 타당하고 도덕적으로 "올바른" 모든 사례에서 유엔을 통해 집단 안보가 이루어질 가능성은 제한되어 있다.

집단안보개념의 단점은 국가 간 관계의 논리에 맞지 않다는 것이다. 강자는 자기가 할 수 있는 것을 하고 약자는 그것을 인정할 수밖에 없다. 국가에는 동맹국도 있고 적대국도 있다. 게다가 국가는 적대국이 누군가의 정치적, 영토적 순결성을 침해하지 않더라도 적대국과는 투쟁하고자 하는 반면 동맹국이 누군가의 정치적, 영토적 순결성을 침해하더라도 동맹국은 보호하려는 그런 경향을 보인다. 국제정치의 본질은 구체적인 이해관계와 동맹이다. 그러나 집단 안보는 국

16 Stanley Hoffmann, *Chaos and Violence*, Lanham, Maryland: Rowman & Littlefield, 2006, p. 99.

17 *Ibid.*

가들로 하여금 다른 무엇보다도 추상적인 원칙을 가장 우선시할 것을 요구한다. 유엔은 또다시 말할 필요도 없지만, 세계 정부가 아니다. 유엔은 각 국가의 외교 정책의 수단, 그 이상도 아니다. 그러나 국제공무원들은 유엔 체제가 마치 초국가적 실체라도 되는 것처럼 유엔 회원국들이 그들을 위해 협력해 줄 것이라고 믿는 경향이 있다. 그러나 유엔은 지배받지 않는 세계이다. 유엔은 독자적인 권력이 없다. 유엔은 회원국들이 바라는 대로 움직이며, 회원국들은 유엔이 무언가가 되는 것을 대개는 바라지 않는다. 따라서 유엔에 글로벌 거버넌스가 없다는 점은 유엔 지지자들이 극복할 수 있는 무언가가 아니다. 이 점이 한국의 학자들을 포함한 학자들의 관심이 냉전 시대처럼 대가 없는 제6장과 7장에서 유엔 체제의 "새로운 글로벌 거버넌스 다자주의"라는 아름다운 표어 아래 이 시대의 다른 활동으로 옮겨 간 이유이며, 이는 유엔의 한계뿐만 아니라 책임을 드러낸다. 다자주의는 그 자체로 끝나지 않는다. 다자주의는 외교적 도구함에서 꺼내 쓸 수 있는 많은 외교 정책 도구 중 하나이다. 다자주의는 자국의 이익과 원칙을 촉진하고 보호하기 위해 정부 관계자들이 매일같이 행하는 수많은 양자 외교를 보완해 주는 것일 뿐이다.[18]

결론을 대신하여

유엔은 보수적이면서 그와 동시에 급진적인 목표를 위해 "국가들의,

---

18 Kim R. Holmes, "Smart Multilateralism: When and When Not to Rely on the United Nations," in Brett D. Schaefer, ed., *ConUNdrum: The Limits of the United Nations and the Search for Alternatives*, Lanham, Maryland: Rowman & Littlefield, 2009, p. 9.

국가들에 의한, 국가들을 위한," 국가들로 구성된 야누스의 얼굴을 한 국가 간 조직이다. 유엔이 국가들 간의 권력 투쟁을 대체하려 한다는 점에서 급진적이지만 국제 평화 및 안보라는 이름으로 현 상태를 유지하려고 한다는 점에서는 매우 보수적이다. 유엔에서는 국가들 간의 합의에 기반한 평화로운 변화만이 타당하다. 이러한 관점에서 유엔은 동시에 매우 모순되는 목표를 추구하는 것처럼 보인다. 이것이 유엔이 세계에서 불가능한 정치 체제인 이유이다. 그러나 버나드 쇼의 흥미로운 표현을 다시 한 번 빌리자면, 유엔은 세계에서 "불필요한, 그러나 매우 필요한 것"인 것이다.

한국이 유엔 회원국이 된 이래로 가장 큰 업적은 유엔의 제8대 사무총장을 배출한 것이라고 생각한다. 대부분의 시간 동안 한국은 유엔 어젠다의 합의가 이루어질 때마다 "지지자" 아니 보다 정확하게 말한다면 "추종자"로서 유엔에서 그럭저럭 버터 내고 있었다.

유엔의 숭고한 대의를 준수하겠다는 성명서를 가끔가다 발표하고 유엔 정치를 그럭저럭 헤쳐 나가는 것은 이러한 선언을 얼마나 자주 하는지에 관계 없이 좋은 외교 정책이 아니다. 유엔의 진정한 "의미"를 아는 새로운, 미래의 정치 지도자(대통령)가 머리뿐만 아니라 가슴으로도 유엔의 비전을 이해하고 유엔을 통해 구체적인 정책을 추진하려는 매우 진지한 노력을 할 때만, 오로지 그때가 되어야만 우리는 "한국에 유엔 정책이 존재한다"고 서로에게 속삭일 수 있을 것이다. 그때까지 한국은 "무책이 상책"이라는 한국 속담처럼 그럭저럭 해 나가는 데 그칠 것이다.

참고 문헌

강성학, 《인간神과 평화의 바벨탑: 국제정치의 원칙과 평화를 위한 세계헌정질서의 모색》, 고려대학교출판부, 2006.

_______ 편, 《유엔과 국제위기관리》, 리북, 2005.

_______, 《새우와 고래싸움: 한민족과 국제정치》, 박영사, 2004.

_______ 편, 《유엔과 한국전쟁》, 리북, 2004.

_______ 편저, 《동아시아의 안보와 유엔체제》, 집문당, 2003.

_______, 《이아고와 카산드라: 항공력 시대의 미국과 한국》, 도서출판 오름, 1997.

_______, 《카멜레온과 시지프스: 변천하는 국제질서와 한국의 안보》, 나남출판, 1995.

_______, "국제평화비전의 리더십: 다그 함마숄드 유엔 사무총장의 리더십과 국제공무직에 대한 정치철학," 《평화연구》, 제20권 2호(2012년 가을), pp. 7-50.

Akinrinade, Olusola, "The Commonwealth and Its Secretariat: An Essay on Leadership and Influence in an International Organization," *Quarterly Journal of Administration*, Vol. 26, 1992.

Albright, Madeleine, *Madam Secretary*, New York: Miramax Books, 2003.

Anderson, Kenneth, *Living with the UN: American Responsibilities and International Order*, Stanford: California: Hoover Institution Press, 1912.

Aron, Raymond, *Peace and War: A Theory of International Relations*, With a New Introduction by Daniel J. Mahoney and Brian C. Anderson, New

Brunswick: Transaction Publishers, 2003(1966).

______, *Peace and War*, New York: Frederick A. Praeger, 1966.

Ask, Sten and Anna Mark-Jungkvist, eds, *The Adventure of Peace, Dag Hammarskjold and the Future of the UN*, New York: Palgrave, 2005.

Barros, James, *The Corfu Incident of 1923*, Princeton, N.J.: Princeton University Press, 1965.

______, "The Importance of Secretary-General of the United Nations," in Robert S. Jordan, ed., *Dag Hammarskjold Revisited: The UN Secretary-General as a Force in World Politics*, Durham NC: Carolina Academic Press, 1983.

______, *Trygve Lie and the Cold War: The UN Secretary-General Pursues Peace 1946-1953*, Dekalb, Illinois: Northern Illinois University Press, 1989.

______, *The Aland Islands Question: Its Settlement by the League of Nations*, New Haven: Yale University Press, 1968.

Bass, Bernard M. and Ronald E. Riggio, *Transformational Leadership*, 2nd ed., Mahwah, NJ: Lawrence Erlbaum Associates, 2006.

Becker, Jasper, *Dragon Rising: An Inside Look at China today*, Washington, DC: National Geographic Society, 2006.

Bendix, Reinhard, *Max Weber: An Intellectual Portrait*, London: Methuen, 1966 (1959).

Bertrand, Maurice,"The UN as an Organization: A Critique of Its Functioning," *European Journal of International Law*, Vol. 6, No. 3, 1995.

Bligh, Michelle C. and James R. Meindl, "the Cultural Ecology of Leadership: An Analysis of Popular Leadership Books," in David M. Messick and Roderick M Kramer, eds., *The Psychology of Leadership: New Perspective and Research*, Mahwah, NJ: Lawrence Erlbaum, 2004.

Boeshe, Roger, *The First Great Political Realist: Kautilya and His*

ASTHASHASTRA, Lanham, Maryland: Lexington Books, 2002.

Bolton, John R.,"The Creation, Fall, Rise, and the Fall of the United Nations," in Ted Galen Carpenter, ed., *Delusions of Grandeur*, Washington, DC: Cato Institute, 1997.

Boulding, Kenneth E., *The World as a Total System*, London: Sage Publications, 1985.

Boutros-Ghali, Boutros, *Unvanquished: A US-UN Saga*, New York: Random House, 1999.

______, "Global Leadership after the Cold War," *Foreign Affairs*, Vol. 75, No. 2, March-April 1996.

Brooks, Stephan G. and William C. Wohlforth, *World Out Of Balance: International Relations and the Challenge of American Primacy*, Princeton and Oxford; Princeton University Press, 2008.

Brown, D. Mackenzie,"Hindu and Western Realism: A Study of Contrasts," in Joel Larus, ed., *Comparative World Politics: Readings in Western and Premodern Non-Western International Relations*, Belmont, California: Wadsworth Publishing, 1965.

Brzezinski, Zbigniew, *The Grand Chessboard: AmericanPrimacy and Its Geostrategic Imperatives*, New York: Basic Books, 1997.

Burns, James MacGregor, *Leadership*, New York: Harper & Row, 1978.

______, *Transformational Leadership: A New Pursuit of Happiness*, New York: Grove Press. 2003.

Carpenter, Ted Galen, ed., *Delusions of Grandeur*, Washington, DC.: Cato Institute, 1997.

Chase, Robert, Emily Hill, and Paul Kennedy, *The Pivotal States: A New Framework for US Policy in the Developing World*, New York: W.W. Norton, 1999.

Chesterman, Simon, ed., *Secretary or General? The UN Secretary-General in*

World Politics, Cambridge: Cambridge University Press, 2007.

______, "Great Expectations: UN Reform and the Role of the Secretary-General," *Security Dialogue*, Vol. 36, No. 3, 2005.

Christensen, Thomas J. and Jack Snyder, "Chain Gangs and Passed Bucks: Predicting Patterns in Multipolarity," *International Organizations*, Vol. 44, No. 1, Winter 1990.

Ciulla, Joanne B., *The Ethics of Leadership*, Belmont, CA: Thompson Wadsworth, 2003.

Claude, Inis, Jr., *The Changing United Nations*, New York: Random House, 1967.

Clements, John K. and Douglas F. Mayer, *The Classic Touch: Lessons in Leadership from Homer to Hemingway*, Chicago, Illinois: Contemporary Books, 1999.

Colas, Alejandro, *EMPIRE*, Cambridge: Polity Press, 2007.

Cordier, Andrew and Wilder Foote, eds., *Public Papers of the Secretaries-General of the United Nations: Volumes II-V: Dag Hammarskjold 1953-1961*, New York and London: Columbia University Press, 1972-1975.

______, *Public Papers of the Secretaries-General of the United Nations: Vol. V, Dag Hammarskjold 1960-1961*, New York: Columbia University Press, 1975.

Cox, Robert W.,"The Executive Head: An Essay on Leadership in International Organization," *International Organization*, Vol. 23, No. 2, Spring 1969.

______, and Harold K. Jacobson, eds., *The Anatomy of Influence: Decision Making in International Organization*, New Haven and London: Yale University Press 1974.

Dehio, Ludwig, *Germany and the World Politics in the Twentieth Century*, New York: Norton, 1959.

Deutsch, Karl W. and et. al., *Political Community and North Atlantic Area*,

Princeton: Princeton University Press, 1957.

Dick, Morris, *The New Prince: Machiavelli's Updated for Twenty-first entury*, Los Angeles, CA: Renaissance Books, 1999.

Dietrich, John W., ed., *The George W. Bush Foreign Policy Reader: Presidential Speeches with Commentary*, Armonk, New York: M.E. Sharpe, 2005.

Eban, Abba, *The New Diplomacy: International Affairs in the Modern Age*, New York: Random House, 1983.

Eden, Robert, *Political Leadership & Nihilism*, Gainesville, Florida: University Press of Florida, 1983.

Ellis, Charles Howard, *The Origin Structure, and the Working of the League of Nations*, London: George Allen& Unwin, 1928.

Evans, Gareth,"Forward" in Ramesh Thaker, Andrew F. Cooper, and John English, eds., *International Commissions and the Power of Ideas*, Tokyo: United nations University Press, 2005.

Evans, Peter B., Harold K. Jacobson and Robert D. Putnam, eds., *Double-Edged Diplomacy: International Bargaining and Domestic Politics*, Berkeley: University of California Press, 1993.

Finkelstein, Lawrence S., ed., *The Politics in the United Nations System*, Durham and London: Duke University Press, 1988.

______, "The Coordinative Power of the UN Secretary-General," in Benjamin Rivlin and Leon Gordenker, eds., *The Challenging Role of the UN Secretary-General: Making "the Most Impossible Job in the World" Possible*, Westport, Connecticut: Praeger, 1993.

Foote, Wilder, ed., *Servant of Peace: A Selection of the Speeches and Statements of Dag Hammarskjold Secretary-General of the United Nations 1953-1961*, New York: Harper & Row, blishers, 1963.

Frank, Thomas M., *Nation against Nation*, New York: Oxford University Press,

1985.

Friedman, Thomas L., *The Lexus and the Olive Tree*, New York: Farrar, Straus, Giroux, 1999.

Friedberg, Aaron L.,"Ripe for Rivalry: Prospects for Peace in a Multipolar Asia," *International Security*, Vol. 18, No. 3, Winter 1993/94.

Frohlich, Manuel, *Political Ethics and the United Nations: Dag Hammarskjold as Secretary-General*, London and New York, Routledge, 2008.

Gaddis, John Lewis, *Surprise, Security, and American Experience*, Cambridge, Mass.: Harvard University Press, 2004.

Gaglione, Anthony, *The United Nations under Trygve Lie, 1945-1953*, Lanham, Maryland: The Scarecrow Press, 2001.

Geneen, Harold, *Managing*, Garden City, NY: Doubleday, 1984.

Goldstein, Avery, *Rising to Challenge: China's Grand Strategy and International Security*, Stanford: Stanford University Press, 2005.

Goulding, Marrack, *Peacemonger*, Baltimore, MD: The Johns Hopkins University Press, 2003.

Grenville, John A., *Europe Reshaped, 1848-1878*, Hassocks: Harvester Press, 1976.

Grob, Leonard,"Leadership: the Socratic Model," in Barbara Kellerman, ed., *Leadership: Multidisciplinary Perspectives*, Englewood Cliffs, NJ: Prentice-Hall, 1984.

Guicciardini, Francisco, *The History of Italy*, trans. By Sidney Alexander, Princeton, NJ: Princeton University Press, 1969.

Haas, Ernst B., *Tangle of Hopes: American Commitment and World Order*, Englewood Cliffs, NJ: Prentice-Hall, 1969.

______, *When Knowledge is Power: Three Models of Change in International Organizations*, Berkeley, CA: University of California Press, 1990.

Haas, Richard N., *The Reluctant Sheriff: The United States After the End of the*

Cold War, New York: The Council on Foreign Relations, 1997.
Helms, Jesse, "Saving the UN: A Challenge to the Next Secretary-General," *Foreign Affairs*, Vol. 75, No. 5, September-October 1996.
Hoff, Joan, *A Faustian Foreign Policy from Woodrow Wilson to George W. Bush: Dreams of Perfectibility*, Cambridge: Cambridge University Press, 2008.
Hoffmann, Stanley, "An Evaluation of the United States," in Robert S. Wood, ed., *The Process of International Organization*, New York: Random House, 1971.
______, *Janus and Minerva: Essays in the Theory and Practice of International Politics*, Boulder, Colorado: Westview Press, 1987.
______, *Gulliver's Troubles, Or the Setting of American Foreign Policy*, New York: McGraw Hill, 1968.
______, *Chaos and Violence*, Lanham, Maryland: Rowman & Littlefield, 2006.
Hui, Victoria Tin-bor, *War and State Formation in Ancient China and Early Modern Europe*, Cambridge: Cambridge University Press, 2005.
Huntington, Samuel P., "The Lonely Superpower," *Foreign Affairs*, Vol. 78, No. 2, March/April 1999.
______, *The Clash of Civilizations and the Remaking of World Order*, New York: Simon and Schuster, 1996.
James, Allan, "The Secretary-General as an Independent Political Actor," in Benjamin Rivlin and Leon Gordenker, eds., *The Challenging Role of the UN Secretary-General: Making "The Most Impossible Job in the World" Possible*, Westport, Connecticut: Praeger, 1993.
______, "Secretary-General: a Comparative Analysis," in G.R. Berridge and A. Jennings, eds., *Diplomacy at the UN*, New York: St. Martin's Press, 1985.
Joffe, Josef, "'Bismarck' or 'Britain'? Toward an American Global Strategy after Bipolarity," *International Security*, Vol. 19, No. 4, Spring 1995.

Jones, D. V., "The Example of Dag Hammarskjold: Style and Effectiveness at the UN", *The Christian Century*, 9 November 1994.

Jordan, Robert S.,"Truly International Bureaucracies: Real or Imagined? In Lawrence S. Finkelstein, ed., *The Politics in the United Nations System*, Duram and London, Duke University Press, 1998.

Kagan, Donald and Frederick W. Kagan, *While America Sleeps: Self-Delusion, Military Weakness, and the Threat to Peace*, New York: St. Martin's Press, 2000.

Kagan, Robert, *The Return of History and the End of Dreams*, New York: Alfred A. Knopf, 2008.

______, "End of Dreams, Return od History," in Melvyn P. Leffler and Jeffrey W. Legro, eds., *To lead the World: American Strategy after the Bush Doctrine*, Oxford: Oxford University Press, 2008.

Kang, Sung-Hack, *Korea's Foreign Policy Dilemmas: Defining State Security and the Goal of National Unification*, Folkestone, UK: Global Oriental, 2011.

______, "The Special Relationship between South Korea and the United Nations: Metamorphosis from a Beneficiary into a Benefator and Vice Versa", *International Peacekeeping: The Yearbook of International Peace Operations*, Vol.11(2007) pp. 152-202

______, ed., *The United Nations and Global Crisis Management*, Seoul: Korean Academic Council on the United Nations System, 2004.

______, ed., *UN, PKO and East Asian Security: Currents, Trends and Prospects*, Seoul: Korean Academic Council on the United Nations System, 2002.

______, and et.al. eds., *The UN in the 21st Century: Enhancing the Effectiveness of the UN in the New Millennium*, Seoul: Korean Academic Council on the United Nations System, 2000.

______, ed., *The United Nations and Keeping Peace in Northeast Asia*, Korea University: The Institute of Peace, 1995.

______, "The UN Secretary-General's Power and His Leadership for World Peace,"《평화연구》, 제16권 2호(2008년 가을), pp. 160-215.

Kaplan, Morton A., *System and Process in International Politics*, New York: John Wiley & Sons, 1957.

Kaplan, Robert D., *The Revenge of Geography: What the Map Tell Us about Coming Conflicts and the Battle against Fate*, New York: Random House, 2012.

Kaufman, Robert G., *In Defense of the Bush Doctrine*, Lexington, Kentucky: The University Press of Kentucky, 2007.

Khrushchev, Nikita, *Khrushchev Remembers: The Last Testament*, Boston: Little Brown, 1974.

Kille, Kent J., *From Manager to Visionary: The Secretary-General of the United Nations*, New York: Palgrave Macmillan, 2006.

Kim, Se-Jin, ed. *Korean Unification: Source Materials with an Introduction*, Research Center for Peace and Unification, Seoul, 1976.

Kissinger, Henry A., *A World Restored*, Boston, Mass.: Houghton Mifflin, 1957.

______, *Diplomacy*, New York: Simon &Schuster, 1994.

Knight, Jonathan, "On the Influence of the Secretary-General: Can We Know What It Is?" *International Organization*, Vol. 24, No. 3, Summer 1970.

Krauthammer, "The Unipolar Moment," *Foreign Affairs*, Vol. 70, No. 1, Winter 1990/1991.

Langer, William, *European Alliances and Alignment, 1871-1890*, New York: Alfred A. Knopf, 1956.

Lankevich, George, *The United Nations under Javier Perez de Cuellar, 1982-1991*, London: Scarecrow Pres,. 2001.

Lash, Joseph P., "Dag Hammarskjold's Conception of His Office," *International Organization*, Vol. 16, No. 3, Summer, 1962.

______, *Dag Hammarskjold: Custodian of the Brushfire Peace*, Garden City, New York: Doubleday, 1961.

Layne, Christopher, "The Unipolar Illusion: Why New Great Powers Will Arise," *International Security*, Vol. 17, No. 4, Spring 1943.

______, "From Preponderance to Offshore Balancing: America's Future Grand Strategy," *International Security*, Vol. 22, No. 1, Summer 1997.

Lie, Trygve, *In the Cause of Peace: Seven Years with the United Nations*, New York: Macmillan, 1954.

Lieber, Keir A. and Gerard Alexander, "Waiting for Balancing: Why the World Is Not Pushing Back," *International Security*, Vol. 30, No. 1, Summer 2005.

Linchy, Timothy J. and Robert S. Singh, *After Bush: The Case for Continuity in American Foreign Policy*, Cambridge: Cambridge University Press, 2008.

Lord, Carnes, *The Modern Prince: What Leaders Need to Know Now*, New Haven and London: Yale University Press, 2003.

Luck, Edward C., "The Secretary-General in a Unipolar World," in Simon Chesterman, ed., *Secretary or General?* Cambridge: Cambridge University Press, 2007.

______, "American Exceptionalism and International Organization: Lessons from the 1990s," in Rosemary Foot, Neil MacFalane, and Michael Mastanduno, eds., *US Hegemony and International Organizations*, Oxford: Oxford University Press, 2003.

______, *Mixed Messages: American Politics and International Organizations 1919-1999*, Washington, DC: Brookings Institution Press, 1999.

______, "How Not to Reform the United Nations," *Global Governance*, Vol. 11, No. 4, Oct.-Dec. 2005.

Lyon, Alynna J., "The UN Charter, The New Testament, and Psalms: The Moral

Authority of Dag Hammarskjold," in Kent J. Kille, ed., *The UN Secretary-General and Moral Authority*, Washington, D.C.: Georgetown University Press, 2007.

Mancall, Mark, *China at the Center: 300 Years of Foreign Policy*, New York: The Free Press, 1984.

Mandelbaum, Michael, *The Case for Goliath: How America Actsas the World's Government in the 21st Century*, New York: Public Affairs, 2005.

Mansfield, Harvey C., Jr., *Taming the Prince: The Ambivalence of Modern Executive Power*, New York: The Free Press, 1989.

______, Jr., *Machiavelli's Virtue*, Chicago, Il: The University of Chicago Press, 1996.

Mary-Lynn Hanley and Henning Melber, eds., *Dag Hammarskjold Remembered*, New York: Association of Former International Civil Servants, December 2011.

Meredith, Robyn, *The Elephant and the Dragon: The Rise of India and China and What It Means for All of Us*, New York: W.W. Norton, 2007.

Mohan, C. Raja, "India and the Balance of Power," *Foreign Affairs*, Vol. 85, No. 4, September/October 2006.

Morgenthau, Hans J., *Truth and Power*, New York: Praeger, 1970.

______, *Politics among Nations: The Struggle for Power and Peace*, New York: Alfred Knopf, 1948

Newman, Edward, *The UN Secretary-General from the Cold War to the New World: A Global Peace and the Security Mandate?*, New York: St. Martin's Press, 1998.

Niebuhr, Reinhold, *The Irony of American History*, Chicago: University of Chicago Press, 1985(1952).

Nye, Joseph S., Jr., *The Powers to Lead*, Oxford: Oxford University Press, 2008.

Perez de Cuellar, Javier, *Pilgrimage for Peace: A Secretary-General's Memoir*, New York: St. Martin's Press, 1977.

______, *Anarchy or Order: Annual Reports 1982-1991*, New York: United Nations, 1991.

Peter B. Heller, *The United Nations under Dag Hammarskjold, 1953-1961*, Lanham, Maryland: The Scarecrow Press, 2001.

Plato, *Theaeteus*.

Putnam, Robert D. "Diplomacy and Domestic Politics: The Two-Level Games." *International Organization*, Vol. 42, Summer 1988.

Report of the Panel on the United Nations Peace Operations, UN doc. A/55/305 and S/2008/809, 21 August 2000.

Report of the Secretary-General, *We the Peoples: The Role of the United Nations in the 21st Century*, UN doc. A/54/2000, 2000.

Rivlin, Benjamin and Leon Gordenker eds., *The Challenging Role of the UN Secretaey-General: Making the Most Impossible Job in the World" Possible*, Westport, Connecticut: Praeger, 1993.

Rivlin, Benjamin, "The UN Secretary-General at Fifty," in Dimitris Bourantonis and Jarrod Wiener, eds., *The United Nations in the New World Order: The World Organization at Fifty*, New York: St. Martin's Press, 1995.

Roberts, Adam and Benedict Kingsbury, eds., *United Nations, Divided World: The UN's Roles in International Relations*, 2nd ed., Oxford: Clarendon Press, 1994.

Rosecrance, Richard N., "Bipolarity, Multipolarity, and the Future," in James Rosenau, ed., *International Politics and Foreign Policy*, re. ed., New York: The Free Press, 1969.

Rost, Joseph C., *Leadership for the Twenty-First Century*, Westport, CT: Praeger, 1991.

Rovine, Arthur W., *The First Fifty Years: The Secretary-General in World Politics 1920-1970*, Leyden, Netherlands: A.W. Sijthoff, Printing Division, 1970.

Rustow, Dankwart A., "The Study of Leadership," in Dankwart A. Rustow, ed., *Philosophers and Kings: Studies in Leadership*, New York: George Braziller, 1970.

Ryan, James Daniel, *The United Nations under Kurt Waldheim, 1972-1981*, London: Scarecrow Press, 2001.

Schlesinger, Stephen C., *Act of Creation: The Founding of the United Nations*, Westview Press, 2003.

Schweller, Randall L., "Bandwagoning for Profit: Bringing the Revisionist State Back In," *International Security*, Vol. 19, No. 1, Summer 1994.

Schwebel, Stephan, *The Secretary-General of the United Nations: His Political Power and Practice*, Cambridge, Mass.: Harvard University Press, 1952.

Selznick, Philip, *Leadership in Administration: A Sociological Interpretation*, Berkeley, CAL: University of California Press, 1984 (Originally by Harper & Row, 1957).

Shambaugh, David, *Modernizing China's Military: Progress, Problems, Prospects*, Berkeley, California: University of California Press, 2004.

Simma, Bruno, ed., *The Charter of the United Nations, A Commentary*, 2nd edition, Vol. II, Oxford: Oxford University Press, 2002.

Smith, Courtney B., "More Secretary or General? Effective Leadership at the United Nations," *International Politics*, Vol. 40, No. 1, March 2003.

Snidal, Duncan, "The Limits of Hegemonic Stability Theory," *International Organization*, Vol. 39, No. 4, Autumn 1985.

Stolpe, Sven, *Dag Hammarskjold: A Spiritual Portrait*, New York: Charles Scribners's Sons, 1965.

Sutter, Robert G., *China's Rise in Asia: Promises and Perils*, Lanham,

Maryland: Rawman & Littlefield, 2005.

Thant Myint-U and Amy Scott, *The UN Secretariat: A Brief History (1945-2006)*, New York: International Peace Academy, 2007.

Tharoor, Shashi, "The Role od the Secretary-General," in Sten Ask and Anna Mark-Jungkvist, eds., *The Adventure of Peace: Dag Hammarskjold and the Future of the UN*, New York: Palgrave Macmillan, 2005.

Toynbee, Arnold, "World Peace Through World Government," in Abbott A. Brayton and Stephana J. Landwehr, eds., *The Politics of War and Peace: A Survey of Thought*, Washington D.C.: University Press of America, 1981.

Trachtenberg, Larry, "Dag Hammarskjold as a Leader: a Problem of Definition," *International Journal*, Vol. 37, 1982.

Trenin, Dmitri V., *Getting Russia Right, Washington*, DC: Carnegie Endowment for International Peace, 2007.

United Nations, *The League of Nations 1920-1946*, New York and Geneva, 1996.

Urquhart, Brian, *Hammarskjold*, New York and London: W. W. Norton, 1994.

U Thant, *View from the UN: the Memoirs of U Thant, Garden City*, New York: Doubleday, 1978.

Van Dusen, Henry P., *Dag Hammarskjold: The Statesman and His Faith*, New York: Harper and Row, 1967.

Van Ness, Peter,"Hegemony, not Anarchy: Why China and Japan are not Balancing US Unipolar Power," *International Relations of Asia-Pacific*, Vol. 2, No. 1, 2002.

Vedrine, Hubert, *History Strikes Back*, Washington, D.C.: Brookings Institution Press, 2008.

Walters, F. P., *A History of the League of Nations*, London: Oxford University Press, 1952.

Waltz, Kenneth N., "Globalization and Governance," *PS: Political Science and*

Politics, Vol. 32, No. 4, December 1996.

______, "The Stability of a Bipolar World," *Daedalus*, Vol. 93, No. 3, Summer 1964.

______, "The Emerging Structure of International Politics," *International Security*, Vol. 18, No. 2, Autumn 1993.

______, "Structural Realism after the Cold War," *International Security*, Vol. 25, No. 1, Summer 2000.

______, *Realism and International Politics*, New York and London, Routledge, 2008.

Walzer, Michael, "The Hard Question: Lone Langer," *New Republic*, April 27, 1988.

______, *Arguing about War*, New Haven: Yale University Press, 2004.

Weber, Max, *The Theory of Social and Economic Organization*, trans. By A.M. Henderson and Talcott Parsons, New York: Oxford University Press, 1947.

______, *The Vocation Lectures: Science As a Vocation, Politics As a Vocation*, Indianapolis, Indiana: Hackett, Publishing Co., 2004.

Willoughby, Westel W., *The Sino-Japanese Controversy and the League of Nations*, Baltimore: the Johns Hopkins Press, 1935.

Wohlforth, William C.,"The Stability of a Unipolar World," *International Security*, Vol. 24, No. 1, Summer 1999.

Young, Oran, *The Intermediaries: Third Parties in International Crises*, Princeton: Princeton University Press, 1967.

Zakaria, Fareed, *The Post-American World*, New York: W.W. Norton, 2008

찾아보기

ㅅ

ㅇ

ㅈ

ㅎ

저자 약력

강성학姜聲鶴

고려대학교 정치외교학과 교수

고려대학교 정치외교학과 졸업
고려대학교 대학원 정치학 석사
미국 Northern Illinois University 정치학 박사
영국 런던정경대학(LSE) 객원교수
일본 도쿄대학교 동양문제연구소 객원연구원
일본 와세다대학교 교환교수
한국국제정치학회 상임연구이사
한국정치학회 이사 및 부회장
유엔평화유지활동 특별위원회 한국대표
고려대학교 교무처장
미국 유엔체제학회(ACUNS) 이사
한국 유엔체제학회(KACUNS) 회장
고려대학교 평화연구소 소장
고려대학교 정책대학원 원장
한국 풀브라이트(미국) 동문회 회장
한국 셰브닝(영국) 동창회 회장
고려대학교 정경대학 교수(1981년 3월 1일~현재)

저서

《전쟁神과 군사전략: 군사전략의 이론과 실천에 관한 논문 선집》, 2012
《Korea's Foreign Policy Dilemmas: Defining State Security and the Goal of National Unification》, 2011(영국)
《인간神과 평화의 바벨탑: 국제정치의 원칙과 평화를 위한 세계헌정질서의 모색》, 2006

《용과 사무라이의 결투: 중일전쟁의 국제정치와 군사전략》(편저), 2006
《UN and Global Crisis Management》(편저), 2004
《유엔과 국제위기관리》(편저), 2005
《유엔과 한국전쟁》(편저), 2004
《시베리아와 연해주의 정치경제학》(공저), 2004
《동북아의 평화사상과 평화체제》(편저), 2004
《새우와 고래싸움: 한민족과 국제정치》, 2004
《동아시아의 안보와 유엔체제》(편저), 2003
《UN, PKO and East Asian Security: Currents, Trends and Prospects》(공편저), 2002
《The UN in the 21st Century》(공편), 2000
《시베리아 횡단열차와 사무라이》, 1999
《소크라테스와 시이저: 정의, 평화, 그리고 권력》, 1997
《이아고와 카산드라: 항공력 시대의 미국과 한국》, 1997
《주한미군과 한미안보협력》(공저), 1996
《북한외교정책》(공편), 1995
《카멜레온과 시지프스: 변천하는 국제질서와 한국의 안보》, 1995
《The United Nations and Keeping-Peace in Northeast Asia》(편저), 1995
《자유주의의 정의론》(역), 1991
《키신저 박사와 역사의 의미》(역), 1985
《핵시대를 어떻게 살 것인가》(공저), 1985
《제국주의의 해부》(역), 1984
《불평등한 세계》(역), 1983
《세익스피어의 정치철학》(역), 1982
《정치학원론》(공저), 1982
《정치학원론》, 1982
《동북아의 근대적 변용과 탈근대 지향》, 2008

인문사회과학총서 · 75

평화神과 유엔 사무총장

초판발행 1쇄 2013년 4월 1일

지은이 강성학

펴낸곳 고려대학교출판부
www.kupress.com
kupress@korea.ac.kr
136-701 서울특별시 성북구 안암로 145
02-3290-4230, 4232
Fax 923-6311
찍은곳 한국컴퓨터인쇄정보

ISBN 978-89-7641-815-9 94340
ISBN 978-89-7641-359-8 (세트)

값 16,000원

* 잘못 만들어진 책은 바꿔드립니다.